秋风宝剑孤臣泪

晚清的政局和人物续编

姜鸣 著

三联书店

Copyright © 2015 by SDX Joint Publishing Company.
All Rights Reserved.
本作品版权由生活・读书・新知三联书店所有。
未经许可，不得翻印。

图书在版编目（CIP）数据

秋风宝剑孤臣泪：晚清的政局和人物续编／姜鸣著．—北京：生活・读书・新知三联书店，2015.8（2023.5重印）

ISBN 978-7-108-05291-9

Ⅰ．①秋⋯ Ⅱ．①姜⋯ Ⅲ．①中国历史－清后期－文集 Ⅳ．①K252.07-53

中国版本图书馆CIP数据核字（2015）第060870号

责任编辑	孙晓林	
装帧设计	蔡立国	
责任印制	董 欢	
出版发行	生活・讀書・新知 三联书店	
	（北京市东城区美术馆东街22号 100010）	
网 址	www.sdxjpc.com	
经 销	新华书店	
制 作	北京金舵手世纪图文设计有限公司	
印 刷	北京新华印刷有限公司	
版 次	2015年8月北京第1版	
	2023年5月北京第7次印刷	
开 本	880毫米×1230毫米 1/32 印张 12.125	
字 数	263千字 图150幅	
印 数	32,001－36,000册	
定 价	54.00元	

（印装查询：01064002715；邮购查询：01084010542）

目 录

自 序……………1

以镜镜人须眉活
  英国摄影师拍摄的总理衙门大臣照片……………1
军营弄惯入军机
  大臣笔下的左宗棠……………16
字里行间的细节
  读《翁同龢日记》笔记……………31
簪花多在少年头
  访李鸿章故乡合肥磨店……………51
老来失计亲豺虎
  李鸿章访俄的若干细节再现……………63
朝开铁路，夕死可矣
  李鸿章谋划修建铁路的一个插曲……………82
"南中寄新蟹，与合肥持螯共酌"
  李府螃蟹之来路及送礼种种……………114
为老秀才写的介绍信
  张佩纶与胡适父亲胡传的友谊……………121

本来钟鼎若浮云
　　宝廷娶江山船女之谜…………138

灿灿医星映御街
　　悬丝诊脉、吉林人参和东太后之死…………157

治人治病，中外一家
　　李鸿章与西医…………183

一时耆旧尽凋零
　　光绪十六年冬季的传染病…………197

社交季的新客人
　　中国外交史上第一场招待会…………211

在那华丽的宫廷里
　　格林尼治的中国留学生…………231

欺人到底不英雄
　　关于首位上海籍外交家李凤苞的争议与辩诬…………246

从出走到回归
　　清华首任校长唐国安曾是外企的白领…………267

男儿怀抱谁人知？
　　细说严复和吕耀斗的仕途之路…………282

敢言掣肘怨诸公
　　1891：北洋海军发展的转折年…………305

尺牍在历史研究中的价值…………328

参考引征书目…………350

自 序

拙著《天公不语对枯棋：晚清的政局和人物》出版至今，不觉已有九年。九年来，我依然利用业余时间研究晚清的政局和人物，研究近代中国走向世界、走向现代化的蹒跚路程。我的写作方法，依然如同从前：先形成一些初步的想法，写成一些短文，发表在报章上。尔后不断地收集新的材料，继续思考，最后形成一篇更为丰满翔实的新文章。这些文章，集结起来，就是这本《秋风宝剑孤臣泪》，亦是"晚清的政局和人物"系列的续集。

晚清，是中国新旧嬗递的时代。陈旧的东西随着时代的进步逐渐式微，新生的事物随着时代的进步艰难地成长，中国的大门开始缓缓地打开。在变化的过程中，引进了摄影术、西医、火车、铁甲舰，开始有了驻外使馆、海外留学和学成后的海归，有了近代外交和官员出访。伴随着中国人走向世界的过程，中国政治格局也在持续动荡、变化，得风气之先的士人群体也成长起来。

这些变化和成长是由细节叠加出来的。丰富的细节构成了真实而传奇的故事，当我看到自己穿越时代，在积满尘土的岁月旮旯里寻找出一个个活生生的人物，阅读他们的书信、日记和诗词，感受他们为了改变闭塞、排外和盲目自大，用自己的智慧和责任心所进行的种种努力，不由常常为之感动得夜不能寐。当初，上海籍的外交官李凤苞在德国订购"定远"、"镇远"、"济远"号军舰时，国内有人弹劾他，说他收受回扣。但最近发现了当年订购军舰的合同，里面专门订立了反商业贿赂的特别要求。李凤苞下台后，愤怒地写下"欺人到底不英雄"的联语。又如中国首任驻英公使郭嵩焘，自掏腰包，举办了中国外交史上第一场招待会，却引来一连串的是是非非，承受了意想不到的巨大压力。再如李鸿章，中国早期铁路事业最积极的鼓吹者，曾有过"朝开铁路，夕死可矣"的豪言。为了推动建造铁路，他费尽心思，大胆谋划。1880年，他先策划吴汝纶和陈宝琛代为拟稿，再请淮军名将刘铭传上奏建言，自己再上奏予以支持。即便如此，铁路计划还是遭到朝野上下的反对而被搁置。但是，刘铭传、吴汝纶、陈宝琛三人，都将这篇奏折收入自己的文集，打算流传万世，向后人展示他们睿智的先见之明。而当时坚决反对建造铁路的翁同龢，曾在日记中写下一些批评文字，到了1925年，张元济在商务印书馆涵芬楼主持影印《翁文恭公日记》，也觉得实在有碍老师的形象，故作了局部的遮盖，硬是不让后人看见，这种为尊者显、为尊者讳的做法，让我们感受到历史评价的巨大力量。

　　本书的书名《秋风宝剑孤臣泪》，取自李鸿章的临终诗，表述的是这位中国近代最重要也最具争议的政治家在生命走向终点时的末世悲凉心态。2002年，我曾用这个题目，写过一篇探访李鸿章墓地的散文。没有想到，这篇文章竟被《21世纪年度散文选：2002散文》（人民文学出版社）等多个散文、随笔选集所收，这大大出乎我的意料，也备感荣幸。我想，这篇文章的入选，某种程度上反映出读者对于李鸿章这位历史人物命运予以的特别关注。本书中，《簪花多在少年头》一文，讲述探访李鸿章出生地合肥磨店的所见所闻。"簪花多在少年头"，出自李鸿章《二十自述》，写诗的时候，他刚满19岁，充满着生命的朝气和阳光。读者倘若把两篇文章连起来细读，对李鸿章一生的坎坷命运，可以有更多的了解。

近年来，各种通俗的历史读物和随笔越来越多，但我依然秉持自己对于历史研究的严肃态度，把每篇文章都当作严格的论文来审慎对待，而非简单地拷贝粘贴传闻和野史。收入本书的篇什，无论从选题还是在写作技法上，我都努力使可读性和学术性得以兼顾。我将此称作"用论文的规范写散文，用散文的笔法写论文"，文章后面都附有详尽的引征文献史料的出处。一般浏览的读者毋庸去看出处，但专业读者则可以藉此寻找线索，展开更深入的研究。

大量新史料被公布出版，为史学研究者提供了极大的便利。本书在史料的选择和运用上，尽可能多地使用新近公布的档案、奏折、书信、日记、诗歌、报章，乃至旧影像和国内外报刊。这种做法，既是一种挑战，却也使研究更加富有趣味。特别是，我花了相当多的时间研究晚清著名"清流"张佩纶与洋务派大佬李鸿章及军机大臣、"清流"的后台老板李鸿藻之间的往来书信，从中发掘出大量沉睡的历史秘辛，大大丰富了我对晚清政局和人物的认识之深度和广度。另外，旧影像的不断被公布，也使我们对于古人，有了更具形象化的了解。

本书写作中，感谢中国社会科学院近代史研究所的马忠文兄，他一直向我传递着学界的最新研究进展和动态，并帮助我寻找珍稀史料。夜深人静的时候，我们经常就某个历史课题，在电话中进行长时间的讨论。感谢《新民晚报》吴芝麟兄、《南方周末》刘小磊兄、《东方早报·上海书评》陆灏兄和黄晓峰兄，本书中的各篇文章，最初都曾在这些媒体上发表，他们也一直对我的写作和研究给予支持。感谢陈悦和徐家宁先生,他们在旧影像的资料和辨析上为我提供了有益的帮助。感谢吴慧剑先生,帮助我在图片修复上做了许多工作。

当然,我更要感谢我的妻子家玻,是她一如既往地支持我治学和写作的兴趣;感谢我的儿子姜源,他是我作品的第一个读者和评论者,还常常承担我研究工作的助理。我把本书献给我刚刚去世的母亲,感谢她的养育之恩;她的慈爱和远见,使我从小就比同龄的孩子得到更多的见识和锻炼,对我的成长影响至深至远。

姜 鸣

2015年1月

以镜镜人须眉活

英国摄影师拍摄的总理衙门大臣照片

如果当年伟大的马可·波罗能用几张照片来说明他漫游古老中国的经历，那么他的美丽传说会更加动人。

——约翰·汤姆森

从《中国百年摄影图录》上的一张照片说起

上世纪90年代初，福建美术出版社出版胡志川先生编著的《中国百年摄影图录，1844—1979》。依当时的价格论，12开本266页的铜版纸精装书，280元的书价，超过我一个月的工资，实在昂贵。但我惊讶书中收录清末的历史照片，约有小半数前所未见，尤其是第25页刊载的晚清重臣沈桂芬、董恂、毛昶熙1868年的合影，更是研究晚清政治史、外交史的学者都会珍惜的视觉图像，所以当即买下。这帧合影，我后来在自己的著作中予以转载；对于书中所刊光绪帝与康有为、梁启超的合影，我则撰文质疑，认为是运用简单特技伪造的赝品。翻阅品味《中国百年摄影图录》，给我的研究带来了很多乐趣。

依循宝鋆诗歌开始的查询

去年11月，我阅读宝鋆的《文靖公遗集》时，一首标题冗长的诗歌，引起了我的兴趣。这首诗叫做《泰西照相人曰未士丹忱照恭邸及董司农恂、毛司空昶熙、沈司马桂芬后，复照余暨文协揆祥、成廷尉林三人，戏作短歌以纪其事》，其全文为：

> 未士丹忱沧海客，鹘眼虬髯方广额。
> 以镜镜人须眉活，月影分明三李白。
> 忽来粉署观仪型，河间贤邸罗晶屏。
> 董毛沈君入刻画，风采一一垂丹青。
> 摹写吾曹复何谓，想以寅清同气味。
> 虚庭秋色湛清华，菊蕊桐阴纷荟蔚。
> 中坐首推文璐公，公才公望神端凝。
> 一羽云起汉诸葛，万国眉攒唐少陵。
> 廷尉成侯意豪放，天骨开张郁相望。
> 邹枚今孰出其右，褒鄂昔应同此状。
> 余也驽钝嗤凡材，万修王梁同云台。
> 身非倚相偏居左，邱索典坟何有哉。
> 走笔放歌成一笑，夕阳紫翠天光耀。
> 行当携手梅花村，大署堂额曰玉照。[1]

诗歌记录了一个叫做未士丹忱的外国摄影师，在菊蕊桐阴的秋日下午，为恭亲王奕䜣和沈桂芬、董恂、毛昶熙、宝鋆、文祥、成林等晚清大臣拍照的过程。众所周知，摄影术发明于1839年。三十年后，这玩意儿在中国仍是一项人所未见的奇技。诗中这些高官兴味盎然，面对镜头，摆起姿势，一直忙活到残阳西照。从诗歌使我联想起沈、董、毛的那张照片，应当摄于此日。也意识到，当天至少还有宝鋆、文祥、成林的合影以及恭王的照片。我马上找出以前收集的恭亲王照片，从环境和椅子等因素推断，认为其中一张坐姿照，可能就是当日的作品，但另外几人的照片，却一时难以寻觅。

他们是谁？

对于今人来说，大多听说过恭亲王，但对文祥、宝鋆等人就很生疏了。其实这次摄影所涉及的人物，均是同治朝和光绪朝前半段清政府最重要的官员。恭亲王、文祥、宝鋆从1861年起，就担任军机大臣和总理衙门大臣，文祥1876年去世，恭亲王、宝鋆一直任职到1884年，在甲申易枢事变中被慈禧太后逐出政治舞台。董恂亦是从1861年至1880年，担任总理衙门大臣，同时长期执掌户部。沈桂芬、毛昶熙、成林1869年任总理衙门大臣，沈桂芬同时亦是军机大臣、兵部尚书。他们后半生的职业生涯，与清政府平定太平天国起义之后所谓的"同光中兴"所重叠，与洋务运动相伴随。慈禧太后之下，他们就是大清帝国中央政府最主要的管理团队，也是主持外交事务的负责人。

《清史稿》写道：

> 咸、同之间，内忧外患，岌岌不可终日。……文祥、宝鋆襄赞恭亲王，和辑邦交，削平寇乱。文祥尤力任艰巨，公而忘私，为中外所倚赖，而朝议未一，犹不能尽其规略；晚年密陈大计，于数十年驭外得失，洞如观火，一代兴亡之龟鉴也。宝鋆明达同之，贞毅不及，遂无以镇纷嚣而持国是。如文祥者，洵社稷臣哉！[2]

又说:

> 光绪初元,复逢训政,励精图治,宰辅多贤,颇有振兴之象。首辅文祥既逝,沈桂芬等承其遗风,以忠恳结主知,遇事能持之以正,虽无老成,尚有典型。及甲申法越、甲午日韩,外患内忧,国家多故。慈圣倦勤,经营园囿,稍事游幸,而政纪亦渐弛矣。[3]

从上述评论中,读者大致可以感受到这些官员在晚清政坛的重要位置。宝鋆在诗中将文祥恭维成诸葛亮、杜甫("一羽云起汉诸葛,万国眉攒唐少陵"),也可看出当时官员对于文祥的推崇。史学界过去对于这些人研究甚少,美国传教士、京师同文馆总教习丁韪良(William Alexander Parsons Martin)在其回忆录《花甲忆记》中,形容文祥有着瘦削弯曲的身材与硕大的脑袋,是实际上的总理。文祥曾经告诉他:"你看到过小驴拉大车,累得喘不过气来。嗯,那就是我的写照。"丁韪良又说恭亲王身形瘦削,肤色黝黑,因为近视而眯缝着眼。他并不漂亮,然而行为举止既和蔼又优雅,讲话迅速而有力,给人以有自主力量的印象,实际上他并没有。丁韪良还说,成林向他解释,聪明的御史或有势力的总督总向皇帝进谗言,破坏总理衙门的筹划。恭亲王自有应对办法。他奏请皇帝给反对者在衙门中安排位置。反对者一旦入了衙门就会发现,恭亲王的政策才是应对外国的唯一可行办法。毛昶熙和沈桂芬正是这样进入衙门的。二者都成了恭亲王的忠实同僚。[4]

区别于这些正面描写,也有外国人直接抨击总署大臣的——这帮人"全部是老头子,而模样和举动则完全像老太婆!"[5]"总理衙门,应该叫做总不理衙门!"[6]这些文字记录栩栩如生,给我留下了深刻而有趣的记忆,但看不到他们的形象,却使我感到缺憾。无疑,在历史研究中,辅以视觉形象,看到历史人物的面容,会带来更加直接的感官冲击,再现已经消失的历史场景,拉近后人与前人的心理距离,这就是我追踪本次摄影活动及其照片的兴趣所在。

新的发现

我在互联网的搜索过程中发现,伦敦威康图书馆(Wellcome Library)网站中,保存着英国著名摄影师约翰·汤姆森(John Thomson, 1837—1921)——也就是宝鋆称为未士丹忱之"泰西照相人"——早年在中国拍摄的数百张历史照片,进而顺利找到了那次拍摄活动全部参加者的照片,总计包括:

恭亲王的两张单人照片;文祥、宝鋆、董恂、沈桂芬、毛昶熙、成林各一张单人照片;文祥、宝鋆、成林的三人合影;董恂、沈桂芬、毛昶熙的三人合影。

依靠神奇的互联网,一百几十年前中国政坛的最重量级政治人物的容颜形象,在网页中——呈现出来,真是令我激动不已。

朋友告诉我,国家图书馆去年9月与英国国家图书馆联合主办的大型图片展览——"1860—1930:英国藏中国老照片"中,也展出过部分汤姆森照片。但可能没有将照片和拍摄背景联系起来考量,所以,照片并没有引起学术界的高度关注。

同时发现,《中国百年摄影图录》第55页上刊载的"清代武官"一照,其实就是成林。成林是个满族文官,1869年11月12日起,以光禄寺卿的本职在总理衙门上行走。次年5月5日改任大理寺卿。宝鋆诗中称"廷尉成侯意豪放",廷尉是秦汉至北齐主管司法的最高官吏,北齐易名为大理寺卿。据此分析,摄影显然不可能早于1870年。威康网站将这些照片的拍摄时间，标注为1868—1870年。惟1870年的秋天，总理衙门正因"天津教案"而焦头烂额，毛昶熙、成林先后被派往天津查案，曾国藩亦因此被免去直隶总督一职而改由李鸿章担任。在这种气氛中，总理衙门大臣恐怕不会请洋人来拍照。又查汤姆森本人经历，他1871年从广东北上福建，4月访问台湾，1872年离华回英国，照片似应在这两年之间拍摄为妥。

汤姆森这次为中国官员摄影，是丁韪良牵线安排的。拍摄地点，在东堂子胡同的总理衙门院内花园。汤姆森事后回忆，他在翻译的陪同下，"走进一道低矮狭窄的门，进入了那沉闷的高墙内。循着路我们走过了几个庭院，庭院里分布着假山、花园和池塘。在走过了一条幽暗失修的长廊后，我们站在一棵参天古树下，面前是一间典型中国风格的谒见堂"[7]。曾有外籍人士记录，总理衙门并非设在闳大华美的建筑内，而是设在卑陋坍败的破屋中。[8] 仔细观察沈、董、毛的合影以及文祥、董恂照片，房屋的柱子和地面都很破旧，想来斯言不差，老照片为我们提供了一个直观的证明。当年驻京外国人恶毒地形容，中国官员在这里管理国家大事，看着自己的胡子一天天长起来；一长列全权公使坐在又硬又脏的座位上，被主人强劝吃他们不愿吃的糕点。为了谈话不着边际而焦急，普遍地耗损了精力。[9] 从拍照使用的明式圈椅来看，虽然没有沙发那么柔和，倒也是受到推崇的古典式样，老外的评论显得过于刻薄。

汤姆森注意到，拍照时，"大臣们都穿着各种不同颜色的缎面长袍，式样简单，前面开襟，腰间束着带子；苍蓝色的绸领从颈部到肩部，像锥体一样立在那里；脚下是厚底的黑色缎面靴子。这种装束看上去很独特，更为重要的是，大臣中的许多人可称美男子,就像我们国家政府内阁里那些引为自豪的漂亮男人们一样。所有这些人都保持着一种安详、威严的坐姿。"10

汤姆森也记录了恭亲王与他的交谈:

> 恭亲王的到来打断了我们的谈话。恭亲王亲切地与我交谈了几分钟,询问了我的旅程和摄影情况,特别对摄影过程表现出相当的兴趣。他中等身材,体态清瘦;说实话,他的相貌并没有像其他在场的阁员们那样深深地打动我。不过,他的脑袋按照颅相学者的说法可以称得上绝佳。他的目光能明察秋毫,静坐时脸上常露出一种阴沉而坚定的表情。我在一旁观察着他,我真想知道,他是否意识到他和周围的这些大臣们肩负着支配数百万人民命运的沉重担子,或者他和他那些显赫的大臣们是否能够心安理得地注视着大清帝国和她的人民的现状。11

摄影师约翰·汤姆森其人

约翰·汤姆森是一位开创性的苏格兰摄影师、地理学家和旅行家。他于1837年6月14日出生于爱丁堡的一个烟草商人家庭,在家里九个孩子中排行第八。1850年代,他从学校毕业后,进入当地一家生产光学仪器的工厂成为学徒,在那里学习了摄影术并能熟练掌握湿版照相法。1858年学徒期满,他在当地一所学院的艺术系上了两年夜校。1862年他追随哥哥威廉(William Thomson)去远东旅行,游历了新加坡,穿越马来西亚来到苏门答腊岛,去了锡兰和印度后搬去了泰国,用照相机记录当地的风土人情,1866年回到英国。1867年,汤姆森再次返回远东,7月到达新加坡,10月到达香港,并在那里开设了一家商业照相馆。在此后的五年中，汤姆森游遍中国，南起香港和广东，北至长城，既游历了北京、上海等大城市，也深入了许多内陆地区。1870到1871年间，汤姆森访问福建，并与美国传教士卢公明（Justus Doolittle）乘船沿闽江游览了厦门和汕头。1871年4月，他和传教士马雅各（James Laidlaw Maxwell）一起前往台湾，从打狗（今高雄）登岸，游览了台湾府和台湾西部的村寨，拍摄了包括台湾府和许多原始村落的最早的照片。此后，他沿长江而上，到达湖北和四川。汤姆森摄影取材范围非常广大，从王公贵族到街头乞丐、从皇宫寺院到田间村舍，他用镜头记录了欧洲人从未见过的中国文化与人民。他在中国的照片集结为四卷本的《中国和中国人影像》（Illustrations of China and its People）于1873到1874年陆续出版。这部摄影集，第1册为香港、广州、台湾的内容；第2册为台湾、潮州、广州、厦门、福州、汕头的内容；第3册为宁波、上海、普陀、南京、九江、武昌、汉口、宜昌、四川的内容；第4册基本是北京的人物和景色。该书封面尺寸490毫米×360毫米，合计发表了218幅照片。它的问世，开创了利用摄影制版印刷方式向西方大规模介绍报道中国和中国人民的先例。过去我们看到的清末照片，许多都是汤姆森的作品。Wellcome图书馆网站上的照片，许多与《中国和中国人影像》一致。1877年，汤姆森又出版了一本名为《伦敦街头生活》（Street Life in London）的画册，书中记录了伦敦贫穷人们的生活，揭开了社会底层的人们——擦鞋人、赶出租马车的人和劳工的生活状况的一角。《伦敦街头生活》给汤姆森带来更大的社会声誉。

汤姆森在中国旅行时，常常孤身一人，去面对从未见过的陌生访客和摄影术的当地人。他在《中国和中国人影像》的《引言》中写道：

读者若熟悉中国人，了解他们根深蒂固的迷信习惯，应不难理解，在我完成这项任务时，会面对多大的困难与危险。在许多地方，当地人从未见过白种的陌生人。而士大夫阶层在普通人中已植入一种先入之见，即，最应该提防的妖魔鬼怪中，"洋鬼子"居于首位，因为洋鬼子都是扮成人形的恶魔，双眼有魔法，具穿透力，能看到藏在天上地底的珍宝，因此无往而不利。他们来到中国人中间，纯是为了谋求自己的私利。因此，我所到之处，常被当成是危险的巫师，而我的照相机则被视为神秘暗器，与我的天生魔眼相得益彰，使我得以洞穿岩石山峦，看透当地人的灵魂，制成可怕的图像。被拍摄者会神魂出窍，不出几年，就会一魂归西。[12]

在摄影术发明之前，无论中国人还是外国人，都是靠绘画来描绘容貌的。摄影改变了保存视觉形象的方式。这种新奇的玩意，虽然中国人对它存在疑惑，但总理衙门的大臣毕竟见多识广，他们对汤姆森的到来和他的技术，显然是欢迎的。

汤姆森使用的湿板摄影法，是英国人阿切尔1851年发明的早期照相技术，即在拍摄现场将含有碘化银的火棉胶，匀涂在玻璃底片上，浸于硝酸银液，趁湿片感光特强时曝光拍摄。湿版照片显明细致，底片又可复制正片，为当时摄影方法中最快速、经济的。这种方法，直至1870年代溴化银干板发明之后，才逐渐被取代。今天看来，在摄影现场制造感光板，趁湿时进行曝光显影，尤其外拍时，更要随身携带一大堆工具、药剂，乃至笨重硕大的照相机、脚架以及暗房工作所用的帐篷，实在是件辛苦的事，但将生动的世界凝固在相片里流传后世，使得这种辛苦最终化为崇高。

汤姆森很早就意识到：

> 照相机一直陪伴着我的旅行，成为唯一准确地描绘我沿途见到的一切有趣之物以及所接触的各种民族的工具。因此，它使我任何时候都能向我的著作的读者提供真实地再现当时情景而无可争议的图片，使他们第一次面对遥远东方大地上的景物和人民，与我一起分享那愉悦的经历。[13]

这是对于摄影技术运用于文化交流和文献保存的高度概括。

汤姆森也用文字保存了他游历时的所见所闻。比如他记录了文祥的名言：

> 给中国一些时间，她的发展将是飞速而不可抗拒的。其结果会让那些在当初为中国进步而抗辩的人，追忆美好的往昔时发出阵阵叹息。[14]

汤姆森在中国拍摄了数百幅照片，亦留下两张自己的形象，可供今人一睹风采。前一幅照片的背景是两位年轻的士兵。宝鋆用"鹘眼虬髯方广额"七字来勾勒汤姆森，我们看到照片，颇为传神。后一幅是他在摆弄一门金陵机器局仿造的加特林机关枪，这个玩意，如果训练熟练，一分钟可以打出四百发子弹，是当年作战杀人的新式利器。

汤姆森摄影生涯的晚期，致力于拍摄上流社会人们的肖像，他在伦敦开设了一家规模庞大的照相馆。他自己的形象，也从一个浪迹天涯的江湖客，变为温文尔雅的绅士，甚至成为维多利亚女王指定的御用摄影师。1921年10月7日，汤姆森因心脏病突发去世，享年八十四岁。

汤姆森在逝世前不久，将其七百张玻璃底片存放在伦敦威康图书馆。亨利·威康爵士（Sir Henry Wellcome, 1853—1936）是英裔美国制药企业家，他创建的宝威公司（Burroughs Wellcome & Co.），后来与另外三家公司经过几次购并，在2000年，成为葛兰素史克公司。

作为科学和医学的热心赞助者,威康爵士创建了威康信托基金会(The Wellcome Trust),在医学领域,它是仅次于比尔和梅林达·盖茨基金会的第二大慈善基金。威康图书馆主要收藏医学史和人类学的著作与制品,汤姆森的亚洲照片作为宝贵的视觉文献,具有不同文明的比较价值,是威康图书馆的重要藏品。

2009年2月初稿
2010年11月修订

附记一

本文以《晚清大员的罕见照片》之名,刊发在2009年4月22日的《南方周末》时,人们对于汤姆森和他的摄影作品了解得还不多。此后几年,汤姆森的事迹和各色中国题材的照片被迅速普及了。

文章发表后不久,我的中学同学,摄影家尔冬强介绍我与法国汉学家魏延年(René Vienet)先生见面。魏延年是个精神矍铄的老头,说一口流利的中文。早年他在巴黎研究中共党史,采访过彭述之等托派人物。现在改行做生意,却在收集中国老照片方面卓有建树。我们聊起了汤姆森和他的摄影集《中国和中国人影像》,据我所知,《中国和中国人影像》第1、第2卷于1873年出版,各印刷600册;第3、第4卷于1874年出版,各印刷750册。如今存世极少,中国大陆和台湾均无收藏。而魏延年本人,竟收藏了完整的两部。不仅如此,魏延年还研究这些照片的发表和使用情况。当初,平版印刷的书籍和报纸尚不能附印照片,《中国和中国人影像》中的照片,是用珂罗版印刷之后,再用手工方式一一粘贴在书中,宛若一本照相簿。而报纸不能采用这种方式,只能聘用工匠，将照片一幅幅改制成铜版雕刻的插图，拼入报纸的版面。每幅插图极为精细，但工作量也极为烦琐，均可作为上个世纪的艺术作品。魏延年将照片和插图的报纸一一寻觅出来，对于研究摄影与印刷技术进步是一个具有积极意义的成果。

中国皇室成员中第一个照相的，是恭亲王奕䜣，那是在1860年英法联军兵破北京城、火烧圆明园之后。10月24日，中英双方在礼部大堂签署《北京条约》，英国随军记者，意大利摄影师费利斯·比托（Felice Beato）忽然架起了被称为"魔鬼似的机器"。这座像迫击炮的装置使得恭亲王"神情恐惧，面如死灰"。英国谈判代表额尔金勋爵向他保证不会有任何危险，同时命令众人不要走动。"在场的中国人听到这句话后却不明白意思，于是他们个个都被吓着了。"[15] 由于礼部室内光线不足，摄影并不成功。11月2日，额尔金在他强占的怡亲王府中会见恭王，比托再次给恭王照相，这次摄影有数张略微不同角度的作品流传于世。在这张后来被广泛使用的照片中，恭王的表情是阴郁的，甚至是带有恐惧的。虽说此时已与洋人签订和约，但京师毕竟在鬼子占领之下，他的心情肯定不会晴朗，而这个前所未闻的奇怪玩意会不会摄走魂魄？他也心怀忐忑。额尔金说："看起来他好像并不喜欢被拍照。"[16]

我曾在1987年第4期《紫禁城》杂志上，读到过李国强先生所撰《奕䜣照片八帧》，提到一张醇亲王奕譞1863年的照片。依据照上题诗"波面残阳耀碎金，炎光消尽觉凉侵。莫言倥偬三军事，也得逍遥一律吟。碧草马嘶欣脱辔，青溪人坐乍开襟。云容纟蛮随风布，念切油然早作霖"，李国强称此诗收录于奕譞诗集《九思堂诗稿》卷四癸亥年（同治二年），由此考订出此照的拍摄年份。1994年出版的《故宫珍藏人物照片荟萃》一书，亦作同样解释。我查《九思堂诗稿》卷四，页四十八，此诗标题《南苑河岸得句》，没有癸亥年的单独说明。该卷卷首有"自咸丰丁巳至同治癸酉古近体诗"，这个范围显然宽泛得多了，但1863年这点似还需再作证明。从画面看，奕譞容貌很年轻，可算是清宫皇室成员最早的照片之一，比汤姆森为总理衙门大臣拍摄的照片要早很多个年头。《故宫珍藏人物照片荟萃》还刊载另几幅醇王早期照片，可见他在某些方面，其实是个很开化的人。

中国近代摄影作品，近年来逐步受到重视，并被发掘出来，但也有很多被湮没了。当年拍照是件奢侈而神奇的大事，我在《九思堂诗稿续编》中，还找到另一首七律：《十月初十日慈宁门外行礼后邀请恪靖侯来邸，以西法照并坐像漫题一律侯赴两江总督任濒发》，[17] 这首诗，记录了1881年军机大臣左宗棠外放两江总督前，醇王邀请他来家中拍照的故事（照片见本书第28页）。醇王在诗中加了一段注释："赠以半身西法照像，并索其油绘小照。"说明在拍照前，醇王已拿自己另一帧照片作礼物送人了。翁同龢还专门为他们的合影题诗。[18] 后来，醇王在1886年巡阅北洋海军时，广东摄影师梁时泰还为他拍摄了更多的照片，包括与李鸿章及帮办海军大臣善庆的合影。翁同龢本人，则在1887年5月8日日记中记载，与孙家鼐、徐郙、雷正绾、陆廷黻五人在孙家鼐家合影，自谓"余生平未照相，至此破格矣"。[19] 他的第一次，比起恭王拍照，整整要晚二十七年。他说"至此破格矣"，显然此前他还坚守过某种不拍照的信念。现在遗憾的是，这些照片似乎都已失传，我们迄今尚未获见。

我们在JW万豪酒店38楼咖啡厅聊到深夜，窗外璀璨的城市灯火渐渐寥落。魏延年说，他还收集到一批1870年代法国人日意格拍摄的福建船政的老照片，并将其赠送给马尾造船厂。他打开苹果电脑，向我们展示这些照片的电子版，非常清晰，非常精致。日意格是中国第一家现代造船企业的外籍顾问，这批照片此前无人知晓,安静地尘封在法国某个橱柜箱笼的底层,但当这些照片再次呈现在眼前时,我看到一百三十年前中国海军官兵的鲜活生命,看到昔日造船企业的巍峨厂区,禁不住惊叹起来,这就是摄影无可抵挡的魅力和在保护视觉图像上的特殊作用。尔冬强用魏延年提供的电子文件,为我制作了两幅精美的照片——"扬武"舰爬桅的水兵和福州船政鸟瞰——如今悬挂在我的办公室里,使我能够时时缅怀为中国近代化作出贡献的先辈。

2010 年 11 月记

附记二

2012 年 12 月,徐家宁先生翻译的《中国和中国人影像:约翰·汤姆森记录的晚清帝国》由广西师范大学出版社出版。使得我们对这部原先重达 17 公斤四卷本巨著得以窥探全豹。汤姆森在书中写道:"1871 年(朝鲜)使团到达的时候我正好也在北京",从而确证了他拍摄总理衙门大臣照片的年份。[20]

2013 年 8 月记

1　宝鋆:《泰西照相人曰未士丹忱照恭邸及董司农恂、毛司空昶熙、沈司马桂芬后,复照余暨文协揆祥、成廷尉林三人,戏作短歌以纪其事》,《文靖公遗集》,卷 1,第 12—13 页。

2　《清史稿》,第 38 册,第 11698 页。

3　《清史稿》,第 41 册,第 12372 页。

4　《花甲忆记》,第 244、234、230—231 页。

5、8、9　《英国对华外交,1880—1885》,第 28 页,第 27 页,第 8 页。

6　见李鸿章:《复丁雨生中丞》,光绪五年五月二十日,《李鸿章全集》,第 32 册,第 447 页。

7、10、11、14　《镜头前的旧中国》,第 216 页,第 218 页,第 220 页,第 218 页。

12　转引自《帝国的残影:西洋涉华珍籍收藏》,第 174 页。

13 《镜头前的旧中国》,序言。
15 《远征中国》,第166页。
16 《额尔金书信和日记选》,第223页。
17 奕谟:《十月初十日慈宁门外行礼后邀请恪靖侯来邸,以西法照并坐像漫题一律侯赴两江总督任濒发》,《九思堂诗稿续编》,卷6,第43页。
18 翁同龢:《醇邸以与左侯并坐照像见示敬题应教》,《翁同龢诗集》,第104页。
19 《翁同龢日记》,光绪十三年四月十六日,第4册,第2106页。
20 《中国和中国人影像:约翰·汤姆森记录的晚清帝国》,第554页。

(本文插图见彩版一至彩版四)

军营弄惯入军机

大臣笔下的左宗棠

> 毁我者不足以掩我之真,誉我者转失其实耳。千秋万世名,寂寞身后事,吾亦不理,但于身前自谥曰忠介先生,可乎?
>
> ——左宗棠

同光中兴名臣曾国藩、左宗棠、李鸿章均因功勋卓著,封侯晋伯,官至大学士。但只有左宗棠在光绪七年(1881)初以东阁大学士在军机大臣上行走,赞襄枢机,时间虽然只有九个月,却算得上是名副其实的真宰相了。

不过官方文献和碑传文中对左氏的这段经历记载甚为简略,大多寥寥数语,一带而过。《清史列传·左宗棠传》谓:"七年正月,入觐,命管理兵部事务,在军机大臣上行走,并在总理各国事务衙门行走。二月,奏请教练旗兵,兴修畿辅水利,下所司议行。七月因病屡请开缺,上一再慰留之。九月,授两江总督,兼办理通商事务大臣。"[1] 吴汝纶《左文襄公神道碑》也只有几笔:"俄事定,遂命入值军机,兼值译署。居数月引疾乞退,命出督江南。"[2] 这样的表述看不出一点儿细节。

倒是野史的记载十分有趣。《清朝野史大观》卷七《文襄入朝三则》，记载左宗棠光绪七年从新疆平定阿古柏叛乱后奉诏回京，出任军机大臣，却因从未做过京官，受到同僚戏弄的逸事：

> 昔左文襄罢西师而入朝也，愤纲纪之不举，盛欲有所整顿，朝中诸大臣颇相忌畏，而未有以相制。已而察知议政王（奕䜣）意亦不愿，于是遂群起侮弄之，或举其可笑之端编为小诗，转相谐谑。缘左侯不习于陈对，其初陛见也，慈圣劳苦之，且曰："汝在外久，今在京须早起，想不便。"左侯操湘音对曰："臣在军中五更时便须弄起来。"诸人遂皆举此为笑。左又谓诸寅僚曰："吾之妾善为盐齑，虽乡味颇可口，翌日当遣人分致。"乃仅各馈少许耳，诸人编诗亦遂入之。又左体肥，每当治事之处，喘息殊甚。诸臣伪为恭谨，相共扶掖，其实以为弄资也。又诸臣知其欲研究诸务，任其自行料检。左顾此则失彼，举端则不能竟委，数日茫无头绪。已而两江总督缺出，遂简放左公督两江云。[3]

这段野史提供了正史中不曾记录的有趣细节，但因其史料来源不详，学者引用时往往颇费踌躇。其实，现在看到的野史记载，很多都是当时各种传言的一种沉淀，既然有过传言，多少也有所根据。一些情节并非无法澄清，关键是必须仔细爬梳原始文献，去伪存真，考证野史笔记的依据。我幸好找到了相应的原始记录，从中大致可以辨析《清朝野史大观》所记与事实的出入和差距。

左宗棠在返程途中，曾给李鸿章写信，谈到自己对未来的安排，认为"衰病余生，杖不去手，待漏而趋，时虞陨越。陛见后当上疏自陈，以闲散长留都寓，聊备顾问，亦不敢遽谋归田，致负初心也"。[4] 而李鸿章从左宗棠行旅经过的保定官员那里听说，左"起居甚健，须鬓未霜，尚如五十许人"，[5] 时年左宗棠六十八岁。

大学士、军机大臣左宗棠

正月二十六日,左宗棠到达北京,次日陛见。这阵子,慈禧太后因病休息,不理政务。慈安太后单独见起,与这位老臣说起二十年来处理危局,平定内外之乱的往事,声泪俱下。二十八日,慈安再次召见左宗棠。二十九日,任命左宗棠以大学士管理兵部,在军机大臣和总理各国事务衙门行走。留京担任军机大臣,需要每天待漏而趋,十分辛苦。太后允许他晚些上朝,算是对功勋老臣的体恤照顾。左宗棠观察同僚,以为"亲贤在位,上下交孚,盈朝虽非尽惬时望,而奸佞贪诈之辈则罕有之"。[6]他向同僚打听京师花销的预算,军机大臣王文韶、李鸿藻都说每年的用度不能少于六千两银子,他也做好了筹划,[7]并在宣南上斜街租下一座宅院。[8]

军机大臣王文韶

　　左宗棠科举的功名只到举人,同治十二年十月被授予协办大学士,入阁拜相,在有清一代,都是异数,李鸿章当时就称其为"破天荒相公"⁹。此时挟西北创下的赫赫军功任职京师,相当于以节度入枢密。然而北京官场对于这个新来乍到、壮怀激烈、头角峥嵘、屡立战功,常年在外做惯封疆大吏,不太懂得紫禁城规矩的老头,其实是怀有蔑视的。《清朝野史大观》描述左宗棠体肥气喘,起跪需要同僚扶掖,左宗棠在给甘肃布政使杨昌濬的信中坦承,到京参见太后时,"顽躯照常,惟步履艰难,能跪而不能起,每次尚须宝(鋆)相国、李(鸿藻)尚书扶助也。"¹⁰按他本人的体会,同僚扶掖是善意的帮助,但在军机大臣王文韶看来,左氏被扶却有另外含义。他在光绪七年二月初一日日记中,记录左宗棠首次上班的情景：

> 左中堂入直，体胖身高，雪后路滑，见面（召见）时气喘汗流，余与兰孙（李鸿藻）左右扶之始能起，老者固不以筋力为礼，盖矜持亦居其半，习惯当自然耳。[11]

王文韶认为，左宗棠安之若素地接受其他军机大臣搀扶，显然是在摆谱，积习已久，当作自然。王文韶当官，历来圆融，慈禧太后后来还称他"琉璃蛋"，[12]但其内心却如此狭促，左宗棠一定没有想到。

再说与太后的对话和小诗。郭嵩焘光绪九年十月初一日日记曰：

> 陈右铭……诵李兰生为左相竹枝词。其一云："军营弄惯入军机，饭罢中书日未西。坐久始知春昼永，八方无事诏书稀。"左相初入觐，上问能早起否，答言：在军营弄惯。"弄惯"二字，盖楚语也。又每入直，动云："坐久了，可以散罢。""八方无事诏书稀"，则所在军机处常诵之语也。又一联云："细君爱听恭维语，独步京城豆腐干。"左相如夫人善为豆腐干，以馈诸要人，在军机常言语老妾云："王爷及诸中堂大人并称汝豆腐干独步京师。"此等皆外人所不能知，李兰生常举以告人，知必兰生所自撰也。两人同为国元老，同直枢密，而轻薄如此，京师论者亦皆不谓然也。[13]

陈右铭即陈寅恪的祖父陈宝箴，当时在浙江按察使任上。他告诉郭嵩焘的故事比野史更加有趣生动，属于上流客厅的谈资。李兰生即李鸿藻，时为军机大臣、吏部尚书，以理学家著称，私下竟有如此桥段，可看出左宗棠在其他军机大臣心目中的地位。以王、郭日记考证《清朝野史大观》，这条史料虽然在细节上与诸大臣的直接记录略有不同，但其基本事实显然有所依据。左宗棠不招人待见，是其以外官入军机，自恃战功，倚老卖老，言谈举止表演过火，引发同寅不满。军机大臣们都是位极人臣者，表面上客客气气，背后彼此又在玩弄一些小拳脚，这是官场的有趣，也是官场的无趣。官场上的举手投足，都会有人在背后做出臧否评说；官场上的虚情假意，更不能当作补药喝下，各人只能自己谨慎。

近百年来，清人日记、书信被不断披露，成为近代史研究中非常宝贵的资料，值得收集和运用，一些私人诗作，更补充丰富了研究的细节。我自己对于史料，一直力图从当事人第一手的直接记载中去发掘，这种方法，有趣、生动而富有挑战，其价值也高于一般的野史。关于左氏形象和性格，日记、书信、诗歌中的记载很多，可助治学者逐渐勾勒出基本形象，重现更为准确的历史记忆。比如，翁同龢在光绪七年二月初一日日记中记载："卯正二刻随诸公于坤宁宫吃肉。初识左相国，于殿前一揖而已。"初四日记载："访晤左季高相国长谈，初次识面，其豪迈之气俯视一世。"翌日又记：左相"议论滔滔，然皆空话也"。三月十九日记："左相来，宝相（宝鋆）有一团茅草之喻。窃恐左公不免龃龉矣。"次日，翁同龢遇见醇亲王，"劝以调和左相，毋令为难。王甚韪之"。[14] 两江总督刘坤一光绪七年四月十二日在给友人的信中说：左宗棠"精神矍铄，须发皆元，火色腾上，举朝称为异人，各国使节甚惮之"。[15] 四月三十日在另一信中又说："王益吾（王先谦）则谓此老每接洋人，辄露嬉笑怒骂之状，译署虑其抵牾，不使常与周旋，是亦善全之道。弟亦嘱益吾兄规劝左侯宜养威重。"[16]

刘坤一和左宗棠都是湖南人，曾国藩去世之后，他们是湘系封疆大吏的领军人物，刘关心左是完全可以理解的。刘坤一在叮嘱王先谦规劝左宗棠的信件中这样写道：

> 左相入直，固为中外所属望；第须熟思审处，宏远大之谟，造和平之福，不可徇俗人之见，以取一时之名。如华洋

两江总督刘坤一

交涉各事宜,已成积重之势,然彼此相安日久,祇合逐渐挽回,不可遽事纷更,致虞决裂。至于语言启衅,意气相高,尤非大学问、大经济人所为。左相之嬉笑怒骂,洋人必不能堪;弟曾尝试之,久之恼羞成怒。设遇有嫉左相昵洋人者从中嗾之,则彼将设法刁难,遇事抵触,使朝廷不敢尽其才,左相不能安其位而已。即使身去而声称极美,天下后世,惜其志之不行,言之不用,而时事愈趋愈下,终无补救之时。当此主幼时艰,左相受恩深重,揆之古大臣委蛇求济之苦衷,亦何忍出此。若不然者,因留左相一人而开罪各国,万一此唱彼和,群起与我为难,未见能操必胜之权,恐蹈南宋张魏公覆辙也。鄙意左相乘此洋人敬畏之时,开诚布公,因势利导,于时局必有补救,何必故与参差。孔子谓忠信笃敬,以行蛮貊之邦;况彼玉帛来庭,而我公孤论道乎。即如译署诸公所言,左相少与洋人接见,以期养威持重,亦是一法。务望先生忠告而善道之。古人谓："知而不言，是我负友；言而不听，是友负我。"左相为乡先达，且为国之柱石，此节又关系极大，幸勿吝药石之投。弟固受知于左相者，第忝为疆吏，于政府不无瓜李之嫌，未敢冒昧。鄙意以左相不唯可与各国公使龃龉，并应与合肥和衷，合肥不足于弟处最多，然为大局计，深不愿两相之相为水火耳。[17]

调左入京，出自清流宝廷的建议，当时中俄正因重启《伊犁条约》谈判，俄国扬言派军舰来华开战，故宝廷认为是外患渐迫，中枢需要治兵重臣。[18]左宗棠到京之日，曾纪泽在圣彼得堡与俄国外交大臣格尔斯、前驻华公使布策签署了《改定伊犁条约》，重新划定西北疆界，中国收回伊犁，原先紧张的中俄冲突一下子缓解下来，北京由此"人心大定"。[19]而军机大臣沈桂芬又在二十六天前去世，李鸿藻在军机处获得更大的话语权。属于李鸿藻一系的"清流"健将张佩纶对左宗棠充满期望，他称"恪靖入直，但愿群工协力，破沈相十年因循瞻徇之习，方可强我中国。"[20]估计左宗棠入值安排，也是清流与军机大臣李鸿藻一起做出的谋划，原先沉闷的军机处增添了新鲜面孔。大佬们起初对左很是尊重礼遇，醇王自记某天与他"相遇于东华门外，小立握谈，观者如堵"。[21]醇王还邀他来府邸，"并坐"照相，使左宗棠受宠若惊。[22]左宗棠向醇王赠送咸萝卜缨（腌霜葵苗）、酱腌韭菜（韭菹）、菽饼，醇王回赠其园中蔬果，显得彼此亲热随便，醇王还专门写诗记录此事：

悬车年尚黑头公，	年七十须鬓发尤黑	盖代勋名处士风。
馈我未离《周礼》外，	《周礼》七菹，韭居其一	教人遥忆楚云东。来伻传语馈物俱家制
入羹晓露香犹在，	苏子咏葫蒌葵句，尚含晓露清	调鼎余盐味不同。
难觅背明三种豆，	相国现抱恙休沐	聊将筠槛伴书筒。[23]

文中所提七菹，即指韭、菁、茆、葵、芹、菭、笋七种腌菜，估计这也就是上引《清朝野史大观》中提到左宗棠馈赠老妾手制"盐齑"云云之由来。

宝鋆有诗曰《左湘阴爵相来都，把晤畅谈，英姿犹昔，喜而有作》：

七十年华熊豹姿，侯封定远汉官仪。
盈胸浩气吞云梦，盖代英名震月支。
司马卧龙应合传，湘江衡岳共争奇。
紫薇花省欣联袂，领取英谋绝妙词。[24]

左宗棠搬迁新居，宝鋆又作《季皋相国新迁东华门外玉河东岸诗以贺之》：

夹路东风草木妍，东华香土快登仙。
移家幽胜通明宅，待漏欣依兜率天。
戈戟韬光真静穆，楼台近水总澄鲜。
暇时更有临文乐，拍手争看下濑船。[25]

表面上看，大家对左宗棠十分客气，但心中各有盘算。比如宝鋆，他俩其实很早已心存芥蒂。左宗棠在光绪五年私下透露：当年他在陕西打捻军经过获鹿，宝鋆之弟宝森来见，手里拿着宝鋆的名柬，颇为招摇，遭到左宗棠厉声叱之，"嗣与乃兄议论不合，亦由此耳"。[26]官场的真真假假，虚与委蛇，绝非几句应酬诗句便能遮掩。又据薛福成记载，光绪六年底，李鸿章奉旨上筹议海防事宜疏。此时左宗棠正在进京途中，恭王和李鸿藻以事关重大，决定静俟其到乃议之。及左氏抵京讨论李疏时，展阅一页，每因海防之事而递及西陲之事，自誉措施之妙，不容别人插口，甚至拍案大笑，声震旁室；明日再阅一页，则复如此。枢廷诸公始尚勉强酬答，继皆支颐欲卧，散值稍晏，大伙皆厌苦。凡议半月，而全疏尚未阅毕。恭王恶其喧聒，命章京收藏此折，遂置不议。[27] 这段记述大约并非夸张。

左宗棠在军机处待得无趣，遂提出将其所带湘军各营，教练八旗兵进行军事训练，并组织官兵参与京师周围的水利建设。他说："所部均南方农民，素习工作，而营哨各官，又皆勤朴之选，于分防、护运之暇，亦各以耕垦、种树、沟洫为课程。"太后懿旨，将这个奏折交神机营王大臣会同妥议。[28] 王大臣均以练兵为当务之急，拟挑新兵五千编立成营，但左宗棠又不干了，声称练兵所用装备、器械、弹药、口粮需费甚巨，力有未逮，暂宜从缓。安排两千兵丁从张家口、怀来驻兵之地，顺桑干河节节疏筑至卢沟桥西。[29] 五月，他出京视察水利工程，张佩纶私下提醒李鸿章："此老是客，似宜属津府告知有水患各州县加意。恐由水利察及吏治，以己之长形人之短也。"[30] 李鸿章表示："恪靖至涿后，或循大清河至雄县、蠡高一带。如鄙人前面所云亦未可知。彼虽是客，但无函牍知会，东道亦无从伺应，地方官当有知者，吏治听凭纠察。容将尊意密属津守转致。"[31] 二十三日，左宗棠路经天津，与李鸿章互道契阔。他事后告诉刘坤一："李伯相晤谈数次，意见已融，无复从前偏执意态。"[32] 李鸿章也在给张佩纶、丁宝桢的私信中说："左相莅津后，盘桓两日，意见肯融。沿途咨访情形，似已略知梗概，不似从前之夸张矣。"[33] "左相精力甚健，于枢厅政务、各省情形不甚了澈，……然其心地光明，耐劳好强，固君子人也。"[34] 这两位前些年因塞防海防之争闹得势如水火的湘淮系大佬，忽然情投意合，真的意见消融了吗？天晓得。左宗棠在外面兜风快乐忘情，恭亲王却在北京窝火，据张佩纶向李鸿章透露，左宗棠至今不归，亦无奏报，恭王以其徒拥虚名，颇形闷闷。[35] 官场内的关系真是微妙而复杂。

更奇特的是，刑部右侍郎孙诒经，看到左宗棠巡河，遂上《兴办畿辅水利，敬举人材以资助理折》，称畿辅水利事同创举，请饬翰林院侍讲学士张之洞、丁忧翰林院侍讲张佩纶亲诣履勘，随时函商王大臣等督饬兴修。上谕命左宗棠"悉心斟酌，据实复奏"。[36] 左宗棠旋即上奏回应："至于敬举人材以资助理，请敕张之洞、张佩纶亲诣履勘，随时函商王大臣等督饬兴修，尤具深识。盖以臣与李鸿章议论时有异同，恐意见骤有未融，或启争执之渐。张之洞、张佩纶持论名迹，于臣与李鸿章素称投契，又同籍贯，于畿疆地形水势尤所熟谙，必能据实疏通，俾衷至是。"上谕再下："知道了。张之洞、张佩纶均着毋庸派往。钦此。"[37] 此事就此不了了之。孙诒经是张佩纶的姻亲，[38] 张之洞六月初三刚授内阁学士，与张佩纶都是李鸿藻手下名噪一时的"清流"健将，孙、左与二张之间是否另有幕后的勾兑，尚待查考。

李鸿章从与左宗棠的交谈中知道了左在中枢的矛盾和尴尬。他告诉丁日昌：

> 左公秉政，首兴练旗兵、借洋债、办畿辅水利，加洋药厘税等议，正论亦系陈言，与当轴间有龃龉，恒郁郁不自得。据称欲于明春告归。归固不能，而其智虑亦不甚长矣。[39]

左宗棠回京后不久，果然以"宿恙举发"，请假十日调理。[40] 而再以"两足浮肿，左手筋急，胸膈下痞积成团，渐行坚硬，两耳重听"，又请假二十日。[41] 朝廷当然恩准，左宗棠接着再上两折，请求开缺，换得再给一个月和两个月的休假。[42]

刘坤一也一直观望着左宗棠的处境，他写信给浙江巡抚谭钟麟：

> 左相入居政府，以其性情及当今时势，为曹则失去桔槔，为萧则失之凿枘，二者知其必居一焉。国家用人如用器，务在合宜，剑戟虽利，不可为耰锄；钟虽质大声宏，不

沈桂芬、董恂、毛昶熙（左起）的合影

恭亲王奕䜣

恭亲王奕䜣

大学士、军机大臣、总理衙门大臣文祥

军机大臣、总理衙门大臣、户部尚书宝鋆

总理衙门大臣、户部尚书董恂

军机大臣、总理衙门大臣、兵部尚书沈桂芬

总理衙门大臣、工部尚书毛昶熙

总理衙门大臣、大理寺卿成林

成林、文祥、宝鋆(左起)的合影

美国传教士、同文馆总教习丁韪良
是这次活动的牵线人和安排者

约翰·汤姆森在中国旅行时留下的形象

彩版三·以镜镜人须眉活

汤姆森在金陵机器局摆弄仿制的加特林机关枪

晚年的约翰·汤姆森

费利斯·比托拍摄的恭亲王奕䜣的第一张照片

醇亲王奕譞（中）的早期照片

可为磐。军机何地,侯相何人,何以竟不三思,其意欲以洋药加税及兴畿辅水利,塞中外之望,题目诚大,交卷为难。以侯相之力,奉朝廷之命,而不能行,其所损岂细哉?为今之计,惟有移之南洋,似于名位相称,而于事体亦合。未知当轴能见此否。[43]

大伙都在忙忙碌碌。尤其是,左宗棠到京后仅仅一个半月,慈安太后忽然薨逝,京师高层的各种治丧活动,要延续到十月的奉安大典方告一段落,左宗棠则自顾自休病假。宝廷的儿子寿富在《先考侍郎公年谱》中提到,外廷喧传左宗棠恃才傲物,与枢臣意见多不合。宝廷日夜惧忧,思考能够宽圣心而解诸臣之意见。旋上《请饬诸臣共殚血诚疏》,大意谓皇太后屡次扶病召对,虽所以定群情,非调摄之所宜。恭亲王国之懿亲,宝鋆等宣力有年,受恩深重;左宗棠勋望夙著,既入枢廷,当以天下为己任,必当虚怀大度云云。从这里,再次印证了左与一干军机大臣的不合。刘坤一埋怨说,左"在兰州,足以镇慑中外。乃轻听一二书生议论,必欲趣其入辅大政,以为可以耸动天下,振理一新。今日之处分为难,未知喋喋者别有善策否?"[44]

善策很快就有了,左宗棠外放两江总督,免得与军机处同僚天天见面,刘坤一被免职。[45]刘之下野,属于湘淮系另一段人际关系纠葛,此处不赘。枢臣们与左宗棠的各种社交应酬立刻都恢复了,大伙儿来回吃请欢送,一派热闹景象。王文韶记录,在军机处、兵部、总理衙门同人的公钱上,"左侯酒兴甚豪,席散已微醺矣。"[46]翁同龢记录了另一场告别宴会,"此老情长多古趣,极款洽"。[47]十月十日,醇王邀左宗棠去他府中做客,请摄影师为他俩拍了合影,醇王本人为此赋诗:"冠裳小幰聚王侯,鸿雪无心故事留。堂上偶然连一榻,胸中各自具千秋。"[48]翁同龢也

醇亲王（右）与左宗棠的合影

在醇王与左宗棠的合影上题诗："泰西奇器妙圆相，一匊亭育太古春。山河大地尽倒影，余事貌遍贤豪人。""湘阴相公最奇特，当路老罴兀不驯。经行万里历百战，却来天府垂朝绅。"[49]从这些文字描述中，一点也看不出左宗棠身体有恙的痕迹。

十月十七日，左宗棠离京赴任。李鸿藻、王文韶等军机大臣为他送行。"话别依依，情谊甚契，"[50]王文韶这样写道。左宗棠在北京的实际任职尚不到十个月，他的军机生涯便匆匆结束了。

一百年后，我们阅读着这些饱含情感的文字，体察着假假真真、酸甜苦辣的宦海人生。大人物，小人物，其实，莫不如此。

2010年3月初稿
2013年2月修订

1 《清史列传·左宗棠传》，第13册，第4067页。
2 《清代碑传全集》，下册，第826页。
3 《清朝野史大观》，卷7，第76页；又见《清代之竹头木屑》，载《清代野史》，第七辑，第327页。
4 左宗棠：《答李少荃伯相》，《左宗棠全集》，第12卷，680—681页。
5 李鸿章：《致左相国》，光绪七年二月二十五日，《李鸿章全集》，第33册，第15页。
6 左宗棠：《答杨石泉》，《左宗棠全集》，第12卷，第682页。
7 左宗棠谓："连日召对，频虞陨越。幸上朝时迟至天明亦圣慈加意体恤之故，尚能勉强支持。拟饬三儿护眷南归，四儿留侍京寓，聊备顾问。缘长安不易居，所汇之资只万二千，仅敷两年用度（王夔石、李兰孙均如此说），不能不预为筹及。时局渐定，早归尚无不可耳。"见《与沈吉三》，光绪七年二月初八日，《左宗棠全集》，第12卷，第733页。
8 左宗棠：《与徐小云》，光绪七年正月十八日，《左宗棠全集》，第12卷，第733页。
9 李鸿章：《致曾劼刚通侯》，同治十二年十二月二十一日，《李鸿章全集》，第30册，第630页。
10 左宗棠：《答杨石泉》，《左宗棠全集》，第12卷，第683页。
11 《王文韶日记》，光绪七年二月朔日，下册，第551页。
12 《南亭笔记》，卷10，第7页。
13 《郭嵩焘日记》，光绪九年十月初一日，第4册，第425页。
14 《翁同龢日记》，光绪七年二月朔望、初四日、初五日、三月十九日、二十日，第3册，第1546、1561页。
15 刘坤一：《复刘韞堂》，光绪七年四月十二日，《刘坤一遗集》，第4册，第1936页。
16 刘坤一：《复李仲云》，光绪七年四月三十日，《刘坤一遗集》，第4册，第1940页。
17 刘坤一：《复王益吾》，光绪七年四月二十三日，《刘坤一遗集》，第4册，第1936—1937页。
18 《少詹宝廷奏外患渐迫乞召知兵重臣入朝以定危疑折》，光绪六年七月初二日，《清季外交史料》，卷22，第1—3页。
19 左宗棠：《答杨石泉》，《左宗棠全集》，第12卷，第682页。
20 张佩纶：《致顾皞民观察》，《涧于集·书牍》，卷1，第55页。
21 奕譞：《晤左季高相国诗以纪事余归自某邸，相遇于东安门外，小立握谈，观者如堵》，《九思堂诗稿续编》，卷6，第5页。
22 奕譞：《十月初十日慈宁门外行礼后邀请恪靖侯来邸，以西法照并坐像漫题一律侯赴两江总督任濒发》，《九思堂诗稿续编》，卷6，第43页。
23 奕譞：《左季高相国馈腌菢葵苗韭葅菽饼，报以园中蔬果，得诗一首》，《九思堂诗稿续编》，卷6，第28页。
24 宝鋆：《左湘阴爵相来都，把晤畅谈，英姿犹昔，喜而有作》，《文靖公遗集》，卷4，第4页。
25 宝鋆：《季皋相国新迁东华门外玉河东岸诗以贺之》，《文靖公遗集》，卷4，第6页。

26　左宗棠:《与谭文卿》,光绪五年,《左宗棠全集》,第12卷,第461页。
27　《庸庵笔记》,第50—51页。
28　左宗棠:《拟调随带各营驻扎畿郊商办教练旗兵兴修水利折》,光绪七年二月三十日,《左宗棠全集》,第8卷,第12—14页。
29　左宗棠:《敬筹先调各营先修水利暂缓练兵折》,光绪七年四月十六日,《左宗棠全集》,第8卷,第28—30页。
30　张佩纶:《致李鸿章》,光绪七年五月十二日,《李鸿章张佩纶函札》,上海图书馆藏。
31　李鸿章:《致张佩纶》,光绪七年五月十二日酉刻,《李鸿章全集》,第33册,第35页。
32　左宗棠:《答刘岘庄》,光绪七年,《左宗棠全集》,第12卷,第692页。
33　李鸿章:《致张佩纶》,光绪七年五月二十七日巳刻,《李鸿章全集》,第33册,第40页。
34　李鸿章:《致丁稚璜宫保》,光绪七年六月初四日,《李鸿章全集》,第33册,第45页。
35　张佩纶:《复李肃毅师相》,光绪七年六月初二日,《涧于集·书牍》,卷1,第66—67页。
36　《上谕》,光绪七年五月十八日,《光绪宣统两朝上谕档》,第7卷,第97—98页。
37　左宗棠:《复陈涿州工作已可就绪情形折》,光绪七年六月初六日,《左宗棠全集》,第8卷,第35—37页。
38　张佩纶谓:"孙乃弟妇之姑父,弟与有姻好",见《致奎斌》,光绪七年七月二十一日,《张佩纶奎斌函札》,上海图书馆藏。
39　李鸿章:《复丁雨生中丞》,光绪七年五月二十七日,《李鸿章全集》,第33册,第41页。
40　左宗棠:《宿恙举发请赏假调理折》,光绪七年七月初三日,《左宗棠全集》,第8卷,第37页。
41　左宗棠:《请赏假折》,光绪七年七月二十二日,《左宗棠全集》,第8卷,第38页。
42　见左宗棠:《病难速痊恳恩开缺撤销各项差使折》,光绪七年闰七月十三日;《仍恳天恩开缺撤销各项差使折》,光绪七年八月十三日,《左宗棠全集》,第8卷,第41—42、44—45页。
43　刘坤一:《复谭文卿》,光绪七年闰七月二十三日,《刘坤一遗集》,第4册,第1951—1952页。
44　寿富编:《先考侍郎公年谱》,载《偶斋诗草》,下册,第1008页。
45　《上谕》,光绪七年九月初六日,《光绪宣统两朝上谕档》,第7卷,第238—239页。
46　《王文韶日记》,光绪七年十月十三日,下册,第584页。
47　《翁同龢日记》,光绪七年十月十五日,第3卷,第1626页。
48　奕谟:《十月初十日慈宁门外行礼后邀请恪靖侯来邸,以西法照并坐像漫题一律侯赴两江总督任溯发》,《九思堂诗稿续编》,卷6,第43页。
49　翁同龢:《醇邸以与左侯并坐像见示敬题应教》,《翁同龢诗集》,第104页。
50　《王文韶日记》,光绪七年十月十七日,下册,第584页。

字里行间的细节

读《翁同龢日记》笔记

> 客退空斋静自娱,又循霜鬓起长吁。
> 闲将识画看碑眼,默数中州士大夫。
> ——翁同龢《题十三行五本为李兰孙相国》

在存世的名人日记中,《翁同龢日记》无疑是部重要作品。从前我在复旦上学,曾借阅过涵芬楼影印的手稿。后来中华书局出版了陈义杰点校的排印本,对于阅读方便良多。翁同龢笔下19世纪的风雨岁月,生动有趣,既有细腻的时代场景和生活细节,也包含着作者思想演变嬗递的点点痕迹,以及宫廷秘辛、朋僚交往,是研究晚清历史的宝贵财富。

沙尘暴和泥泞路

许多人日记,都随手记录气象,但大略只写"晴""雨"数字,而翁同龢则记得甚为详细。从连绵半个世纪的日记中,我发现时下饱得恶名的沙尘暴,其实早已有之。比如同治六年,翁氏记录到十三次。同治九年和光绪四年,翁氏分别记录到八次;光绪十年,翁氏记录了十一次。

请看光绪四年,翁同龢描述说:

三月廿五日　黄沙涨天,大风起,咫尺难辨。

四月初四日　午前大风,黄沙塞天,其风着人欲吹去,可怕也。

四月十四日　漠漠黄沙,雨数点也,似四外有大风。[1]

再以光绪十四年为例:

二月十八日　大风,黄沙涨天,入春第一风天也。

二月二十六日　晨晴,午黄气涨天,落沙,薄暮大风始至,势极猛也。

二月二十七日　午后风又起,扬尘。

四月初六日　午后大风狂吼,飞尘蔽天,自清明至今,盖无日不如是。

四月初十日　午后风,尘飞蔽天,极难受。

五月二十五日　薄暮大风从东来,黄埃蔽天。……[2]

翁氏的记载用农历,换算成阳历,为1888年3月30日至7月4日,沙尘暴的袭击从春季延续到初夏。其笔下的沙尘暴,远比我们今天的感受要厉害得多。

光绪十年(1884)春天,慈禧太后发动著名的"甲申易枢",宫廷内外许多政治运作,在"黄沙漠漠"中悄然进行。翁同龢一面记录他每天与谁会面,朝廷有何人事调动,一面也记录着"大风起,沙翳天暗"。例如三月十一日,"午后风又作,俗谚应矣。发两封奏,而盛昱一件未下,已四日矣。……自巳正迄未正,兀坐看门,尘土眯目,吁,可怕哉!"[3]十二日,"辰初大风起霾,入夜未止。……前日封事总未下,必有故也。"[4]配合着漫天翻滚的沙尘暴和雾霾,光绪朝政坛也掀起了罢黜恭亲王的惊涛骇浪。假如今天的影视编导,能够运用气候景观,其再现的历史场景,在细节上岂不更真实也更震撼吗？

然而记叙老北京生活的作家们，却常常把沙尘暴省略了，给后人的印象，沙尘暴似乎只是近年来生态环境破坏的产物，来源于急欲富裕的牧民放养山羊啃啮了草根。坦率说来，明清时期北京作为一个伟大帝国的都城，生存条件却并不值得推崇。它的北方，广漠的蒙古高原，像一个风云际会的大舞台，每隔数百年便会产生出一支新锐骁勇的铁骑，威胁着中原王朝的统治，催生着鼎新革故的江山嬗替。而蒙古高原的沙尘暴，更是年复一年地如期光临，劈头盖脸，无孔不入，成为古都春季的一种令人不悦的常态。

除了沙尘暴，北京的城市道路系统问题也很突出。我们过去研究老北京，往往更多关注建筑园林、关注胡同和四合院，却忽略城市的基础设施，比如道路、排水排污，以及交通工具。翁同龢日记中，常常提到如若下雨，北京必定泥泞不堪。诸如"九衢泥淖，非骑不可"，"入城曛黑，路犹难行，泥深处几三尺"，"后门外流潦纵横，始悟昨夜雨西城较大也，皇城拐角望北泥深数尺，车陷骡蹶，两车夫沾塗出于淖，险矣"的记录比比皆是。[5] 这同军机大臣王文韶所写"大雨倾盆，竟夕未已，丑正冒雨上车，水深处将及马腹"[6] 的记载可以相互印证。有位意大利外交官记载，崇文门"大街至少有40米宽，两边另各有两条街道，每条5—6米宽，街旁有各式各样的商店。在一条这样的小街旁，有一条宽3米、深至少好几米的沟，用于排污水。大街的正中、比其他部分高至少1米之处才是真正的马路，路宽约20米，积有厚约半米的黄土，马车的轮子和行人的脚步淹没其中，就像走在海边的沙滩上"。[7]

另一位德国银行家在光绪十二年访问北京后写道：

> 沿着城墙，比街面高出约一米左右的地方还能看出从前人行道的痕迹，同样还能看出从前北京几乎所有大街下水道

这是 1913 年外国杂志上所见北京的沙尘暴景象

清末泥泞的北京街道

系统的残留。如今石板铺设的街面几乎已经绝迹，已毁坏的运河对大街上的交通形成威胁，并加重已经很糟糕的空气污染程度。原先的城建设计很规则，所有主要街道都是南北向和东西向的，街面宽度大多达到两百英尺。在普遍缺乏维护的情况下，街上的黑色尘土积有一英尺厚，瘦骨嶙峋的中国狗在其中寻找着食物，这些狗的作用恰如都城的卫生警察。所有的大街和广场都散发出让欧洲人不可忍受的臭气。由于排水系统完全处于废弃状态，北京的市政管理机构想出了自以为绝妙的主意，用简便易行的方式来处理人类的垃圾，所有家里或院子里的排泄物都收集在特殊的容器或者粪坑里，每天在固定时间倒进大桶，与其他脏水一起泼到街上，混入与鞋一样高的尘土里。有好几次我不得不骑行经过如此美化过的街道，熏得我差点从马上摔下来。但是从某种角度看，这种泼洒法还是很实用的：垃圾被酷晒，尘土被狗快速销蚀，因为湿润，灰尘暂时未被扬起。但如果下了雨，就会出现另外一幅画面：到处都是水坑，厚厚的泥浆覆盖住整个大街，几星期内无法通行。降雨几天之后，还会出现这样的情形：抬轿子的轿夫陷在没膝深的泥浆里，坐轿子的人不得不从轿子里出来，去蹚那黑水和泥浆。我注意到，除了那便宜的喷洒法之外，数以千计的苦力也在街上完成他们的消化过程，这就不难理解这地狱一般的恶臭从何而来了。[8]

当年，中国城市似乎没有找到硬质路基的建筑方式。"晴天三尺土，有雨一街泥"，皇帝出行，软土造成的忐忑不平和坑坑洼洼，使得车中的君主极不舒服，所以养成了黄土垫道的传统做法，道路越垫越高，而城市的排水系统又不完善，黄土就使积水的城市更加泥泞不堪。翁同龢日记记载，光绪二十年六月初九日，他和群臣在泥路中向太后和皇帝叩头的场景：

> 辰初，上还西苑，余骑马至蕉园门，黑云如盖，蒸热不可耐。两斋诸君及崇（礼）、敬（信）两尚书皆在。……雷电大雨稍止，持盖立泥中敬俟。三刻许辰正一皇太后驾出蕉园门始传福华门，群臣北向。余等于道旁泥中西向排班叩头，谢赐扇、尺头恩。[9]

读这类记录，总觉得当个劳什子官还真是费劲和窝囊。而路又不好，困扰市民出行，这个难题，一直要到20世纪，现代城市的沥青路面和下水道系统传入，方才得以解决。

京郊的休闲景点

我过去一直觉得，清代北京官员士大夫的休闲生活乏善可陈。除了逛琉璃厂买古董旧书，去崇效寺看看牡丹，去什刹海旁的茶馆饭庄饮茗品酒，去西山访古刹听暮鼓晨钟，到陶然亭观赏芦苇和远山外，没有更多有趣的地方可供游览消遣，因为今人熟悉的景点颐和园、天坛、北海、景山、雍和宫、香山，当年统统属于皇家园囿，并不对公众开放。阅读翁同龢日记，使我发现，北京的达官贵人还是会从郊外零零散散的自然景观中，寻找到自己消闲的乐趣。这些景观，时下早已在城市开发的滚滚大潮中湮灭了。

比如二闸。二闸本名庆丰闸，位于东便门外，是通惠河上五个闸口中的第二个。元至元二十九年（1292），水利专家、都水监郭守敬主持开凿通惠河，由于京城至通州落差很大，上游水源又不足，为了使河道能存住水，以利行船，就从东便门附近的大通桥至通州，修了五座闸口，这样使通惠河每一河段，都有充足的水源。从东便门雇舟出发，两岸水草丰茂，树木葱茏。翁同龢于光绪十年

这张照片疑似二闸风光

旧时京郊景色

六月初八日,"出便门,觅舟到二闸,饮茶于肆,闸下水如雷,觉此中静趣自在"。光绪十二年九月初八日,"偕鹿侄、斌孙同泛舟二闸,买鱼饮茶,秋色萧然矣,风物凄紧,暮归。"光绪十三年四月初七日,"是日毓庆宫搭天篷,未入直。晨起坐小车出东便门,乘船至二闸观水,一洗俗耳。麦四五寸,蒲柳并青,风景特秀。"光绪十三年五月初二日,他"清晨出东便门,泛舟至二闸,后由二闸至高碑店。阴云往来,小雨数点,大风轻雷,光景甚奇绝,似江乡渔艇上看水时也"。[10] 经翁同龢寥寥数笔,使我们对二闸河水的轰鸣和周边郊野的景色,宛若身临其境,令人神往。

又如西泡。西泡在天宁寺直西稍南约四里许,光绪六年七月十二日,翁同龢与朱智、许应骙、邵亨豫、祁世长、孙诒经一行六人,来此访荷。池中"有三舟,一舟有篷,六客同泛,由苇径穿而出,延缘荷花中,花叶皆压篷上,极有致,池凡六顷,四面土岗起伏,俨类南中江乡景物,良久归"。[11]

再如南泡。南泡是广安门外三里许的荷花池。光绪十四年七月十五日,翁同龢乘着早上凉爽,出广安门,"饮野茶馆。南行至南泡子,坐瓜皮艇子入荷花中,花香露气袭人襟袖"。[12] 光绪十八年闰六月廿五日,他应朋友约请小酌,出西长安门,乘小车历宣武门、广安门而至南泡,此地"肴侑甚洁,泛舟入荷花,旷然有江湖之观矣"。[13]

还有巴沟。巴沟位于海淀西北三环一带,我因有朋友住在万泉新新家园小区,所以记住了这个地名。历史上,万泉庄的泉水由南向北流去,其中渠沟最大者有八条,人们在水边高地上聚落形成小村,称之"八沟",后转成今名。光绪十三年六月廿七日,翁同龢应同年铭安(鼎臣)邀请,去此地游玩。出西直门后,石路颠簸,从南海淀折而西行,约二里许,就到巴沟。他找到一家叫做白房子周家锅伙的地方，烹鱼折蔬，萧然野趣。其地四面皆稻田，荷池环之，一亭占土山高处，一览数十里，宛若今人寻访就餐的农家乐。

次年三月十七日，翁同龢应铭安约请，又冒雨游览巴沟，他写道：

> 雨甚，沾衣。出西直门七刻而抵彼，海棠正花，桃柳交媚，渺然仙人之居也。相与登亭眺西山行园，撷蔬烹鱼而饮。……申初归，憩于茶亭，抵家才酉初二刻。抵巴沟雨即止，旋露日光，云阴霭空，绿野如屬，斯游快哉。[14]

如此美好的京郊田园景色，今人只能在历史文献中重温了。

各色洋人外交官

自打第二次鸦片战争之后，清政府于1861年设立了总理各国事务衙门，专门处理对外交涉。西方也在北京设立使馆，派驻了外交官。但在此后十余年里，中国并未对等地设立驻外使馆，在京的中国官员，除了总理衙门专有涉外业务之外，其他人均不与外国人交往。在中国官员看来，这些洋人，非我族类，其心必异。中外关系，涉及"由夷变夏"还是"由夏变夷"的大是大非。外国人利用英法联军攻入北京的机会，迫使清政府允许他们的外交人员常驻帝都，中国官员只要不涉及对外交涉事务，谁也不愿去招惹他们。所以在整个同治朝的十三年里，使馆和洋人犹如一窝窝筑在树梢顶上的鸟巢和巢中的鸟，孤兀兀的，和中国社会，没有交往。

光绪元年，英国驻华使馆翻译马嘉理在云南接应柏郎考察队，被当地民众打死。在处理马嘉理事件时，英国驻华公使威妥玛提出，希望今后中国官员能与外国人往来，则上行下效，百姓也就自然尊重外国人，不致有凌辱之案。[15] 七月二十日，英使馆外交官梅辉立在与总理衙门大臣的谈判中，坚持要中方对此事表态。[16] 八月二十九日，总理衙门上奏，建议"由臣衙门与各部院大臣商订往来节目，俾得尽悉缘由，庶往来者不致因周旋之际或生嫌忌之端。即未与往来者，亦可渐知中外交涉情事"。[17] 十二月初十日，总理衙门再奏，"中国各部院大臣与各国使臣往来之始，拟请于光绪二年为开办之日。"奉旨依议。[18]

翁同龢日记珍贵地记录了光绪二年正月初十日总理衙门举行的拜年会见。恭亲王、总理衙门大臣和在京的部院大臣出席了活动：

> 巳初饭，饭罢即同诣总理衙门。邸（恭亲王）及诸公先在，堂中设果席二，左右设果席八。午初起，殊形怛制者陆续至，凡八国，而来者不止八人，有参赞、有翻译官也。每国不过一二刻，后者至则前者避去。就中威妥玛最况鸷，赫德最狡桀，余皆庸材也。中二席，邸陪坐，总署诸公环坐，通事（翻译）等或佥坐或否，余等两旁坐，始终未交一言，未沾一滴一肴，饥寒交迫。相见时一一通姓名，拱手而已。[19]

翁同龢还细致地记录了外国使节的情况：

> 十一点钟，英国威妥玛。年近六十，无游词，阴险之至。傅磊斯、梅辉立、禧在明、璧立南。来者五人，有参赞。
>
> 十一点半钟，俄国布策。滑。柏百福。来者三人。
>
> 十二点钟，美国何天爵。在彼族中似朴实。一人。
>
> 十二点半钟，德国巴兰德。白头。阿恩德。
>
> 一点钟，奥国史福礼。此两人大略叹此会难得，欲年年如此，极鄙琐，谈气球之精。同来，又一人。
>
> 一点半钟，日本森有礼。有静气，未尝多言。郑永宁、颖川重宽、竹添进一、高尾治恭。来者五人，甫坐即起。

> 两点钟，秘国爱勒漠尔。小身，甚黠。柯里士。来者三人。
>
> 两点半钟，法国罗淑亚。病足，长身，老而谲。师克勤。来者二人，以上原单皆称大臣。
>
> 三点钟，总税务赫德。仪节疏慢，但略持其冠；于中事极熟，能京话。
>
> 三点半钟，总教习丁韪良。同文馆。专谈学徒事，近骏。
>
> 四点钟，主教田垒思。此人来后即赴后院。未见。[20]

十二、十三两日，中国官员回拜各国使节。据威妥玛向英国外交大臣德比（Derby）报告，共有二十六名官员来到英国使馆，但仅有二人入馆略作寒暄，其余均投下名片而去。[21]翁同龢日记中也有这次活动的记录：

> 十三日　晴，暖。黎明诸公皆集绍彭（工部尚书广寿）处，宜春宇（工部右侍郎宜振），夏子松（兵部右侍郎夏同善）亦来，遂同行。先到四条胡同日本馆，次河沿西英、奥、德馆，次东交民巷法馆、俄馆、美馆、秘馆，皆投一刺，其人或接帖来回称不在，或否，径归，殊愤懑。[22]

按翁的说法，他们在拜访外国使馆时，得不到洋人接待，所以使他很不愉快。翁与威妥玛的说法谁更接近历史真实，我们今天无从考证，但多少都反映出刚开始中外接触的岁月里，那些具体入微的细枝末节和心理感受。

此后，翁同龢每年都在日记中记录过年时外国使臣拜访总理衙门的情形。这些记录，今天读来，依然有趣迷人。比如从光绪三年起，改变上年分批接待外宾的做法，设宴西厅，"长筵同坐"，摆了十二桌。中国大臣与洋人可有更好的接触。[23]

翁同龢还记录了光绪六年十二月初十日祝贺洋人新年的宴会：

> 到总署饭。……共十人。先日国（西班牙），两人，平平。

次美国，两人，颇读书，一云经史外兼看《红楼梦》，余斥其不当看。次英国，威妥玛老矣，非复从前桀骜。又数人，分两桌，肴极新鲜，次日本国，宍户玑，其使臣也，长髯，拱手谓余曰久闻大名；一仲田者，美少年也，亦甚钦余。[24]

翁同龢对外国公使的服饰细节也有仔细观察：

> 公使衣冠各各不同，有金边压衣缘者，有帽缀鸡毛者，有挂刀者，惟德国巴兰德仍黑衣，美国使亦常服。[25]

通过翁同龢的妙笔，我们读到美国公使杨约翰"尚敦笃"，英国公使巴夏里"嗫嚅浮伪，最可恶"，华尔身"猨狖也"。法国公使恭斯当"肥，开展"。日本公使盐田三郎"陋而狡"。[26] 曾纪泽与外宾周旋"作夷语，啁啾不已"。[27] 翁同龢还把某次外事活动写成"午正各国公使来拜。一群鹅鸭杂逻而已"。[28] 把聚会的结束写成"公使退，余等一哄而散"。[29] 这样的语气，前后贯穿十几年，不外是排斥、憎恶、不以为然。每每读到这些内容，我的眼前就浮现出一位身穿官服正襟危坐的中年男子，面无表情，乜视着高鼻子黄头发们晃动进出，心中却用尖酸刻薄的词汇默默遣词造句，令人忍俊不禁。

我还在德国驻华公使巴兰德的回忆录中，读到外国人对与中国大臣在新年期间相互拜访的看法。巴兰德写道：

> 威妥玛爵士所做的让中国官员与外国使领们建立私人关系的尝试，却没有超出新年团拜这一项，即在总理衙门大臣的带领下，一大群中国人出现在各国公使馆，又吃又喝，别无收获，反而让他们觉得外国人都是些滑稽可笑的人。然后呢，就是外国使团对总理衙门的回访。不久我就有机会体验到，这类的交往没有多少实际意义。[30]

巴兰德没有读过翁同龢日记，但他敏锐地感到，与中国大臣

翁同龢

的交往,只是"让他们觉得外国人都是些滑稽可笑的人",他的这种感觉,也是来自对中国官员交往中的表情、言语的细致观察。

不过交往总比不交往好。再过二十余年,有个外国使馆的官员做朋友,就变成一件时髦且实惠的事情,许多人都趋之若鹜了。

翁同龢被开缺的细节

翁同龢一生在北京做官,中过状元,当过帝师,在光绪朝中后期,一度权倾朝野。他的思想,从保守逐渐走向变革,最后成为戊戌维新的重要推动人物。汪辟疆在《光宣诗坛点将录》中,将其封作"地数星东山酒店小尉迟孙新",可谓大嚎(汪氏评点王闿运为晁盖,陈三立为宋江,陈宝琛为吴用,宝廷为柴进),[31]对翁的诗人才华似乎不太认可。但翁氏日记,文笔清晰精准,对重要历史事件记录栩栩如生,对历史学家来说,可谓弥足珍贵。

比如,他详细记录了他在戊戌变法发起前夕(光绪二十四年四月廿七日),被光绪帝开缺的场景:

字里行间的细节　43

丑初微雨,既而潺潺,喜而不寐。今日生朝,晨起向空叩头。入看折治事如常。起下,中官传翁某勿入,同人入,余独坐看雨,检点官事五匣,交苏拉英海。一时许同人退,恭读硃谕:协办大学士翁同龢近来办事多不允协,以致众论不服,屡经有人参奏,且每于召对时,咨询事件任意可否,喜怒见于词色,渐露揽权狂悖情状,断难胜枢机之任。本应察明究办,予以重惩,姑念其毓庆官行走有年,不忍遽加严谴,翁同龢着即开缺回籍,以示保全。钦此。臣感激涕零,自省罪状如此,而圣恩矜全,所谓生死而肉白骨也。随即趋出,至公所小憩。同人退甚迟,除授亦甚夥也。章京李玉坡、王嘉禾来,玉坡代撰谢折,余改数语,交南屋苏拉递。刚、钱、廖三公皆来,余衣冠诣三处辞行。张樵野来。晚与三公痛谈,明日须磕头,姑留一宿。[32]

次日又记:

晴,日出始起。李相国来,三公退直亦来谈。……午正二驾出,余急趋赴宫门,在道右磕头。上回顾无言,臣亦黯然如梦,遂行。雨后禾有生机,惟未种者不少。未正三抵家,敬告先祠。[33]

面对重大的突发变故,翁同龢的叙事从容不迫,甚至还关注了天气和庄稼生长,恐怕这就是从前文人所说的"有古大臣之风"。几年前,任青、马忠文先生整理的总理衙门大臣张荫桓的日记,也对本日政情有详细记录,与翁氏日记恰好可以相互印证和补充。

张荫桓是廿六日从城里到颐和园的,他和李鸿章同住在户部公所西院。廿七日

寅正起,卯初膳牌下矣。傅相冒雨进城,匆匆数语即去。余补睡至辰正。得常熟书,言昨示翁墨山册或系族祖手笔,拟

以他物互换。函末言归期甚近,容再趋辞,殊不解也,阅竟仍睡。午初起,饭罢,润台、仲山先后来,乃知常熟有开缺回籍之谕,骇甚。夔石调京,仲华权直督,北洋之局一换也。[34]

翁同龢写给张荫桓的短信原件,如今保存在台北故宫博物院,其全文为:

> 承示画册,此系龢族祖之笔,家牒中未载,疑更名也。拟即留簏,当以他件奉易,何如?快雨伫望霑足,归期甚迩,容再趋辞。
>
> 芋盦先生　　　　　　　弟龢顿首　廿七日 [35]

显然,通过两者相比较,证明张荫桓日记所记,是真实可靠的。

张荫桓还记录,当他听到翁同龢落难的消息后,随即前去看望("余亦往晤常熟",这点翁在日记中也提到了)。由于光绪帝廿八日要召见康有为、张元济,所以二人早一天赶到颐和园,张荫桓安排他们与下午返园的李鸿章共进晚餐("傅相、长素、菊生共晚饭毕,劝以早睡。"[36] 这个细节为张氏日记独家披露)。遥想翁师傅六十九岁生日,未得祝福,却被罢黜。消息传出,朝野有几多议论,他自己内心有几多挣扎?喧嚣的白天过去,幽幽烛光之下,李鸿章、康有为、张荫桓、张元济在一处小饮,翁同龢与军机大臣刚毅、钱应溥、廖寿恒在另一个庭院"痛谈"。此时,戊戌变法的大戏正缓缓拉开序幕,代表变法与保守阵营的领军人物,居然在颐和园外相聚。真实场景蕴含着如此丰富的戏剧冲突张力,恐怕任何作家也无法料及。

用原稿考订《翁同龢日记》

日记也不可尽信。

和运用一切史料一样,使用日记,同样需要进行审慎的考证。

作者与翁万戈先生
2009年的合影

这方面,历史学家孔祥吉先生,对于翁同龢日记稿本和刊本所作的比较研究,是一个精彩案例。

《翁同龢日记》原稿一直由其家族珍藏。1925年,张元济主持商务印书馆涵芬楼影印行世。其后,有人发现翁氏在戊戌政变之后,曾对日记进行了改删,甚至称日记有"讳饰与捏造"之嫌。影印日记也能作假吗?这使历史学家忐忑不安起来,需要寻找原稿本来作考证。翁氏日记原稿,1948年由其五世孙翁万戈携至美国。前些年,历史学家孔祥吉在美国新罕布什尔州翁万戈先生的莱溪居见到了原稿,通过仔细辨读,终于解开历史谜团。

孔祥吉发现,翁同龢日记确有少量改删,改删的情形大体有两种:

一是翁同龢生前对日记的改删。鉴于戊戌政变后,局势恐怖,翁氏惧怕被牵连,故对日记中与康有为交往的记载,作了改动,比如光绪二十一年闰五月初九日记:

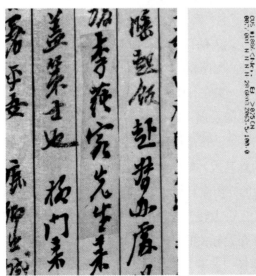

《翁同龢日记》光绪二十一年闰五月初九日的手稿

原稿中"李莼客先生"五字是挖补的

翁万戈先生在照片后面的题注

字里行间的细节 47

> 饭后李莼客先生来长谈，此君举世目为狂生，自余观之，盖策士也。[37]

上世纪30年代，学者金梁指出，李慈铭卒于甲午十一月，翁次年记其来访，显然是个破绽。孔祥吉通过核对原稿，发现"李莼客"三字，系挖补粘贴，做功十分精细，几乎看不出明显痕迹。需以强光透视，才可看出修改轮廓。从原文的上下文意上推断，他认为应为"康有为"。嘉庆以后，清朝不再作兴"文字狱"，然而戊戌政变，六君子弃市，使得退隐江湖的翁同龢，依然担心因日记获罪，只能在家中做些手脚，当时令人窒息的恐怖气氛，由此可见一斑。

二是翁万戈之父翁克斋委托张元济进行影印时，出于种种原因遮掩部分原文。同治九年五月二十五日有一段天津教案之记叙，其文曰：

> 天津义民杀法国领事，焚其教堂两处，并杀其从人数名。先是迷失幼孩者多，有篷匠乘高见二小儿尾一人，纵迹得之，鸣于官。[38]

影印者在"迷失幼孩者多"与"有篷匠"之间，遮掩去"或言外国剜眼珠及心配照相药"。显然，20世纪的刊行者认为，这些荒唐愚昧的语言，实在有损翁同龢的形象。

孔祥吉将他的发现，收录在《清人日记研究》中，有兴趣的读者不妨找来一读。孔祥吉指出，这样的研究好处有三，一是更准确地了解翁同龢其人。翁同龢早年并不是站在变法立场上的，他甚至属于典型的守旧派官僚。甲午战争后，日益严重的民族危机，使翁氏思想产生巨大转变。二是戊戌政变之后，翁同龢害怕被牵连，故对与康有为有关的日记作了极少改动，日记其他部分，仍可放心大胆地征引。三是当年商务印书馆涵芬楼影印翁氏日记，虽有为尊者讳的考虑，亦是人之常情，无足深责。

2009年8月14日，我在上海见到了翁万戈先生，谈起了《翁文恭公日记》的挖补问题，翁先生肯定了这个说法。回美国后，他给我寄来了原著的照片，从照片看，光绪二十一年闰五月初九日日记被挖补的，不是"李莼客"三字，而是"李莼客先生"五字。

翁万戈先生决定以家藏翁同龢日记为底本，由上海中西书局重新出版排印本。2012年1月4日，他和侄子翁以均联手主持并校订的新版八卷本《翁同龢日记》在常熟市图书馆举行首发式。书中附有《删改真相》一文，指出全书由翁同龢本人自行挖补删改者共七处，商务印书馆涵芬楼影印时通过遮盖，删去十处。遮盖未印部分，这次中西书局版《翁同龢日记》已经全部恢复。除本文介绍的挖补删改部分之外，本书《朝开铁路，夕死可矣》一文，还提到涵芬楼版的另外两处删改，读者可以参阅。

历史学家犹如猎人，常年在岁月的森林中梭巡。孔祥吉的研究成果，宛如绕过密密匝匝的大树，探视到树荫背后躲藏着的长耳朵兔子，翁家和学术界，都得以心安了。

2008年8月初稿

2012年6月修订

2014年10月再修订

---

1 《翁同龢日记》，第3册，第1354、1355、1357页。
2 《翁同龢日记》，第4册，第2182、2183、2184、2193、2202、2205页。
3、4 《翁同龢日记》，第4册，第1818页。
5 《翁同龢日记》，第3册，第1137、1375页；第4册，第2127页。
6 《王文韶日记》，上册，第434页。
7 阿德里亚诺·马达罗：《1900年 北京》，第9页。

8 《1886：银行家恩思诺经济报告中的北京》，《德语文献中晚清的北京》，第187—188页。
9 《翁同龢日记》，第5册，第2706页。
10 《翁同龢日记》，第4册，第1848、2029、2115页。
11 《翁同龢日记》，第3册，第1499页。
12 《翁同龢日记》，第4册，第2217页。
13 《翁同龢日记》，第5册，第2539页。
14 两次游巴沟，见《翁同龢日记》，第4册，第2127、2189页。
15 威妥玛最早提出各部院大臣与驻京外交官往来事，见《与威使答问节略》，光绪元年七月初十日，《李鸿章全集》，第31册，第284页。
16 《总理各国事务衙门大臣沈桂芬等与英国驻华公使馆中文秘书梅辉立为马嘉理案交涉事晤谈记录》，光绪元年七月二十日，《马嘉理案史料》一，《历史档案》，2006年第1期。
17 《总署奏陈中外交际往来情形请旨明白宣示折》，光绪元年八月二十九日，《清季外交史料》，卷三，页二十五。
18 《总署奏各国驻京使臣新年拟与各部院大臣相互道贺片》，光绪元年十二月初十日，《清季外交史料》，卷四，页二十八。
19 《翁同龢日记》，第3册，第1182页。
20 《翁同龢日记》，第3册，第1183页。
21 《威妥玛致德比》，1876年2月9日，F.0.17/720。转引自王绳祖：《马嘉理案和〈烟台条约〉》，《中英关系史论丛》，第132页。
22 《翁同龢日记》，第3册，第1184页。
23 《翁同龢日记》，第3册，第1265页。
24 《翁同龢日记》，第3册，第1533页。
25 《翁同龢日记》，第5册，第2425页。
26 《翁同龢日记》，第4册，第1794、2074页。
27 《翁同龢日记》，第4册，第2081页。
28 《翁同龢日记》，第4册，第1992页。
29 《翁同龢日记》，第4册，第1803页。
30 《公使巴兰德回忆录中的北京》，《德语文献中晚清的北京》，第180页。
31 《光绪诗坛点将录》，载《说近代诗》，第106、50、52页。
32、33 《翁同龢日记》，第6册，第3134页。
34 《张荫桓日记》，第537页。
35 高阳：《翁同龢给张荫桓的两封信》，《大成》，第44卷，第2期。
36 《张荫桓日记》，第538页。
37 《翁同龢日记》，第5册，第2815页。
38 《翁同龢日记》，第2册，第776页。

簪花多在少年头

访李鸿章故乡合肥磨店

> 予少年科第，壮年戎马，中年封疆，晚年洋务，一路扶摇，遭遇不为不幸，自问亦未有何等陨越；乃无端发生中日交涉，至一生事业，扫地无馀，如欧阳公所言"半生名节，被后生辈描画都尽"，环境所迫，无可如何。
>
> ——李鸿章

磨店故里

从前，常以籍贯作为人物的代称，李鸿章被叫作"李合肥"，我却一直不知李鸿章的合肥老家究竟在哪里。合肥市中心淮河路中段有座"李府"，那是李家发达后添置的宅第，近年复修起来，游人络绎不绝。但李鸿章的出生地不在城里，他是一个从乡村走出来的孩子。最近，我的朋友，李鸿章研究专家翁飞兄陪我去探访他诞生的祖居。

驱车沿合肥市区东二环路到头，然后折向北，是宽阔的瑶海大道。大约行车半小时，右侧连绵的庄稼地中间，兀然出现了一片刚刚建起的徽式仿古商铺群落。路口的牌楼正中，写着"磨店"两个大字。

穿过牌楼,从新铺的水泥路转向坑坑洼洼的土路,一路颠簸,我们来到一块小小的打谷场前,迎面是几间农家式样的二层楼房,那种前些年翻建的普通民居。

翁飞比划着,这儿曾是李鸿章出生的房子,这儿有掩埋李鸿章衣胞的地方,这儿有李鸿章与兄弟们一起读书、休息的"棣华书屋",我却找不到昔日建筑的蛛丝马迹。李鸿章的父亲李文安曾记录过旧居棣华书屋的环境:"门临方塘,水光照屋,菊花三径,杨柳数株",那个"柳荫塘",就在谷场的前面,李鸿章少年时代曾在塘里游泳嬉戏。

隔着柳荫塘,有一片稻田,是李鸿章母亲耕作过的"麻大田",葱茏的稻穗正在灌浆。其所以得名如此奇特,据说缘于李母天生麻脸和大脚。李氏祖先,有田二顷,到祖父李殿华时,分得的田产不多。殿华两应乡试皆落第,便放弃功名之想,退居乡间,过着"男耕女织,督课勿懈"的生活。李鸿章后来在家书中说:

> 前吾祖父穷且困,至年终时,索债者如过江之鲫。祖父无法以偿,惟有支吾以对。支吾终非久长之计,即向亲友商借。借无还期,亦渐为亲友所厌。其时幸有姻太伯父周菊初者,稍有积蓄,时为周济,并劝祖父以节俭,并亟命儿孙就学。吾祖父从其言,得有今日。[1]

李文安未跃龙门之前,靠开馆授学为生,"指画耳提,寒暑罔倦"。家中田地,虽有佃户耕作,但大脚老婆也要亲手打点。平时过日子,亦由夫人"尺布寸缕,拮据经营"。古时候所谓的"耕读世家",便是如此。

天空依旧湛蓝。水稻依旧碧绿。劳作依旧辛苦。读书依旧有出息。这些常识道理,一百几十年来,几乎没有变化。田边小溪

安徽合肥磨店,李鸿章出生地

李鸿章母亲耕种过的"麻大田"

里，老水牛慵懒地将身体埋入水中，躲避着正午灼人的阳光。我们和古人，呼吸着同一团炎热的空气。然而柳荫塘畔，早已没有了李鸿章的旧居。

少年狠人

道光三年正月初五日（1823年2月15日）清晨，李鸿章诞生于合肥县东乡磨店（现为合肥市瑶海区磨店乡群治村祠堂郢）。这天，恰是民间迎接财神的好日子。据说李母先前在麻大田干活的时候，被乌龟咬了一口，使得她的分娩比预产期延晚了近一个月——而她在卯时出生的儿子，自然就是个贵（龟）子。

从六岁起，李鸿章随父亲在家馆发蒙读书。十一岁，父亲中举，在其后的四年中，三次赴京会试，无暇授徒，鸿章便拜堂伯父仿仙为师；另外还从合肥名士徐子苓学习。在《南亭笔记》里，李伯元记载李鸿章"未达时尝与人言志"，宏愿是"吾愿得玻璃大厅。事七间，明窗四启，治事其中"。从前玻璃是昂贵的进口奢侈品，大厅面阔七间，也是王侯将相的宅邸规格，一个乡间布衣，竟有如此抱负！李伯元评论说："其胸襟实有过人处"。[2]

十九岁那年，李鸿章写《二十自述》（当时人均以虚岁计）四首云：
蹉跎往事付东流，弹指光阴二十秋。
青眼时邀名士赏，赤心聊为故人酬。
胸中自命真千古，世外浮沉只一沤。
久愧蓬莱仙岛客，簪花多在少年头。

每到春初酒价赊，惊心老大渐相加。

三年白下增诗债，十载青毡易岁华。
马齿记从今日长，龙头休向昔时夸。
因循最误平生事，枉自辛勤读五车。

丈夫事业最当时，一误流光悔后迟。
壮志不消三尺剑，奇才欲试万言诗。
闻鸡不觉身先舞，对镜方觉颊有髭。
昔日儿童今弱冠，浮生碌碌竟何为？

暮鼓晨钟入听来，思前思后自徘徊。
人生惟有青春好，世事须防白首催。
万里请缨终子少，千秋献策贾生推。
愧于两字功名易，小署头衔斐秀才。[3]

显然，青年时代的李鸿章，有追求功名的热望，亦带有吟诗遣句的矫情。是年，英军占领镇江，逼迫清政府签订《南京条约》，开放五口通商。居住合肥的李鸿章，是否意识到，一个数千年未遇的大变局，正向自己走来？

书生奋起

在李鸿章旧居附近，我们找到几块破碎的石碑，那是当年修建李氏宗祠时镌刻的，横卧在地上。还有一口古井，当地人称作"熊砖井"，据说是明朝这里出了一位熊姓大官，他带人掘了这口井，后来为李家所有，出了一门三进士（文安、鸿章，还有瀚章是赐进士出身），至今井水甘洌。古井的井栏，数百年来日复一日地被井绳摩擦，勒出二十余道深深的沟壑，令人感受着岁月的悠长。李家祖辈，都喝熊砖井的水，以致后来有位庐州知府，觉得这井实在能带来好运，便偷偷从井栏上凿下一块石头，去刻了官印。现在的井栏上，留有一个明显的豁口。

在明清两代的历史上，合肥不是安徽的省会（一度做过临时省会，安徽省会在安庆），但它是南淝河与东淝河汇合之处的一座兵家必争的城池。也许正因如此，才历出"狠人"。别的不讲，同一个磨店乡，民国初年，又出了个蜚声全国的大狠人，暗杀大王王亚樵，其墓地，离李家故里并不遥远。明朝末年，江西湖口许氏家族，为躲避战乱，迁来此地定居。后有许迎溪者，娶本地人李氏为妻。妻弟李心庄无子，迎溪夫妇遂将次子慎所过继给李家为嗣。慎所改宗李姓以后，整整六代人，依然耕读传家，却与科举无缘，更与官场无缘。李氏先世未定字辈。嘉庆十四年（1809）首次纂修《合肥李氏宗谱》，始定字辈"文章经国，家道永昌，福寿承恩，勋荣世守"，彰显出李家孜孜不倦地在科举中寻求发展的雄心壮志。

宋路霞女士在《李鸿章家族》一书中记载，李家的三世祖、四世祖葬在熊砖井以西的大老坟，是片离熊砖井仅半里地的松树林；五世祖葬在熊砖井附近的小老坟，离井只有一里路；六世祖殿华，葬在熊砖井以北的枣树林，李家人称之为井上坟。历代祖先环井而葬，可见熊砖井在他们心中的地位。

在李家旧居不远的于湾村，我还找到李氏家庙遗址。1867年，李鸿章选择此地，为父亲文安建祠，俗称"李家庙"。祠堂规模宏伟，计有正屋92间。1869年初，李鸿章回籍扫墓主持祭典。安徽八府、五州官员均往祭奠，车水马龙，阻塞四方交通道路。曾国藩趣称为"昼锦还乡"，[4] 为李家庙撰联云：

庭训差同太邱长，子孝孙贤，已迈元方季方而上；

熊砖井

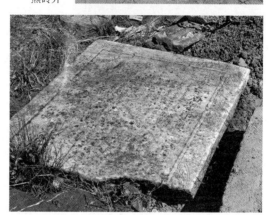

李鸿章家庙里的断碑

  碑文虽逊鲁国公,功高德厚,实在颜庙郭庙之间。[5]

  这里现在是所乡村小学,简易的校舍全是后来所盖,但部分围墙却是用家庙旧砖砌成。校园里有株白玉兰树,是李鸿章长子李经方从日本带回来的,乡人唤作"望春树",树龄已有120多年,绿意婆娑的枝叶拍打着被岁月浸润的嶙峋老干,每每让人回忆从前。家庙的厅堂,历经几十年的拆卸,如今片瓦无存,据说最后一次,是被区政府有关部门拆卸木头,去盖会议室了,是否算化腐朽为神奇呢?李文安夫妇的墓地原先在家庙附近,现在除了几块断碑,也是一无所有了。

簪花多在少年头 57

李文安在道光十八年（1838）考中进士，与曾国藩、宝鋆为同年，从此走出磨店，在北京居住，后来官居刑部督捕司郎中，即为正五品的司局长。道光二十三年，李鸿章在庐州府学被选为优贡，文安召唤儿子前往京师，学习经史。鸿章二十岁进京时，曾作律诗《入都》十首，在晚清传诵一时，其中最脍炙人口的是第一、第二首：

丈夫只手把吴钩，意气高于百尺楼。
一万年来谁著史，三千里外欲封侯。
定须捷足随途骥，那有闲情逐野鸥？
笑指芦沟桥畔路，有人从此到瀛洲。

频年伏枥向红尘，悔煞驹光二十春。
马是出群休恋栈，燕辞故垒更图新。
遍交海内知名士，去访京师有道人。
藉此可求文字益，胡为抑郁老吾身。[6]

记得在2001年，我曾经探访过曾国藩在湖南双峰的故居。从长沙驾车出郊区，没过多久，就是尘土扑面的崎岖丘陵。司机一面开车，一面嘟囔着："曾国藩就是从这里走出来的啊！"现在，我站在李氏家庙通往合肥的土路口，眼前浮现着一位身长鹤立的青年与家中亲人作揖告别的场景。李鸿章后来在家信中说："拜别赴京，于迢迢长路中，托母亲大人洪福，一路平安。与朱世叔坐车至铜山，给车钱一两四钱。弃车换马，仆仆于山东大道，攒程进京，已于本月十二日安抵圣都。""京中繁华富贵之气，触目皆是，惟男作客此间，万不敢背庭训而稍折浮华也。"[7]

李鸿章在棣华书屋完成了人生第一阶段的学习。从此，他一步一步走向遥远的北京。"遍交海内知名士，去访京师有道人"，他的信心是坚定的。"一万年来谁著史，三千里外欲封侯"，他的目标是明确的。他以年家子身份拜曾国藩为师，24岁考中进士，李氏家族也从科甲奋起，遂为庐郡望族。

母以子贵

李鸿章后因镇压太平天国，回家乡组织团练，最终从血海中带出一支淮军子弟兵，本人做到文华殿大学士、直隶总督、总理衙门大臣，封一等肃毅伯。他的大哥李瀚章，也官居湖广总督。父亲李文安死于兵荒马乱的咸丰五年（1855），未能看到儿子的成功；母亲后半生轮流住在两个儿子的总督府第，享尽世间荣华富贵。她是合肥处士李腾霄的女儿，生育了六子二女。当年，有人担心李家子女众多，生活困难，她却很有把握地说："吾教诸子发愤读书，皆巍巍有立，岂忧贫哉？"待到儿辈发达，每迁一官，她反而"无甚喜之色，时时以盈满为诫"。

光绪五年（1879），李母庆祝八十大寿，古文大师俞樾作寿联曰：

起居八座，亦多寿，亦多男，先百花生日，祝慈荫长春，凤舞鸾歌，遍浙江东西、洞庭南北；

文昌六星，有上将，有上相，以万石家风，佐熙朝景运，金昆玉友，比荀龙少二、贾虎增三。[8]

光绪八年三月初二日（1882年4月19日），李母去世。帝师翁同龢撰挽联云：

八十三年，极人世富贵尊荣，不改俭勤行素志；

九重一德，为贤母咨嗟震悼，要全忠孝济时艰。[9]

母以子贵，无论李太夫人祝寿还是丧礼，在当年都是轰动一时的大新闻。李鸿章启程奔丧之前，向朝廷坚请为母亲"守制"，而朝廷则以国事急需，要他"夺情"复出。正当彼此在京津之间

中年李鸿章

来回行文,虚虚实实反复讨论的时候,三月十八日,军机大臣给安徽巡抚裕禄密寄一道上谕:

> 有人奏,李瀚章、李鸿章之子弟族人在合肥县广营田产,包揽垦荒,并有主持词讼、闯关闹卡情事,请饬查禁等语。所奏是否属实,着裕禄确切查明据实具奏,毋稍徇隐。[10]

通过这道上谕,我们既可想象李鸿章发达后家族势力的急剧膨胀,也感慨慈禧太后驾御封疆大吏的手腕:用你,也时时敲打你。

"城市名片"

光绪二十七年(1901)李鸿章去世后,归葬故乡合肥大兴集。2002年,我曾经专程寻访过李鸿章的墓地,得知在1958年被掘棺扬尸,而他的《入都》之三有句:

> 回思往事尽成尘,我亦东西南北身。

真是一语成谶。

这些年来,历史学界对李鸿章的评价,经历了否定到否定之否定的曲折变化。如今,李鸿章被故乡后贤提名为"合肥名片",他的各种遗址遗迹,被当作旅游标志,重新发掘包装起来,浙江某民营企业集团还将投资15亿元予以再造。中午,我们在新修的磨店乡仿古商业街上漫步,这条长达1.5公里的街道叫做"李鸿章美食休闲文化街"。街上唯一已经开张的店铺,正是号称专营李鸿章家宴的饭店。饭店主人小名杨三,这又令我想起从前的两句著名联语:"杨三已死无苏丑,李二先生是汉奸。"不过眼前的杨三,是位实实在在的磨店人。据说李家食谱的几十种菜肴中有味"狗腿炖火腿":火腿自然是彩云之南的宣威特产,狗腿则出自直隶总督驻节所在的河北保定。想想,这必是风味浓郁的名菜。当然,还有地地道道的本乡特产磨店老豆腐，它的历史与淮南八公山的豆腐一样，传承久远。

临别时回眸这条崭新的仿古街道，心里不由揣测，下次再来这里，旧居、祠堂、墓地，都被一一修复了，喜爱旅游的人又多了几处观光拍照的景点。可是，九泉之下的李鸿章，是否就会感到欣慰呢？

2006 年 8 月

---

1 李鸿章：《致鹤章弟》，《李鸿章家书》，第 6 页。
2 《南亭笔记》，卷 9，第 1 页。
3 李鸿章：《二十自述》，《李鸿章全集》，第 37 册，第 69 页。
4 曾国藩：《致李鸿章》，同治八年二月二十七日，《曾国藩全集》，第 29 卷，第 6715 页。
5 曾国藩：《题李伯相家庙》，《曾国藩全集》，第 14 卷，第 104 页。
6 李鸿章：《入都》，《李鸿章全集》，第 37 册，第 69—70 页。
7 李鸿章：《禀母》，翁飞、董丛林编著：《李鸿章家书》，1996 年，第 2 页。
8 俞樾：《春在堂楹联录存》，卷 1，第 4 页。
9 《翁同龢日记》，光绪八年三月十六日，第 3 册，第 1653 页。
10 《军机大臣字寄》，光绪八年三月十八日，《光绪宣统两朝上谕档》，第 8 册，第 79 页。

老来失计亲豺虎

李鸿章访俄的若干细节再现

> 他像我一样,年轻时交上好运,就此扶摇直上,位极人臣。其实我再说一遍,他像我一样,不过是一个普通人,且是因为身居高位使他声名显赫而已。当他接待外国人时仿佛应付裕如,但揭去他的这张皮,他还是中国佬,同其他官僚同样是无能之辈。
>
> ——赫德

一

出门去俄罗斯旅行那天,我往包里塞进薄薄的《李鸿章历聘欧美记》。这本书,是二十多年前颇为流行的"走向世界丛书"中的一册,书价为人民币一个大元。原书由美国传教士、《万国公报》主编林乐知(Young John Aiien)和中国人蔡尔康运用当时西文报纸资料编译,出版于1899年。

飞机在欧亚大陆的上空向西呼啸飞行,我在机舱的阅读灯下,翻阅着泛黄的陈年故事:1896年5月,沙皇尼古拉二世(Николай II Александрович)举行加冕典礼,清政府派遣太子太傅、文华殿大学士、一等肃毅伯李鸿章为特使,前往祝贺,然后顺访德、荷、

1896年5月,莫斯科举行盛大的沙皇尼古拉二世加冕礼

比、法、英、美诸国。

  我意外地发现,李鸿章是4月27日到达俄国的,我恰好也是在同一天踏上俄罗斯的土地。这个巧合,使我能够感受110年前后大致相同的和煦晚风。4月下旬,中国大部分地区早已春色烂漫,涅瓦河则刚刚开冻,河水载着浮冰,缓缓地流向芬兰湾。树枝没有发芽,草地也没有绿意,空气有几许清冷。圣彼得堡是一座凝聚住昔日时空的城市,古建筑保存得很好,市中心完全没有新盖的楼房,更不消说闪闪发亮的玻璃幕墙。除了满街的汽车,间或的麦当劳和赌场店招,我想我和李中堂所见之最大区别,是他曾经进出的皇宫行宫,现在都成为博物馆了;而教堂——那些穹隆顶的、洋葱头顶的和哥特式尖顶的漂亮建筑,在经历了一个多世纪激烈变革的风风雨雨之后,如今依然是东正教的教堂。

二

书上说，5月4日，"俄皇俄后在柴丝壳栖卵行宫延见李傅相，待以殊礼"。我自然也慕名去了"柴丝壳栖卵行宫"。Tsarskoe Selo，现在通译"皇村"，也叫普希金城，因为诗人当年曾在这里的中学读书。其主体建筑，为著名的叶卡捷琳娜宫。俄国宫殿与欧洲宫殿相比，其实大多数不是巍峨的石结构，而是用砖块砌起来的，连墙上装饰的石柱，亦是假柱。通过繁复的石膏窗花和雕塑，以及浅蓝、粉绿、鹅黄等等靓丽涂料与白色相间粉刷的外墙，使得造价不太高昂的立面，能够在俄罗斯寒夜绵长的冬季里，凸显着巴洛克式的绚烂和欲望。而宫内，则不惜一切财力和资源，显摆出优雅的大理石廊柱、金碧辉煌的天庭、水晶璀璨的枝形吊灯，气氛华丽庄重。尤其是著名的琥珀厅，完全用珍稀的琥珀装饰。雕刻精细的琥珀图案，颜色从奶黄到深红，整堵墙壁美不胜收，让人仿佛置身于巨大的珠宝箱内。我揣想，这种场面，李鸿章此前肯定没有见识过。

除了去日本马关议和，此为李鸿章生平第二次出国访问，也是首次参加欧洲王室的外交活动。他乘坐沙皇御厩的五马驾金朝车进入行宫，"主客大臣导就旁室，小憩片刻，傅相改穿公服，徐诣小殿，参见俄皇。皇降座亲迎，情文优异。傅相恭呈御书，并呈各种礼物，致词晋颂。俄皇谢而后受，即制词以答颂。既而互谈各事，欢洽逾恒。良久，傅相始兴辞而退。"[1] 李鸿章本人也记录了彼此谈话的片段："俄主谓远来辛苦，慰劳周至。询及马关伤痕是否作痛，仍忆李经方前奉旨赴神户慰问，射钩之耻可知。"[2] 最后一句话，是指1891年5月11日，时为皇太子的尼古拉访问日本，遭到刺客津田三藏袭击，被刀砍伤头部，同月18日，清政府驻日公使李经方赶往停泊在神户的俄国军舰，慰问尼古拉的旧事。访日遇袭，是尼古拉与李鸿章共同的经历和话题。

李鸿章代表光绪帝向尼古拉二世赠送的礼物是：

  头等第一双龙金宝星（清廷颁发给外国王室的最高级别勋章）一座，
  巧制大烛奴一对，
  白璧一双，
  色丝顾绣大红毯一幅，
  二千余年前之青铜古瓶一对，
  镶嵌宝石的砝蓝瓶碟若干。[3]

按照李鸿章年初给翁同龢的一封谈论准备出国礼物的私信中的说法："四国均宜传旨赠送古瓷（瓷须乾隆以前，均宜稍大）、古铜、玉器、绣屏四件"，[4]"巧制大烛奴"似乎应当是精致的瓷烛台。

沙皇以观赏和验收这些礼物的名义，邀请李鸿章三天后去冬宫再作会面。李鸿章向国内报告说："向例递国书后不再见，今俄皇借回宫验收礼物为名，未正（下午2时）接见，令带经方传话（由代表团成员李鸿章之子李经方担任翻译），不使他人闻知。先将礼物逐一查问，嘱代奏谢，旋示所藏镂金托、金玉如意、乾隆古稀天子玉玺，皆精品。即引至便殿，赐坐畅谈。"[5]这次会见极为保密，李鸿章的其他随行人员也不曾与闻，《李鸿章历聘欧美记》中，没有提到会见之事。

我后来到冬宫参观时，眼前总是晃动着李鸿章冠飘三眼花翎，身穿黄马褂，缓步登上奢华的约旦阶梯，穿过陆军元帅大厅，进入彼得大厅的身影。那时，冬宫还是皇宫，不是今天的艾尔米塔什博物馆，[6]没有如织的游人，也没有展示那么多令人眼花缭乱的藏品。它的气氛，不是公共场所的纷乱，而是皇宫肃穆的宁静。白色大理石的宽阔阶梯，白色大理石雕琢的众神，灰绿色的花岗岩石柱和镏金的柱头，还有画在天庭上的奥林匹亚山诸神，都静静地迎候着李鸿章，一如今天静静地凝视着我。彼得大厅，也叫小金銮殿，它的地板，用几十种木材镶拼成华丽的图案，李鸿章脚蹬中国式布靴，踩上去的弹性，显然不同于欧式皮鞋。精美镂刻的石柱之间，里昂丝绸墙布的猩红色早已随着时间的流逝而变得黯淡，但帝俄双头鹰的徽章和枝叶缠绕的纹饰，依然显示出这里尊贵不凡的地位。

岁月，犹如浮动的云朵，引动着我的思绪在昨天与今天间穿越。我看到，半圆的穹顶下，有一把金灿灿的御座。御座后面，是彼得大帝与智慧女神密涅瓦的油画。彼得身着戎装，佩戴蓝色绶带，一袭绸缎披风从他的肩上斜斜地垂落到地面。密涅瓦在希腊神话中又称雅典娜，英武的男人与女神相伴，头顶上，安琪儿在飞翔。彼得大帝是俄国人开疆拓土的偶像和骄傲。彼得大厅，是历代沙皇处理国务的地方。

沙皇两次接见李鸿章，显然不是为了几件礼物，而是所谋更大。在上一年，中国因甲午战争失败，日本割据辽东半岛，后经俄、法、德三国干预，迫使日本允许中国用三千万两白银赎回辽东，从而造成中国统治阶层中亲俄势力大盛。李鸿章此次出访，代表清政府同沙俄秘密谈判《御敌互相援助条约》，约定两国共同防御日本，以达到战略上以夷制夷的目的。尼古拉二世在会见时说：俄国"地广人稀，断不侵占人尺寸地。中、俄交情近加亲密，东省接路，实为将来调兵捷速，中国有事亦便帮助，非仅利俄。华自办恐力不足，或令在沪俄华银行承办，妥立章程，由华节制，定无流弊。各国多有此事例，劝请酌办。将来倭、英难保不再生事，俄可出力援助"。[7]中方以为取得外交上的重大成果。而俄国，则借中俄同盟抵御英日为借口，诱骗清政府同意将西伯利亚铁路

沙俄财政大臣维特伯爵　　沙俄外交大臣洛巴诺夫－罗斯托夫斯基伯爵

通过中国东北境内，连接海参崴。中俄密约反而加剧了列强瓜分中国的危机。

三

中俄谈判中一个最著名的桥段，来自俄国谈判代表、财政大臣维特（Сергей Юльевич Витте）晚年撰写的回忆录，他吹嘘自己在签约前一刻，发现俄国外交部准备的文本中，漏掉了将中国遭受攻击、俄国出兵相助的对手是日本这么一个特别约定，从而变成中国受到任何国家攻击，俄国都要出兵援助。主持签约仪式的外交大臣洛巴诺夫－罗斯托夫斯基伯爵（Лобанов-Ростовский Алексей Борисович）拍着脑门喊了一声："哎呀，我竟完全忘记告诉我的秘书将那一段原文插进去。"但伯爵临阵不乱。他看了看表，那时已经12点15分了。"先生们，"他说，"时间已经过正午了,我们去吃午餐吧,然后我们再在协议上签字",从而轻巧地把签字仪式挪到午餐之后,腾出时间,让两位秘书重誊文本。而李鸿章及其助手,居然没有识破两份新的文件是被掉包的。[8]

中俄密约的内容,当年两国均讳莫如深。密约的中文本,一直作为绝密件,存放在原来清政府总理衙门后来中华民国外交部的档案库里;1921年首次抄出,交由参加华盛顿会议的中国代表团在会上宣读。接着,苏联政府又全文公布了密约的法文本,其内容始为众所周知。1980年,台湾《传记文学》杂志连载清朝军机大臣李鸿藻之孙李宗侗先生的遗著《光绪中俄密约之交涉与签订》,文中发表了作者称为"海内孤本"的李鸿章使俄期间与军机处的往来密电,使得密约条文从初稿到定本的演变过程,大白于世。大陆方面,时任上海图书馆馆长的顾廷龙先生和上海人民出版社编审叶亚廉先生也在80年代领衔整理收藏于上图的李鸿章存稿。他们注意到,当年吴汝纶主编的《李文忠公全集》,"对李氏的许多重要文稿,藏而不录,'密存不刻',如从光绪二十二年到二十五年年底以前的几百份来往电稿竟一份也没有收,名为'全集',实际上不过是选本"[9]。1987年,顾、叶主编的《李鸿章全集》电稿第三册问世,阅读这些电报,我们可以较为清晰地还原历史场景。

5月13日,洛巴诺夫-罗斯托夫斯基伯爵首次向李鸿章递交了《中俄密约》的草案,李鸿章将草案全文发回国内:

> 顷罗拔奉俄主命拟具密约稿面交转奏,其文云:大清国大皇帝、大俄国大皇帝因欲保守亚洲大地现在和局,不使日后别国再有侵占之事,决计订立御敌互相援助条约。是以大清国特派某、大俄国特派某为全权大臣,即将全权文凭互换校阅,均属如式,立定条款如左:
> 第一,日本国或与日本同盟之国如侵夺俄国属地、或中

老来失计亲豺虎

国土地、或朝鲜土地，即牵碍此约，立即照约办理。如有此事，两国约明，应将所有水、陆各军届时所能调遣者尽行派出，互相援助。至军火、粮食亦尽力互相接济。

第二，中俄两国既经协力御敌，非由两国公商，一国不能独自与敌议立和约。

第三，当开战时，如遇紧要之事，中国所有口岸均准俄国兵船驶入，如有所需，地方官应尽力帮助。

第四，今为将来转运俄兵御敌并接济军火、粮食，以期捷速起见，议于黑龙江、吉林边地，接造铁路以达海参崴。惟此项让造铁路之事，不得借端侵占中国土地，亦不得有碍大清国大皇帝应有权利。其事可由中俄公司经理。其条款由两国妥善商订。

第五，无论和时战时，俄国均可用上款所开之铁路运兵、运粮、运军械。

第六，此约应由第四款所让之事举行之日算起照办，以十年为限。

以上各款，惟第四末二句系鸿商添，俄无异词。是否可行？乞速奏请旨示遵。[10]

5月18日，李鸿章来到莫斯科，次日继续与洛巴诺夫—罗斯托夫斯基伯爵和维特谈判密约条款。他向国内报告说：

> 顷与罗拔、微德会议密约各款，罗谓第一删去"或与日本同盟之国"，免人猜疑，以下改"如侵占俄国亚洲东方属地"；第四"起见"句下改"中国国家议允于满洲黑龙江、吉林地方接造铁路以达海参崴，此路由中国国家准交俄华银行承造经理。至此项合同条款，由中国国家与华俄银行妥善商订"；第六改"此约由第四款合同批准举行之日算起照办，以

十五年为限,届期六个月以前,两国再行商办。"其余均不肯再改。如奉旨准行,祈电示"全权"字样,以便画押。[11]

这时,俄国已将所谓"日本同盟之国"即英法诸国从文本中抹去。21日,国内给李鸿章传来了指示:

> 奉旨:"各国惟俄与中为数百年旧好,今复连盟,益征推诚相与。所拟约稿,均已阅悉。惟末两条皆可省去,着李鸿章转达俄廷,即将四条定立密约。倘中国西南水陆有事,俄国如何援助之处,亦应于约内叙明,以期周密。钦此。"第一,属地"属"字改"土"字;第二,末添"如非敌国,不在此例"八字;第四,"今"字下添"俄国"二字,"议于"下添"中国"二字。佳申。[12]

文中"倘中国西南水陆有事",即为清政府隐指的英法等国。24日,李鸿章回电报告国内:

> 佳申电旨,遵即晤商罗拔、微德,省去末两条。罗等谓,五款尚可商改,六款通篇结穴,一字不能改动,否则此约作罢论。鸿谓五款字句含混,再回驳辩,罗因改拟"俄国于第一款御敌时,可用第四款所开之铁路运兵、运粮、运军械;平常无事,俄国亦可在此铁路运过路之兵粮,除因转运暂停外,不得借他故停留"等语。"过路"专指往海参崴,可免流弊。至第二末添"如非敌国,不在此例"八字,罗谓此款明指敌国言,与他国无干,应毋赘文。至第一言"中国土地"系包西南在内,日本有事,可商办援助,若英、法启衅,俄不便明帮,牵动欧亚大局,应勿添叙。总之,俄既推诚,华亦应推诚相与,勿过疑虑云。另示第一、第四应改数字,均照办。时促事烦,求及早请旨,电复遵办。鸿。[13]

显然,俄方承诺的中俄同盟,针对的假设敌仅为日本。俄方坦承英法启衅，俄国不会"明帮"，这与沙皇先前允诺"将来倭、英难保不再生事，俄可出力援助"有极大区别。但清政府此时防范的首要敌人就是日本，是否真欲建立中俄同盟去对抗英日同盟，恐怕也未必有此胆略和谋划。30日，李鸿章收到29日国内发来的电报，批准与俄国签约：

奉旨："李鸿章十二日电悉。中俄睦谊，从此加密。着派李鸿章为全权大臣，与俄国外部大臣画押。约内字句，均照所改订定。至公司合同，着许景澄就近商酌，随时详电总理衙门奏闻请旨。约文全篇，并着总理衙门电去。钦此。"霰申。[14]

6月1日，李鸿章收到在国内改定的条约全文：

约文全篇，"大清国"至"条款如左"八十七字，照来电。

第一，日本国如侵占俄国亚洲东方土地、或中国土地、或朝鲜土地，即牵碍此约，立即照约办理。如有此事，两国约明，应将所有水、陆各军届时所能调遣者尽行派出，互相援助。至军火、粮食，亦尽力互相接济。

第二，中俄两国既经协力御敌，非由两国公商，一国不能独自与敌议立和约。

第三，当开战时，如遇紧要之事，中国所有口岸均准俄国兵船驶入，如有所需，地方官应尽力帮助。

第四，俄国今为将来转运俄兵御敌并接济军火、粮食以期捷速起见，中国国家允于中国黑龙江、吉林边地接造铁路，以达海参崴。惟此项让造铁路之事，不得借端侵占中国土地，亦不得有碍大清国大皇帝应有权利。其事可由中国国家交华俄银行承办，至合同条款，由中国驻俄使臣与银行就近商订。

第五，俄国于第一款御敌时，可用第四款所开之铁路运兵、运粮、运军械。平常无事，俄国亦可不用，但此铁路运过路之兵粮，除转运暂停外，不得借他故停留。

第六，此约应由第四款条约批准举行之日算起照办，以十五年为限，届期六个月以前，两国再行商办。[15]

李鸿章当日复电国内，再作若干修改。6月2日，他致电总署："顷与外部校对约文已毕"，并告知"中俄所订之约，应备汉文、法文约本两分，画押盖印为凭，所有汉文、法文，校对无讹，遇有讲论，以法文为证。"[16] 3日，李鸿章率李经方、李经述、罗丰禄、林怡游赴俄外部，与洛巴诺夫—罗斯托夫斯基伯爵和维特互看彼此全权谕旨，复校中、法约文无讹，旋分别签字。李鸿章此次外交活动，行前与翁同龢认真讨论"密结外援"，翁以为"此语尚结实"。在俄所议内容都有授权和批准，通讯的密电码，国内由翁同龢与总理衙门大臣张荫桓亲自轮流保管，电文由他们亲自翻译、抄送两宫及军机处，不经军机章京之手。定稿之前，文本字斟句酌，翁同龢称之为"将约文全篇改定排发"，"逐字磨对，目眩心烦，几不能支"[17]。我不厌其烦地引用双方往返电报，是为了证明，维特回忆录这段内容显然很不靠谱。尤其李鸿章向国内报告条约已经签订的电报，发报时间为"午刻"，[18] 按照常理，这类公务电报，不会在俄国外交部起草，只能在返回居停之所再行文拍发，可见签约时间当在上午。更为重要的是，条约对中俄结盟，俄国承诺的假想敌，早在谈判约文的第一个回合（5月19日）中已经修改，中方对此也已让步，签约前一天（6月2日），又与俄国外交部专门校对了条约文字，6月3日，怎么可能发生偷偷重抄文本的丑闻？只是维特炮制的这段野史传奇，影响颇为广泛，使得李鸿章在后世史家笔下，更加声名狼藉。

四

维特说:"在我活动时期,我曾经接触过不少将会永垂史册的政治家。以李鸿章的智力和常识来判断,他要算是这些人中很卓越的一个。""我在李鸿章身上费了很多时间和心思。"在维特内心深处,对李鸿章其实是不屑的。后来公布的俄国外交档案披露,维特还策划了向李鸿章行贿。

《维特伯爵回忆录》描写了他与李鸿章在圣彼得堡初次见面的场景:

> 当他走进我的客厅时,我穿着制服出迎。彼此鞠躬问候后,我把他延入另外一个客厅,便令仆役送上茶点。茶点是以盛大的排场送上来的。我的客人和我坐下,他的随员和我的随员都在旁侍立。用过茶点,我问李鸿章是否想吸烟。他于是喊了一声,颇有点像马的嘶叫。两个中国人立刻从隔壁屋子里跑来,一个拿着一个水烟袋,另一个拿着烟草,于是开始抽烟的仪式。李鸿章静坐着吞烟吐雾,他的侍者们很肃静地替他点烟,端着烟袋,从他口中拿出来,又放回去。很显然,李鸿章是想用这种种隆重的排场来使我对他的尊严有一个深刻的印象。[19]

在清末中文出版物中,较完整详细介绍李鸿章此行的,有《李鸿章历聘欧美记》和《傅相游历各国日记》二书。后者内容简约,《走向世界丛书》的整理者将其中要点,合编入《李鸿章历聘欧美记》。此外各种野史片段,基本上都出李鸿章洋相、嘲笑他不懂外交礼仪。那天我在圣彼得堡去剧院观看芭蕾舞《天鹅湖》,见到正在俄国访问的某位中国部长,在二楼正中古色古香的包厢里

为李鸿章准备膳食的中国厨师

端坐,不由想起清人李伯元在《南亭笔记》里记载的一则逸事:沙皇请李鸿章看戏,演至晚上9点钟,李鸿章自称如厕离席,径自回寓休息,随行人员亦尾随而去。沙皇不见李鸿章返座,大索弗得。次日见面谈起原委,李鸿章说,我素来晚上睡觉以9点钟为度,过了时点就难以入睡,影响第二天办事。昨夜我本欲直陈陛下,恐陛下不许,故独自先回,今天特来请罪云云。[20] 不知此包厢是否就是李鸿章当年曾经坐过的?这个传说还算是善意的,刻薄的故事是,他后来到英国访问,把戈登将军夫人赠送的名贵宠物犬杀了吃掉,还回信说:"所赐珍味,朵颐有幸。"甚至说他在赴宴时,将痰吐在盛酒的玻璃杯中,"浓绿滋滑,状至不堪,一班贵女皆掩目欲呕,逃席去。"[21]

《李鸿章历聘欧美记》的记载，总体比较严肃，书中说，李鸿章整个出访行程中，极少吃西餐，即便是外方宴请，李鸿章也由私人厨师为其专备菜肴，自吃自的。他的食谱，在国内就由"西国良医所预定，以免积滞之患也"。呵呵，这才是李中堂在洋人面前耍的大牌派头，只是这种派头，对外交并无帮助。1896年8月29日《纽约时报》记载，昨天，李鸿章抵达纽约，入住华尔道夫饭店，"在吃了燕窝、鱼翅、烤鸡、炒饭并饮了少量酒后，早早就歇息了"。[22] 这个报道，对《李鸿章历聘欧美记》的说法，也是一个印证。

五

李鸿章这次出访，在英国、德国、法国和美国留下许多照片，但唯独没有在俄国的，这使我感到奇怪。前些年，上图将李鸿章家族捐赠的出访照片发表在《上海图书馆藏历史原照》中，我与老照片收藏家徐家宁先生谈起我的疑惑。家宁说，李鸿章在俄国肯定是留下照片的，你看《历史原照》第253页上，刊有李鸿章与英国首相沙士勃雷（即索尔兹伯里）的合影，这个沙士勃雷，肯定是不对的。另外你再看，李鸿章与沙士勃雷合影的硬衬卡纸上，照相馆的名字为什么有俄文"莫斯科"（москва）的字样呢？——那张照片卡纸写的是莫斯科的 T. B. Mpynoba 拍摄，照相馆也是以他的名字命名的。

我佩服家宁的观察能力。循着家宁的提示我去百度搜索，果然发现沙士勃雷的长相与《历史原照》上和李鸿章合影的那个人完全不同。我又赶到上海图书馆，找到撰写说明文字的工作人员，向她请教当初撰写的理由。工作人员坚持说她不会搞错，由此还特地调出照片原件，原来这张照片上面还压有一张中间挖开的卡纸，卡纸上有李鸿章儿子李经迈的亲笔题识：

> 光绪丙申 先文忠公奉使过英，其相沙侯邀游园邸，共摄此影。越三十二年，戊辰，男经迈谨志

而在卡纸下面，原照贴在另一张照相馆专用的硬纸板上，纸板上果然印有清晰的俄文字样。

看来，多半是李经迈做题识时搞错了，毕竟1928年距李鸿章出访，已经时隔三十二年。

同时亦知，李鸿章的另一张合影说明显然也是有问题的。

在《历史原照》的第254页，还有第三幅李鸿章与沙士勃雷的合影，释文更有问题：

> 8月5日，李鸿章在阿斯本海岛英王行宫，敬谒英国女王维多利亚，并参观英国海军舰队。英国太子妃亲自为李鸿章摄影留念。英国首相沙士勃雷代表女王，向李鸿章颁发"维多利亚头等大十字宝星"勋章。
>
> 上图为佩戴勋章的李鸿章及随员与沙士勃雷等英国官员的合影。

那么，照片中这个地位显赫的人究竟是谁呢？从前面刊载的维特、洛巴诺夫—罗斯托夫斯基伯爵照片看，显然不是。从年龄看，也不像时年28岁刚刚登基的沙皇。我再与徐家宁讨论，家宁很神奇地发给我一张老旧的1900年7月13日法文报纸 La Vie Illustree 的照片，在一篇讲述义和团的文章中，配着这幅插图，插图的注释是："泽列诺矣海军上将（L'AMIRAL ZELENVY）及李鸿章摄于中国驻圣彼得堡使馆前"。我又去维基百科上查找泽列诺矣的资料，此人当时的职务是敖德萨总督。但从其经历和照片来看，似乎也对不起来。研究欧洲海军史的章骞则坚定地告诉我，照片上的那个人，穿的是俄国海军少将的军服。

我真有点一筹莫展了。鉴于本文马上就要发稿，我只能把这个尚未完成解答的问题留给读者。历史研究就是这样有趣，充满了各种未知的知识和疑问。每个看来似乎明确的答案，其实未必准确。研究者，每每需要大胆设疑，仔细求证。

六

对于晚年的欧美之行，李鸿章自己有多次表述。行前，他在给直隶总督王文韶的信中说：

> 弟自顾衰龄，幸辞重寄，回忆在直，最为年久，凡事限于财力，无一可以称心，……嘉平二十七日忽奉贺俄加冕之命，仰蒙谕旨，训勉敦迫，固辞不获，只可强行，穷老投荒，亦万不得已之事。现赶紧部署，拟灯节后出都……[23]

在给湖北布政使王之春的信中，李鸿章写道：

> 西礼以加冕为大典，此次各国往贺，多有君主自行，其次亦遣亲王、外部。日本初意以伊藤为副使，俄人乃以较量官秩难于位置为言。枢廷聚谋多时，遂有推及鄙人之举，仰蒙朝旨训勉敦迫，专疏坚辞，不蒙俞允，只得力行，以七十有四之衰龄，涉三万有馀之长道，气候隔三洲之异，往来逾数月之遥，凡在亲知，无不动色相戒，惟有一切置之度外，夷神委运，馀无可言。[24]

在给儿子李经述的岳父朱其煊的信中则又说：

> 弟去岁入都，即寓贤良寺，本拟议约事竣，即当陈情乞退，倭意要索过多，磋磨日久，迄无成议。嘉平二十七日忽奉赴俄致贺加冕之命。俄以此为大典礼，各国往贺多有君主自行，其次亦遣亲王、外部。枢廷集议，遂推及鄙人，专疏

坚辞，未蒙俞允，再荷朝旨慰勉，又特赏述儿三品衔，随侍前往，恩意优渥，只可强行。屡得述儿来电，正以远涉为忧，此足慰其晨昏之思，亦借资阅历之助。昨复奏明，并令方儿同行，以便照料外事。万里迢征，两儿并侍，亦差可慰老怀。[25]

行至上海，他对黄遵宪就说得更加明确：

联络西洋，牵制东洋，是此行要策。[26]

从这些文字中看，李鸿章出访目的十分明确。只是对于去国万里的海陆行程，起初心怀忐忑。及至签订《中俄密约》，又在德国会见铁血宰相俾斯麦，在英国会见曾经四次入主唐宁街的威廉·格莱斯顿，外国报刊将他们并称作"当今天下三大老"；此外，他还会见了沙皇尼古拉二世、德皇威廉二世、法国总统富尔、英国女王维多利亚、美国总统克里夫兰，近距离观赏了欧美国家的风土人情，以为既开了眼界，又办成了外交，自信心大为上升。回国后，他志得意满地告诉黄遵宪："二十年无事，总可得也。"

然而不行。俄国人只打算借道中国东北连接西伯利亚铁路的终点海参崴，并不想为中国人去抵御外侮。一年后，德国人借口巨野教案侵占中国胶州湾（青岛），俄国外交部告诉中国驻俄公使杨儒说："德事愿效力，而难于措词，或请于中国指定港口，俾泊俄舰，示各国中俄联盟之证，俄较易借口，德或稍敛迹。"[27] 然后，俄国径直将军舰开进了旅顺口，所谓中俄联盟，立马被证明，在中方，纯属病急乱投医的幻想；在俄方，则是一场赤裸裸的骗局。最终，中德签订《胶澳租借条约》，中国将青岛租借给德国九十九年。中俄签订《旅大租借条约》，中国将旅顺、大连湾及附近水面租借给俄国二十五年。李鸿章不知道，威廉二世居然还给他的表妹夫尼古拉二世写信，"衷心地祝贺你在旅顺口采取行动所获得的胜利结果，我们二人将在渤海湾的入口处组成为一队优秀的哨兵，受到人们适当的尊敬，特别是黄种人的尊敬！"[28]

这是弱国外交的悲剧，这是李鸿章的悲剧。

1901年，李鸿章在签订完《辛丑条约》后去世。黄遵宪作《李肃毅侯挽诗四首》。其三曰：

> 毕相伊侯早比肩，外交内政各操权。
> 抚心国有兴亡感，量力天能左右旋。
> 赤县神州纷割地，黑风罗刹任飘船。
> 老来失计亲豺虎，却道支持二十年！

诗中毕相即俾斯麦，伊侯即伊藤博文。"老来失计亲豺虎，却道支持二十年"是对李鸿章联俄外交的强烈批评。李鸿章一生相业，输于甲午，输于中俄密约的谈判。在19世纪末叶，他曾与领导普鲁士崛起的俾斯麦交往，与领导日本维新的伊藤博文交往，与在美国南北战争中担任联邦军总司令的格兰特总统交往，但他领导的洋务运动没能拯救积贫积弱苦难深重的中国，他是历史的失败者。

2006年11月初稿

2014年12月修订

1、3 《李鸿章历聘欧美记》，第42页。
2 李鸿章：《寄译署》，光绪二十二年三月二十二日酉刻，《李鸿章全集》，第26册，第241页。
4 李鸿章：《复翁叔平宫保》，光绪二十二年正月初六日戌正，《李鸿章全集》，第36册，第100页。
5、7 李鸿章：《寄译署》，光绪二十二年三月二十五日酉刻，《李鸿章全集》，第26册，第242页。

6 作为沙皇皇宫的冬宫,其主体建筑是1754—1761年建造的。后来,历代沙皇在宫殿的周围新建了小艾尔米塔什、旧艾尔米塔什、新艾尔米塔什等建筑,作为收藏艺术品的皇家博物馆。十月革命后,整个冬宫和三座艾尔米塔什连为一体,均成为艾尔米塔什博物馆的馆舍。
8、19 《维特伯爵回忆录》,第72页,第68页。
9 顾廷龙、叶亚廉主编:《李鸿章全集》,第1册,电稿一,前言,第2页。
10 李鸿章:《寄译署》,光绪二十二年四月初一日亥刻,《李鸿章全集》,第26册,第242页。着重点为笔者所加。下同。
11 李鸿章:《复译署》,光绪二十二年四月初七日戌刻,《李鸿章全集》,第26册,第246—247页。
12 《附:译署来电》,光绪二十二年四月十一日巳刻到,《李鸿章全集》,第26册,第247页。
13 李鸿章:《寄译署》,光绪二十二年四月十二日未刻,《李鸿章全集》,第26册,第248页。
14 《附:译署来电》,光绪二十二年四月十八日巳刻到,《李鸿章全集》,第26册,第249页。
15 《附:译署来电》,光绪二十二年四月二十日巳刻到,《李鸿章全集》,第26册,第250页。
16 李鸿章:《寄译署》,光绪二十二年四月二十一日戌刻,《李鸿章全集》,第26册,第251页。
17 《翁同龢日记》,光绪二十二年四月十七日,第5册,第2903页。
18 李鸿章:《寄译署》,光绪二十二年四月二十二日午刻,《李鸿章全集》,第26册,第251页。
20 《南亭笔记》,卷9,第4页。
21 《李鸿章出使时之笑史》,《清朝野史大观》,第2册,卷4,第98页。
22 《帝国的回忆,〈纽约时报〉晚清观察记》,第300页。
23 李鸿章:《复直隶制台王》,光绪二十二年正月初一日,《李鸿章全集》,第36册,第99页。
24 李鸿章:《复湖北藩台王》,光绪二十二年正月初二日,《李鸿章全集》,第36册,第99页。
25 李鸿章:《复湖北襄阳道台朱》,光绪二十二年正月十五日,《李鸿章全集》,第36册,第102页。
26 黄遵宪:《李肃毅侯挽联四首》之三的相关注释,见《人境庐诗草笺注》,下册,第1062页。
27 《使俄杨儒致总署俄外部云德事愿效力但俄貌示交好恐不足恃电》,光绪二十三年十一月初八日,《清季外交史料》,卷127,第28页。
28 《德皇威廉二世致沙皇尼古拉二世的信》,1898年3月28日,《"黄祸论"历史资料选辑》,第116页。

(本文插图见彩版五至彩版八)

朝开铁路,夕死可矣

李鸿章谋划修建铁路的一个插曲

> 中国有可富可强之资,若论切实办法,必筹造铁路而后能富能强。亦必富强而后可以居中驭外,建久远不拔之基。
>
> ——李鸿章

一

掐指往前推算,一百二十多年前,中国的陆地交通工具中,没有动力车辆,旅行只能依靠畜力或者脚力。外国人记录说:"在天津、北京之间的八十英里路程上,大批旅客要付六元至九元雇一辆车子,走上两天。"[1]而在实际上,人们花费的时间还要更多。

英国传教士李提摩太(Timothy Richard)在回忆录中提到了当时马车旅行的方式:

> 一般来说,商人都乘坐一种有盖的小马车,一天行驶大约三十英里。他们在拂晓前大约一小时开始一天的行程,一直走到十点左右,然后停下来喂骡子,吃中午饭;十二点左右,他们再次上路,走到薄暮才停下来。[2]

中式马车

　　这种交通方式，与两千年前孔子周游列国，几乎没有区别。

　　当然也可选择坐船。1894 年 9 月 28 日，中日甲午战争爆发之后，慈禧太后命翁同龢秘往天津，与李鸿章商量和战大局。翁同龢带着三个男仆和一个打杂的下人微服出行，早晨过崇文门到东便门，再到二闸，雇舟经平上闸、平下闸、普济闸，中午抵通州上岸。下午至盐滩觅一小舟，顺流一百里，黄昏到达马头。次日寅初船行，天明过香河，辰初过红庙，辰正过河西务，午过蔡村，未正抵杨村，抵暮过王新店，戌初泊北仓。第三日卯初，船再开驶，日出过丁沽，辰初抵达天津吴楚公所，全部行程二天有半。³

　　而在地球的另一端，自 1820 年代，蒸汽火车在英国被发明并投入商业使用。现代火车之父乔治·史蒂芬森（George Stephenson）出生于 1781 年，自幼家贫，没钱念书。他 17 岁去煤矿做工，自己花钱在夜校学习了读写，此后辗转多个矿井并逐渐成为蒸汽机械方面的专家。1814 年，史蒂芬森设计了他的第一台蒸汽机车用来运输煤炭。在之后的数十年间，他提出标准轨距的概念，还为多

铁路之父史蒂芬森

1830年代英国火车头

条铁路设计了蒸汽机车并不断改进技术。1829年10月,利物浦至曼彻斯特的铁路接近完工,铁路公司的董事们组织了一场比赛,以决定谁的蒸汽机车将用来连接当时英国最重要的工业城市。共有五名参赛者参加了这场蒸汽机车早期发展史上的重要比赛,史蒂芬森亲自驾驶他的"火箭号"(Stephenson's Rocket)以30英里的时速成为唯一完成全程的胜利者。此后,火车极大地推动了经济的发展和人民的交往,铁路作为那个年代最有诱惑的投资标的,在欧洲和美洲大陆被快速地推广开来。

1865年2月12日，总理衙门致函各地封疆大吏，谈及海外各国公使，都在推动中国铺设铁路、架设电报线，而被中方婉辞。"中国地势与外洋不同，倘任其安设飞线，是地隔数千里之遥，一切事件，中国公文尚未递到，彼已先得消息，办事倍形掣肘。如开设铁路，洋人可任便往来，较之尽东其亩，于大局更有关系。"总理衙门要求，嗣后各国领事如有向地方官请求立电线开铁路等事，须"力为设法阻止，以弥衅端而杜后患"。并要各地大员表明态度。

在总理衙门大臣看来，铁路、电报若在中国使用，得益的是外国人，于中国不仅无关，还要受其伤害。一个月后，江苏巡抚李鸿章回信，表示"铁路费繁事巨，变易山川，彼族亦知断不能允，中国亦易正言拒绝"。江西巡抚沈葆桢也说："平天险之山川，固为将来巨患；而伤民间之庐墓，即启目下争端。"李、沈都是当时巡抚中的后起之秀，但他们对待铁路，均持保守态度。

两广总督毛鸿宾亦回信表示：

> 开铁路则必用火轮车，方可驰骋如飞。无论凿山塞水，占人田业，毁人庐墓，沿途骚扰，苦累无穷。而此路一开，遂专为外国火车独行之路，中国车马既难与之并驾齐驱，更不堪其横冲直撞，势将断绝往来，商民交困。诚如指示，于中国地方大局种种关碍，实属断难准行。且内地股匪未靖，伏莽滋多，遇此等惊世骇俗之举，乘机煽动，作梗生端，即外国人之在中国者，亦断不能平安无事。而设此铜线、铁路，需用数百万巨项，岂不徒事虚糜，是于外国人亦有损无益。去年接晤英法各国驻广领事，曾经闲谈及之，当即将中国地势民情与外国大不相同之处，并中外均有不便各缘由，详细开导，切实指陈；该领事等似颇领会，俱各俯首无词。本年

迭次会晤，无复以前事为言。……但不可不预为之防。现已遵照钧示，密饬所属，随时体察，实力阻止。⁴

这些中国官员，生平尚未见到过火车，却很有把握地断然认定铁路不合中国国情。山川墓庐等等，用今天的话来讲，就是环境保护，人与自然、祖先的和谐相处，如此高妙的话题，成为反复用来论证或搪塞的理由。毛鸿宾声称，经他"详细开导，切实指陈；该领事等似颇领会，俱各俯首无词"，则是天朝官员惯有的自说自话的一面之词。

年底，总理衙门收到英籍总税务司赫德呈递的建言《局外旁观论》："矮人立于长人肩上，所见必远于长人。庐山真面，惟在山外者得见其全"。中国通赫德劈头就用了苏轼诗句的典故，他写道："凡有外国可教之善法，应学应办。即如铸银钱以便民用，做轮车以利人行，造船以便涉险，电机以速通信。外国之好法不止四条。然旁观劝行之意不在此，系在外国日后必请之事。"⁵赫德所陈请者，为现代化国家之重要基础，即金融、铁路、造船、电信，但依然未获清政府的关注与重视。

1866年3月5日，英国驻华使馆参赞威妥玛（T. F. Wsde）向清政府递交了他在英国公使阿礼国（Sir. R. Alcock）策划下撰写的另一份建议书《新议略论》，提到"各省开设铁道、飞线，以及五金、煤炭各厂开采，水陆各军安设操练，中华用项不足约请借贷，医学各等项设馆教习，以上各等新法，中国如欲定意试行，各国闻之，无不欣悦"。外国人再次鼓励中国政府推进现代化。威妥玛解释理由说，以上各事，中国一欲试办，就会邀请外国人相帮，以外国人担任税务司管理中国海关的经验看，海关主权依然在中国手中，对中国未必有损。又说从此内地容易治平，外国人往来通商居住，易得保全。⁶

总理衙门对外国人的这些建言一概不予理会，认为"恫吓挟制，均所不免"，其之立意，是"目前无可寻衅，特先发此议论，以为日后借端生事地步"。[7]

二

光阴荏苒，十年时间匆匆过去了。

在这十年中，李鸿章、沈葆桢分别创办了江南制造局、福建船政局，成为中国洋务自强的领军人物。

在这十年中，德法之间打完了普法战争（1870—1871），战争初起的十四天里，德军用铁路将38万军队、11.4万匹马、855门火炮和9500辆客货车运往德法边界，这种战争动员和兵力投送能力，给世界留下深刻印象。德国驻华公使巴兰德（M. Brandt），也将这一信息通报给了中国领导人。[8] 普法战争中铁路的运用，代表着蒸汽机时代陆权的重新兴起。对应于蒸汽机带来的坚船利炮和海权勃兴，铁路使得部队实现了六倍于拿破仑时代的移动速度，并使得军队在战场上能够长期坚持，从而造成战争形态、规模和时空概念再次重新改写。

李鸿章对西方铁路的观念，也是在这几年中转变的。我们目前看到李鸿章最早转向支持建造铁路的文献资料，是他1872年10月12日写给丁日昌信中的一席话：

> 电线由海至沪，似将盛行，中土若竟改驿递为电信、土车为铁路，庶足相持。闻此议者，鲜不咋舌。吾谓百数十年后舍是莫由，公其深思之。前上轮船疏，以裁沿海师船，试开煤铁矿，总署已不敢置议，梦梦可知。滇回乞师于英，未闻有密助军械之说。俄人坚拒伊犁，我军万难远役，非开铁

路则新疆、甘陇无转运之法,即无战守之方。俄窥西陲,英未必不垂涎滇、蜀。但自开煤铁矿与火车路,则万国缩伏,三军必皆踊跃,否则日蹙之势也。"

李鸿章和丁日昌当时不知道,两天之后,日本第一条铁路京滨铁路投入正式运营。京滨铁路连接东京与横滨,全长29公里,共建有6个车站、22座桥梁,全程运行53分钟。而在此之前三个月即6月12日,21岁的明治天皇已经试乘了品川至横滨的试运营段,对于现代铁路留下深刻的印象。明治维新中,日本大力推行"殖产兴业",特别认定铁路是现代化的重要工具。1871年11月,政府首脑岩仓具视在赴美国考察写给国内的信中说:"有识之士说美国富强,铁路的功绩占十分之九,欧洲各国也如此。"随后,1874年5月,大阪—神户铁路通车,1879年2月,大阪—京都铁路通车。从1870至1885年,日本工部省"兴业费"(即官营企业投资)总额为2970万日元,其中铁路投资1430万日元,占百分之四十九。[10]日本在铁路建设上,早已走在中国的前面。

1874年,日本侵略台湾,清廷派沈葆桢为钦差大臣,总理台湾等地海防,李鸿章协派淮军唐定奎统带铭军步队十三营增援。李鸿章在给沈葆桢的信中谈道:"唐军分起到台过迟,轮船调队亦复濡滞,如此信非铁路轮船不为功。"[11]这里,李鸿章设想的铁路作用同军队调动直接有关。年底,李鸿章奉旨筹议海防,他上奏再次提起:"南北洋滨海七省自须联为一气,方能呼应灵通。惟地段过长,事体繁重,一人精力断难兼顾,……何况有事之际军情瞬息变更,倘如西国办法,有电线通报径达各处海边,可以一刻千里;有内地火车铁路屯兵于旁,闻警驰援,可以一日千数百里;则统帅当不至于误事,而中国固急切办不到者也。"他还提到数月前日本侵台而清军调兵过缓的事说:"今年台湾之役,臣与沈

1872年10月,日本京滨铁路通车

葆桢函商调兵,月余而始定,及调轮船分起转送,又三月而始竣,而倭事业经定议矣。设有紧急,诚恐缓不及事。"[12]

李鸿章记得,本年冬天,他赴京叩谒同治帝梓宫,谒晤恭亲王,极陈铁路利益,请先试造清江至北京,以便南北转输。恭王亦以为然,但又说无人敢主持。复请其找机会为两宫太后言之,恭王谓,两宫亦不能定此大计。李鸿章事后郁闷地说:"从此遂绝口不谈矣。"[13]

1876年2月7日下午,冬日的北京,街道上刮着大风。即将出任驻英公使的郭嵩焘登门翁府,拜访帝师翁同龢,大谈经世抱负:欲天下皆开煤矿,全中国遍修铁路。又说今日洞悉洋务者只有李鸿章、沈葆桢、丁日昌三人。[14]

2月25日,郭嵩焘拜访潘祖荫,恰好翁同龢也在潘府做客。交谈中,他们因马嘉理案和铁路等敏感话题发生争执,回家后,在日记中各写各话。翁同龢写道:"适郭筠仙来,遂论洋务。其云滇事（马嘉理案）将来必至大费大辱者是也。其以电信、铁路为必行及洋税加倍、厘金尽撤者谬也,至援引古书,伸其妄辩,直是失心狂走矣！"这段话,翁氏后人或门人以为不妥,故在1925年商务印书馆涵芬楼影印《翁文恭公日记》时,将其遮盖,以致陈义杰整理的排印本《翁同龢日记》中,整段文字是没有的。[15] 郭嵩焘则说:

> 能知洋情,而后知所以控制之法；不知洋情,所向皆荆棘也。吾每见士大夫,即倾情告之,而遂以是大招物议。为语及洋情,不乐,诟毁之。然则士大夫所求知者,诟毁洋人之词,非求知洋情者也。京师士大夫不下万人,人皆知诟毁洋人,安事吾一人而附益之？但以诟毁洋人为快,一切不复求知,此洋祸所以日深,士大夫之心思智虑所以日趋于浮嚣,而终归于无用也。[16]

南洋大臣、两江总督沈葆桢在铁路问题上的态度其实也不开放。这年,英商怡和洋行无视中国主权,未经中国政府允许,以修马路为名,擅建中国第一条铁路——淞沪铁路,6月30日,上海吴淞至江湾段建成开始营业,7、8月间,共运送旅客16894人,[17] 后因发生轧死中国人事故,被迫停驶。清廷谕令李鸿章与南洋大臣、两江总督沈葆桢"妥商归宿之法"。当时美国驻华公使西华（G. F. Seward）提出,吴淞铁路可否"准令洋商承办,照各国通例,由中国抽纳捐税十年,再照原价收回"。李鸿章拒绝,认为英商欺瞒在先,为了维护中国主权,必须收回此路。他派朱其诏、盛宣怀二人前往上海,与江海关道冯焌光一起,与英方代表梅辉立（W. F. Mayers）谈判,最后于10月24日签约,以28.5万两白银的价格,将吴淞铁路购回。李鸿章私下对铁路抱有兴趣,早在4月6日,他在致丁日昌

1896年，清廷起用闲赋京师的李鸿章为特使，赴俄参加沙皇尼古拉二世的加冕典礼，并访问德、法、英、美诸国

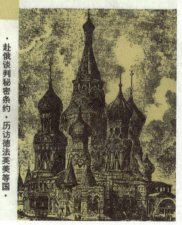

《李鸿章历聘欧美记》

沙皇尼古拉二世

冬宫阶梯

彼得大厅的金色御椅

彩版六·老来失计亲豺虎

刊于《上海图书馆藏历史原照》下卷第253页上的照片。原图说明是"李鸿章和英国首相沙士勃雷的合影"。但照片衬卡上的照相馆标识中,有俄文"莫斯科"字样

上图保存的原照上,还带有一块写有李经迈题识的卡纸,原先装在镜框里,将原照的衬卡盖住了

刊于《上海图书馆藏历史原照》下卷第253页上的照片,原图说明是"李鸿章在首相府与沙士勃雷及随行人员的合影"

英国首相沙士勃雷，显然他与另几张照片上的同名者完全是两个人

刊于《上海图书馆藏历史原照》下卷第254页上的照片，原图说明是"佩戴勋章的李鸿章及随员与沙士勃雷等英国官员的合影"

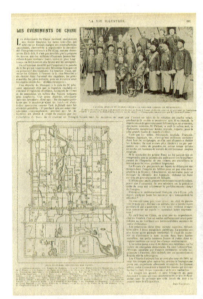

一张1900年的法文报纸刊载李鸿章照片，其图注称是在俄国与泽列诺矣将军摄于中国驻圣彼得堡使馆的合影

泽列诺矣将军，他长得与上图的俄国将军也不像

的信中已经提道:"铁路已成,火车试行,竹儒(冯焌光)设法阻扰,谓将卧铁辙中听其轧死,威(妥玛)、梅(辉立)等目为疯人。"[18] 不过这种不以为然,尚不能公开表达。

回购铁路得到了沈葆桢的支持。但是买回来以后如何处理,李、沈之间产生了分歧。梅辉立曾经建议仍交怡和洋行承办数年,李鸿章坚决拒绝,主张由华商集股自办。但沈葆桢却将用重金买回的这条铁路拆毁,铁路器材运往台湾,弃置海滩,任其锈毁。以至于李鸿章在给郭嵩焘的另一封信里愤然写道:"幼丹识见不广,又甚偏愎。吴淞铁路拆送台湾,已成废物,不受谏阻,徒邀取时俗称誉。"[19] 福建巡抚丁日昌打过这条废弃铁路的主意,想把它恢复起来,后来又建议将台湾铁路改马车路,其经费移购铁甲舰。对于丁的第一个构想,李鸿章极为赞赏,他告诉丁:"兄曾发狂论,以为朝开铁路、电线,夕死可矣!"[20] 而对丁日昌更改主意,李鸿章深表惋惜:"方盼我公为中土开山老祖,而今已矣!"[21]

在那个时代,郭嵩焘、李鸿章、丁日昌已经敏锐地注意到,中国要富强,必须拥有铁路、电报、铁甲舰,他们的眼光,远超同时代的其他政治家。而李鸿章,更想自己来做中国铁路的开山老祖。

1877年1月21日,郭嵩焘率中国使团乘轮船到达英国,履任公使。他们在南安普敦上岸,南安普敦到伦敦的距离与京津之间的距离相仿,郭嵩焘和副使刘锡鸿生平第一次乘上火车,仅用两个小时,他们就到达了使馆。[22] 这种空间转移的速度,恰是工业社会与农业社会的重要区别之一。

1879年5月30日,第二任驻英公使曾纪泽在日记中写道:"自吴淞拆毁铁路之后,西国有心人无不窃笑,乃至妇人、孺子时时于茶会酒筵间推问其故,余赧然无以应之,托词支语而已。"[23] 作为外交官,曾纪泽在伦敦无法回答外国人的提问。

三

1880年夏秋之际，清廷内部因与俄国交涉收回新疆伊犁，几乎引发双方交战，张佩纶应李鸿章邀请，前往天津交流筹划。10月15日，他在日记中记录下他们私下交谈中的内容：

> 合肥又欲开铁路，自镇江转漕后由扬州直达京通，岁可节漕费百万。一旦海上有事，陆运捷便，无忧乏食，而征兵转饷亦益迅利，其款可贷之法人。余以为果兴铁路，必自边境始，今日之势，西域为首，关东次之，漠北又次之。地旷人稀，事前无绅民阻扰，事后使商贾利赖屯兵，四出应援可免馈运之艰、风雪之苦。边境有效，然后推行腹地，事半功倍矣。合肥击节以为名论。[24]

从这次谈话内容看，李鸿章考虑引进外资建设铁路，是为了运送漕粮和战时调遣军队。张佩纶主张先从新疆、东北、蒙古入手，行之有效后推广至内地，以回避保守派的阻扰。张佩纶的清谈虽然不着边际，李鸿章还凑趣称赞，增加气氛，直隶总督衙门的花厅里，洋溢着对于中国未来发展的浪漫憧憬。

浪漫归浪漫，李鸿章同时却在做实质性的推进。在备战的讨论中，李鸿章的淮军退休老部下，七年未通音问的前直隶提督刘铭传被朝廷传唤，进京觐见。起用刘铭传，清流张之洞参与其中，李鸿章曾告诉别人："省三（刘铭传）似仍由香涛（张之洞）密荐，谅当投袂而来，独当一面。"张之洞建议派刘"专防关外，驻扎锦州"。11月22日，刘铭传乘轮船抵天津。28日，他启程入京。12月2日，觐见慈禧太后。李鸿章、刘铭传对于同俄国作战并不看好，李鸿章在刘铭传离津之前，就向朝廷奏报刘左目昏障，需洋

淮军将领刘铭传

医调治,刘此次是"力疾赴京"。[25] 3日,他未谈对俄作战准备,而是向朝廷递呈《筹造铁路以图自强折》,提出:

> 中国自与外洋通商以来,门户洞开,藩篱尽撤,自古敌国外患,未有如此之多且强也。彼族遇事风生,欺陵挟制,一国有事,各国环窥。而俄地横亘东西,北与我接壤交错,拊背扼吭,尤为腹心之患。我以积弱不振,不能不忍辱含垢,遇事迁就,不惜玉帛以解兵戎。然而和难久恃,财有尽期,守此不变,何以自立?今论者动曰用兵矣。窃谓用兵之道,贵审敌情。俄自欧洲起造铁路,渐近浩罕,又将由海参崴开路,以达珲春。此时之持满不发者,非畏我兵力,以铁路未成故也,不出十年,祸且不测。日本一弹丸国耳,其君臣师西洋之长技,恃有铁路,动欲逞螳螂之臂,藐视中国,亦遇事与我为难。臣每私忧窃叹,以为失今不图自强,后虽欲图,恐无及矣。自强之道,练兵造器,固宜次第举行,然其机括,则在于急造铁路。铁路之利,于漕务、赈务、商务、矿务以

及行旅、厘捐者，不可殚述，而于用兵一道，尤为急不可缓之图。

中国幅员辽阔，北边绵亘万里，毗连俄界。通商各海口，又与各国共之，画疆而守，则防不胜防，驰逐往来，则鞭长莫及，惟铁路一开，则东西南北呼吸相通，视敌所驱，相机策应，虽万里之遥，数日而至，虽百万之众，一呼而集，无征调仓皇之虑，无转输艰阻之虞。且兵合则强，兵分则弱，以中国十八省计之，兵非不多，饷非不足。然各省兵饷，主于各省督抚，此疆彼界，各具一心，遇有兵端，自顾不暇，征饷调兵，无力承应，虽诏书切责，无济缓急。若铁路造成，则声势联络，血脉贯通，节饷裁兵，并成劲旅，防边防海，转运枪炮，朝发夕至。驻防之兵，即可为游击之旅。十八省合为一气，一兵可抵十数兵之用。将来兵权、饷权，俱在朝廷，内重外轻，不为疆臣所牵制矣。

方今国计绌于防边，民生困于厘卡，各国通商争夺权利，财赋日竭，后患方殷。如有铁路收费，足以养兵，则厘卡可以酌裁，并无洋票通行之病。裕国便民之道，无逾于此。且俄人所以挟我，日本所以轻我者，皆以中国守一隅之见，畏难苟安，不能奋兴。若一旦下造铁路之诏，显露自强之机，则声势立振，彼族闻之，必先震詟，不独俄约易成，日本窥伺之心亦可从此潜消矣。[26]

刘铭传此奏，气势磅礴，从国防战略和中外国运对比角度提出动议，是清廷内部第一个正式的铁路构想。其具体主张，是先修清江浦（位于江苏淮安府，为漕运总督驻地）经山东至北京一路，以利漕运。对于建造铁路的经费，他建议借用外资。次日上谕称："刘铭传奏筹造铁路一折，所请筹款试办铁路，先由清

吴汝纶、
吴闿生父子

陈宝琛

江至京一带兴办,与本年李鸿章请设之电线相为表里等语,所奏谅为自强起见,着李鸿章、刘坤一按照折内所陈,悉心筹商妥议具奏。"

刘铭传的倡议,其实是李鸿章精心安排的。其观点与张佩纶记录的李鸿章思路,前后基本吻合。奏折的起草人,并不是刘铭传,而是桐城派大家吴汝纶,和著名清流陈宝琛。《筹造铁路以图自强折》后来分别被《刘壮肃公文集》、《桐城吴先生日记》和《陈文忠公奏议》三部文集收录,吴汝纶的公子吴闿生还加按语:"此疏先公创稿,今谨编入日记中。"[27] 这种情况,学术史上闻所未闻。吴汝纶做过李鸿章幕僚,为李捉刀,在当时是常事。陈宝琛如何参与其事,并将奏折收入自己文集,情节尚不清楚,是一个待解的谜。显然,朝野内外不少人士,尤其是历来被认为是观念正统保守的清流骨干,此时卷入了与李鸿章的协同运作,而且对参与这份具有深远历史意义的文件创作,都感到荣莫大焉。1880年至1884年间,其实是清流与李鸿章关系密切,暗通款曲,内外勾兑,谋划大局的五年,与局外人士对于所谓"清流"、"浊流"的一般想象完全不同。

在京期间,刘铭传遍访政界大佬。12月10日,张佩纶函告李鸿章:

> 省三偕蔼青入都,昨始晤谈,老于兵事,多审时度务之言,可云智将。惟于铁路矜为创获,志在为将作大匠,而不愿为度辽将军,殆非吾党相期之意。

"吾党相期"什么?张佩纶的想法与张之洞不尽相同,他期望派刘铭传筹建北洋水师。张佩纶对李鸿章说,此举在你为本谋,在海防为急务,实不专为刘铭传筹划。造铁路对军国有益的道理,我不诧异,惟此举为二千年创举,困难必多。所以建议目前仅就刘铭传一疏作为发端,开展讨论,从容议之。[28] 从此信可以看出,张佩纶已经意识到,建造铁路,当时时机尚不成熟,在北京官场中无法被接受,必然会遭遇阻击,只能作为一个酝酿中的话题,反复拿出来讨论,造造声势罢了。

刘铭传本人对于此次被传召重出江湖兴趣不大。在递上筹造铁路奏折的同时,他又附加《俄事入都目疾请假就医天津片》,称到京后目疾愈重,恐成盲废,请假二十日,到天津就医。后来又再次请求续假,回籍调理。显然,他也看出铁路计划难被采纳,在黎明之前沉闷的暗夜里发出了第一声惊人的呐喊后,就悄然隐退了。

12月18日,张佩纶致函李鸿章:"省公上疏过急,微指为时相所窥,有心人曲意护持,终当一历抱娄九梯,徐图骋步。"[29] 李鸿章回信说:刘铭传回津后,依然关心铁路事。"此乃鄙意所欲言而久未敢言，幸于吾党发其端。"惟事体重大，即便刘铭传慨然自任，亦恐穷年毕世，不易卒业。"时政苦文法拘束甚矣，庙堂内外议论，人心皆难划一，无真能主持之权，即断无通力合作之日。是以徘徊审顾，未即属草。"30

李鸿章所说"未即属草"，系上谕命他与南洋大臣刘坤一按照刘铭传"折内所陈悉心筹商妥议具奏"。对于如何完成自己设计的这场政治双簧，他还要密切观察朝廷内外的动向。

四

果然，反对的声音出现了。

12月22日，内阁学士张家骧（字子腾）上奏《未可轻议开造铁路折》，列举修建铁路的三大弊端：

一、清江浦为水陆通衢，却非开放口岸，若铁路造成，商旅辐辏，必较上海、天津更为热闹。洋人从旁觊觎，百计要求，将何以应之？

二、铁路沿线会遇到田亩、屋庐、坟墓、桥梁，将其一律平毁，还是要让民众迁徙？火车电掣风驰，必至贻害民间。

三、铁路会影响招商局海运收入，恐所购轮船，渐归无用，从前资本投入无法取偿。

张家骧请朝廷"宸衷立断，将刘铭传请造铁路一节，置之不议，以防流弊而杜莠言"。他写道："臣知朝廷权衡慎重，决不轻议施行。惟献策者张皇喜事，既以为有利可图，恐参议者附和随声，即以为是谋足用。一言偾事，关系匪轻。"31 上谕命李鸿章对张的观点悉心妥筹具奏。张家骧是光绪帝的师傅之一，帝师们大多与皇帝生父醇亲王关系密切。他的奏折，显然大有来头。

26日，张佩纶秘密告知李鸿章：

> 铁路亦仅数人不以为谬，佩纶知省公非其人，今日非其时，即属蔼卿劝阻。比闻子腾学士以三大弊驳之，内廷作此，必有授之者。来教谓议论、人心皆难画一，以是徘徊审顾，诚大臣之心而老成之见也。不然，佩纶固不畏事、不逢时者，胡独斩斩于此乎？变法当有次第，愿公姑于水师、矿务加意，勿遽言铁路耳。[32]

27日，张佩纶再次密告李鸿章：

> 铁路闻兴献不以为是，欲集廷议驳之。……孙子授来言，张子腾抗疏争铁路三大弊，亦下南北洋。并闻合肥已借洋款五百万，拟命马枚叔建工。答以无之。[33]

上述引文中，蔼卿即两广总督张树声之子张华奎，兴献即醇亲王奕譞，孙子授即刑部左侍郎孙诒经，马枚叔即李鸿章幕僚、曾经留学法国的马建忠。张佩纶提供的醇王反对修建铁路的情报，后来证明是完全准确的。

12月31日，李鸿章按照上谕要求，呈递《妥议铁路事宜折》，正面支持刘铭传主张，对各种怀疑和反对观点进行详细解释，列举铁路之兴的九大好处。同时议复张家骧的奏折，对张的"三大弊端"进行回击。

李鸿章认为，建造铁路的困难，主要是投资经费巨大，借外债乃不得已之办法。有人担心会受洋人盘剥，但举债搞基础建设，与借债支付军费不同。铁路一开，本息就有所取偿，而国家获利更在久远。

李鸿章提出"不可不慎"有三个方面：一是借债时明确保障债权人利息和还款日期，同时不得干预我事，经理铁路事宜，由我自主。这样，国家权益不会失落；二是公司化运作，由华商承

宫太傅中堂夫子台鉴

铁路闻兴献不以为是欲集廷议驳之枢府以越石蒲轮特征不可逆抖适逾亦有文字乃下南北洋调傅万一闻孙子授来言张子腾抗疏争铁路三大辨及下南北洋并闻合肥必惜详欵五百万敕命马枚权建工答以无之孙语闻之姚访梅云廿三日

傅闻合肥于碰快船命名越勇扬威超勇亲王策凌捍边有功借以名船甚佳夷务债事由于扬威靖逆两将军何必

张佩纶写给李鸿章的密信

李鸿章的幕僚
薛福成

办,其政令须官方督理,不准洋人附股。债务由铁路公司分年抽缴,期于本利不至亏短,万一亏短,由官方追讨,不得将铁路抵交洋人。界限既明,弊端自绝;三是以往外债皆指定海关税归偿,有人担心铁路债会妨碍中国财政收支。此次可以议明借款与海关无涉,由日后所收铁路之利,陆续分还,于各项财用无所牵掣。李鸿章说,洋人对借债十分慎重,若尽照所拟办法,方可兴办。不如是则勿借。他建议由刘铭传主持铁路项目。[34]

李鸿章还在随附的《议复张家骧争止铁路片》中,大声疾呼:

> 我朝处数千年未有之奇局,自应建数千年未有之奇业。若事事必拘成法,恐日即危弱而终无以自强。[35]

李鸿章的奏折,涉及主权保障、公司制运作、专项投融资资金自行平衡外债等诸多内容,力破陈见,大胆创新,发前人未发之言。

这篇文字，由他另一位幕僚，后来成为驻英公使的薛福成起草。薛福成早在1878年即已撰写《创开中国铁路议》，这十来天里，又仔细阅读了马建忠上年所撰《铁路论》，并分三次将其摘录进自己日记，以作参考。[36]

对于这场铁路建设讨论，在操作上，李鸿章设计得层次细密。他的幕府中，洋务人才济济一堂，皆为时代之才俊，套用今天的体育术语来说，"板凳的厚度"令人咋舌。

李鸿章曾对张佩纶坦承：

> 铁路一事，鄙人蓄之十年，明知与世龃龉，未敢骤发。刘铭传书问久绝，比应召而出，谓专以此献之朝廷，方服其识力之勇决。倘不乘斯时敷陈事理之必当行，负国负友兼负平生矣。张家骧所驳三大弊，乃粗俗之见。业经详具一疏，剀切上闻，即使阻于廷议，后世必有踵而为之者，勿令笑我辈之拙也。[37]

这里，他把倡导建设铁路，提升到自己身后历史地位评价的高度。

五

然而保守力量之强大，依然超出李鸿章的想象。反对建造铁路者私下沟通串联，可以通过蛛丝马迹来细细体察。

先是著名的保守派人士王家璧（他此时的官职为"降调顺天府府丞"）。1881年1月17日他上奏说："传闻李鸿章已单衔复奏主办，群相哗骇。臣不敢轻以形迹疑人，但观该二臣筹画措置之迹，似为外国谋非为我朝廷谋也。"王家璧说："臣闻刘铭传此奏，系李鸿章幕中范姓底稿，李鸿章先已与知，故一经奉旨，不待刘坤一妥筹熟商，急行复奏。人臣从政，一旦欲变历代帝王暨本朝列圣体国经野之法制，岂可轻易纵延若此？"王说奏稿是李鸿章幕僚中范某所拟，显然尚不明内情。他还说："其言铁路九利，词意重复，甚至自相矛盾，总不过夸火车之速耳，不足深辩。无论多载速运，兵马同时皆至，断不可信。"[38]

1月21日，住在北京的醇亲王奕谱约翁同龢长谈，翁随后"为醇邸拟复李相（鸿章）信稿，极论铁路一事，凡数百言"。同时，自己又给李鸿章单独写信，通报情况。[39] 从"拟复"二字，可知李鸿章先也给醇王写过信，显然是做沟通解释工作。

同日，住在天津的李鸿章在给湖南名士王闿运信中，提出了"处今时势，外须和戎，内须变法"的著名论断。他说："若守旧不变，日以削弱，和一国又增一敌矣。……今各国一变再变，而蒸蒸日上，独中土以守法为兢兢，即败亡灭绝而不悔，天耶！人耶！恶得而知其故耶？"[40]

从醇亲王和翁同龢的来信中，李鸿章已经明白，眼下在铁路问题上，他得不到朝廷的支持。在众人一片反对的气氛中，李鸿章的态度显得落寞和孤掌难鸣。2月2日，李鸿章复函醇王，继续为建造铁路计划辩护：

> 查铁路一事，为泰西各国富强最要之端。鸿章明知中国风气未开，揆诸舆情，则论者必哗；筹诸经费，则款难应手。时势所限，原非人力所能勉强。惟以中国土壤之博，物产之丰，人才之盛，十倍于西洋各国，而富强之势远不逮各国者，察其要领，固由兵船、兵器讲求未精，亦由未能兴造铁路之故。夫中国有可富可强之资，若论切实办法，必筹造路而后能富能强，亦必富强而后可以居中驭外，建久远不拔之基。但今尚非其时，似须俟诸数十年之后。适值刘提督铭传力倡

斯议，鸿章若遽加驳斥，则中国日后富强之机因此阻遏，诚属可惜。是以历举九利，盖皆得诸亲历外洋者之议论，而参合中土之情势，欲使世人略知此中底蕴，庶迂拘之意见渐融，或将来之创办较易耳。⁴¹

李鸿章此信虽称"铁路一事，为泰西各国富强最要之端"，"请襄助铁路大计"，但口气发生变化。他说中国必筹造铁路而后能富能强。但今尚非其时，似须俟诸数十年之后。显然，李鸿章不得不转向了。

同日，翰林院侍读周德润亦上奏，反对修建铁路。周对兴建铁路有"不可解者六"，他的论证，在今天看来，很无趣也很无知，但在当时却是主流观点："自昔圣人刳木为舟，法斗为车，此即机器之权舆，迄后周公作指南，孔明作木牛流马，皆仿其意而小用之，不肯尽器之利者，原欲留此余地以役吾民而养吾民也。闻泰西诸国专尚机器，如织布、挖河等事，皆明以一器代数百人之工，暗以一器夺数百人之业，夺之不已，又穷其巧而为铁路，非外夷之垄断耶！然行之外夷则可，行之中国则不可。"周德润接着笔锋一转，"臣闻夏变夷，未闻变于夷者也"。"风闻铁路之说，刘铭传倡于前，李鸿章和于后，窃料二人深知政体，必不出于此，或如有之，是俨然以桑、孔自居，直欲破坏列祖列宗之成法以乱天下也！"⁴²周德润这里提到的桑、孔，是汉代著名理财专家桑弘、孔仅，主张盐铁官卖，但一直被后世视为与民争利而遭诟病。周德润，字生霖，广西临桂人，同治元年进士。当时以直声著称，后来与翁同龢走得很近，但此奏的背景尚不清楚。

4日，翁同龢从醇亲王处见到李鸿章的复信。他在日记中记录下自己的看法：

> 醇邸以李相复信见示，力驳去信，仍委婉以为一时难办，窥其意，不过为刘铭传圆此一谎耳。[43]

值得说明的是，翁同龢对于铁路的保守态度，再过几十年就显得落伍可笑了。所以，1925年，张元济先生主持商务印书馆涵芬楼影印《翁文恭公日记》时，也将这段文字遮盖，直至2011年翁同龢后人翁万戈先生编《翁同龢日记》刊行，才依据原稿，首次发布原文。按照翁万戈、翁以均先生的研究，涵芬楼影印版《翁文恭公日记》，全书共有十处遮掩，其中前引光绪二年二月初一日和本日两处遮盖，均与铁路建设有关。想想，刘铭传的奏稿，时过境迁之后，竟有三人将其收录本人文集，可谓争先恐后，这是一段荣耀。而翁同龢的保守，则使其"维新导师"形象大为受损。太史公谓，孔子为《春秋》，笔则笔，削则削，此亦后世"为尊者讳"的一桩有趣事例，应当将其揭示。这里，我也感谢翁万戈、翁以均先生，是他们的严谨和坦诚，直接使用保存在美国新罕布什尔州来溪居翁万戈家中的日记原稿作精心校对，方使得历史过程得以重现本来的面目。

1881年2月6日，南洋大臣、两江总督刘坤一亦遵旨上奏《议覆筹造铁路利弊片》，发表对铁路的看法。

刘坤一说，铁路问题，臣前过天津时，曾与李鸿章论及。刘铭传所请，也与臣意相符。其先办清江至京一路，无非从易入难，自近及远，期底于成。凡立一法，必有一弊，大利所在，害亦随之。臣所鳃鳃过虑者，是铁路火车有妨民间生计。因为物产精华，民生日用，无铁路未必见少，有铁路未必加多。只是货物流通，如全为火车所揽，则穷民向恃车马人力运负以营生者约数万人，岂不失业？从前捻军滋炽，论者归咎于河运盐务之改章，可作前车之鉴。应请旨饬刘铭传务将一切利弊，逐细推求。[44] 显然，李鸿章在铁路问题上,虽与刘坤一有过默契,而刘坤一察言观色,态度已从支持修建转为反对修建。

六

2月14日,北京官场中真正去过欧洲、亲身乘过火车的前驻德公使刘锡鸿,携带着他的《罢议铁路折》登场了。刘的观点是:"臣尝奉使西洋,讲求其事,既有所见,不敢不即陈明,以期早日罢论,息此纷纭也。火车实西洋利器,而断非中国所能仿行也。臣窃计势之不可行八,无利者八,有害者九。"

刘锡鸿认为,洋人火车铁路是公司经营,无关国家投入。中国没有西方模式的私人公司,如果官方牵头招民凑股,则近年百姓屡屡受欺于官,岂肯复蹈覆辙?再说时下民力大困,就算网罗天下富室,亦未易集成西洋一公司之巨资。如果投入朝廷资金,则财政缺钱,上何处筹集巨款?西洋铁路,既由商民募股,在事之人皆参与管理,修路造车在在结实。中国诸事皆交委员吏役,视为官事。自太平军起事以来,法令松弛,下面人都知侵冒不足以干典刑,遂相习以自肥囊橐。难道火车铁路一事,独能搞得好吗?现在国家教养之政尚未暇举,攘窃之风盛行。铁路之铁轨绵延数千里,势难节节严守,窃失当在意料之中。洋人信奉天主耶稣,不知山川之神。我中国名山大川,从古沿为祀典,倘铁路通行,恐惊耳骇目,大为不祥。山川之灵不安,即旱潦之灾易召。

刘锡鸿说,英国造铁路,货物流通,从大西洋至地中海,凡数十国,英商之货,直达欧洲之外,其所得皆他国之利也。中国虽造铁路,不过周于两京十七省而止,以彼省之货易此省之财，从一个国家而言，则毫末殊未有增，哪来什么利益？虽说火车便利旅游探亲、带动沿途饮食住宿、交通土产之类，不知此惟洋人所好，我中国当禁民众惰游，造铁路有什么利益？或说中国幅员辽阔，常有鞭长莫及之虞，有火车则巡察易周，官吏不敢逾法，有益政治。其实察吏之昏明在精神不在形迹。或说铁路有利于漕运，其实我朝征伐准噶尔、厄鲁特，戡定回疆，沙漠迢遥，兵粮皆陆运而无匮，况腹地仅数百里之近，有什么必要非依赖火车？

刘锡鸿论证说，造铁路征用民田，会使农民失去土地，即便弥补其银两，但坐食一空后，如何谋生？建造铁路，大到铁轨，小到润滑油脂，都要进口，实难指望能有还钱的日子。乡僻小民，百亩之入能养活十数口，犹有余财。居近城市者，则所入倍而莫能如之。如果通行火车，则货物流通，取携皆便，人心必增奢侈，财产日以虚糜，穷人生活就难以为继。火车开通，洋人踪迹自必遍及里间。老百姓易受蛊惑，虽不至于交通勾结，然其视洋人与视华人没了区别，则将来和局或变，民情就不可尽恃。或说铁路有利运兵，其实要看兵力之强弱。兵力强，则我可速以挫人；兵力弱，则人亦因以蹙我。铁路无非代他人作布置。若有百姓造反，还会梗道夺车，胁迫司机，袭邑攻城，随其所指，俄顷即至，则城不可守也。⁴⁵

刘锡鸿还上《密陈不可借款造路片》，说出使外国前后，英国公使威妥玛多次对他大谈修造铁路之利，他以无资为辞，威妥玛称英国可以借给，显然包藏祸心，万万不可听从。⁴⁶确实，早在出使英国前后，刘锡鸿就与威妥玛和其他外国人多次讨论铁路。所谈无非亦是铁路成则外国人容易进入中国，而造铁路必定毁田庐坟墓。他不断问外国人，如果贼抢夺火车来袭我怎么办？造铁路缺乏资金怎么办？还不出贷款外国人兴兵勒取怎么办？他在英国乘过火车，曾感叹其商务包厢"有群居之室，有别室，皆漆皮软几，玻璃明窗，坐卧殊觉畅适。其贵者所乘，则锦壁、绣帘、文榻、画案，瓶添净水，盘供鲜花。虽轮行如飞，风霆贯耳，终不改书斋闲憩之乐"。[47]但这些细腻的体验，从来没有改变他对铁路铺入中国所带来的忧虑。

刘锡鸿与李鸿章的交锋，是中国上层社会对发展现代交通、推广现代企业制度、引进外资、经济发展与民生等国家发展战略问题的论战，对晚清社会发展具有深远影响。然而在这场辩论中，反对意见占据了上风。刘锡鸿的奏折，从今天看来，显然是农本经济对于工业革命带来的社会变迁的哓哓诡辩，但在当年，却提供了反对铁路的有力依据。以至七年之后，翁同龢重读这份奏折，还说"刘云生奏铁路不可修状，言言中肯"。[48]

刘锡鸿上奏同日，清廷颁发上谕：

> 前因刘铭传奏请筹造铁路，当谕李鸿章、刘坤一等筹商妥议。兹据先后复奏，李鸿章以经费不赀，若借洋债有不可不慎三端；刘坤一则以有妨民间生计，且恐于税厘有碍，所奏均系为慎重起见。铁路火车为外洋所盛行，中国若拟创办，无论利少害多，且费至数千万，安得有此巨款？若借用洋债，流弊尤多。叠据廷臣陈奏，佥以铁路断不宜开，不为无见。刘铭传所奏，着毋庸议。[49]

这场搅动朝野心绪的修建铁路大讨论，至此戛然而止。这是中国现代化进程中的一幕插曲，将中国的铁路建设延后了十余年，在整个事件中，李鸿章的先知先觉，抵不过张家骧、周德润、刘锡鸿们的迂腐短视。中国与世界接轨的道路，每前进一步，都是如此艰难。

七

事后,李鸿章致函丁日昌说:

> 铁路交南北洋复议,敝处力言其利,大声疾呼,又为朝士所讪毁,大丈夫不遇时之所为也![50]

刘坤一在给朋友的信中,则这样为自己的动摇作推脱:

> 铁路一事,圣明本不愿行,且以台谏交诤,遂作罢论。而谕旨中摘录拙疏数语,实缘先经交议而然,非区区一言果有回天之力。鄙意以铁路有裨征调转输,无待智者而辨。泰西各大国,亦极意望中国锐意举行。第中国自有法度,非概可以外洋例之;且两利相权则取重,两害相权则取轻,除张子腾所陈三弊外,更恐有碍小民生计,亦有妨碍内地税厘。通篇大略如此,此亦老生常谈,聊以塞责,何足当大雅之一噱耶![51]

就在1881年,开平矿务局总办唐廷枢在唐山煤矿至胥各庄暗暗铺设了一条运煤的铁路。唐胥铁路长十八华里。先是用马来牵引,次年又建造了一个蒸汽机头。这辆火车,悄悄地在距离京师极近的地方为国家的早期采矿事业服务。

也在1881年,前往英国接带中国定制的新式巡洋舰"超勇"和"扬威"号的北洋海军军官,出席了英国铁路之父史蒂芬森的百岁诞辰庆典。建造巡洋舰的阿姆斯特朗公司位于纽卡斯尔,此地恰恰就是史蒂芬森的故乡。中国军官在验收军舰的闲暇,乘坐火车往来各地,深感铁路给旅行带来的便捷。6月9日是庆典的正日子,因为斯氏"功业赫赫,播于民口",全城张灯结彩,大肆祝贺,白天花车游行,晚上还燃放烟火。市政府邀请接舰的全体官兵上岸游观,中方婉谢,派丁汝昌、林泰曾出席了市议会的宴会。

李鸿章视察唐胥铁路

席间，市长及阿姆斯特朗公司创始人威廉·阿姆斯特朗爵士（Sir. W. Armstrong）均致辞，还提到希望中国也推行铁路。林泰曾以英语演讲，愿中国他日推广铁路，大获其利，此将为中国之幸，也将是与会诸君之幸。言毕，全场四百嘉宾均热烈鼓掌。次日，当地报纸称赞林泰曾英语演说，"词令之善，音调之纯，诚所罕见，足使胜会生色"。[52]

在后来的岁月里，李鸿章依旧锲而不舍地做醇亲王的沟通工作。直至1886年，醇亲王出京巡阅北洋海防，他对铁路的看法发生了根本的转变，与李鸿章达成了修建津沽铁路的意向。次年4月20日，在以海军衙门名义发出的奏折里，醇王坦率地承认了自己思想上的转变：

林泰曾早年在英国的留影

查铁路之议,历有年所,毁誉纷纭,莫衷一是。臣奕譞向亦习闻陈言,尝持偏论。自经前岁战事,复亲历北洋海口,始悉局外空谈与局中实际,判然两途,当与臣李鸿章、臣善庆巡阅之际,屡经讲求。臣奕譞管理各国事务衙门事务,见闻亲切,思补时艰。[53]

应当说,醇王的醒悟还是很快的。从此,他领导下的海军衙门,成为铁路建设的积极推动者。

白驹过隙,岁月如梭,又是十年过去。

在此期间,唐胥铁路、开平铁路、津沽铁路相继建成,津通铁路、芦汉铁路也开始酝酿,建造铁路遂为社会和官场逐渐接受。

1891年,薛福成将《妥议铁路事宜折》以《代李伯相议请试办铁路疏》为题,全文收录在自己的文集《庸庵文续编》中,并加了这样一个注释:

> 庚辰冬，刘省三爵帅上疏请开铁路，合肥傅相复疏既韪其说，于是都中议论汹汹，大敌之将至者。斯时主持清议者，如南皮张庶子之洞，丰润张侍讲佩纶，虽心知其有益，亦未敢昌言于众，遂作罢论。迄今距庚辰十年矣，南皮张公亦总督两广五六年矣，复有请由汉口开铁路至芦沟桥之奏，既蒙俞允，即中外议者亦以为是者七八，以为非者不过二三。可知事到不能不办之时，风气年开一年，虽从前主持清议之张公，亦竟明目张胆而言之矣。再一二十年后，乌知讥铁路、畏铁路者之不转而为誉为盼也。[54]

又越一百二十年，我坐在京津城际列车上撰写本文。如今，随着技术的发展，两地间通行时间，仅区区半个小时矣。而中国，则开始向世界推广高铁的设备，甚至投资。回思百余年前人们对铁路的种种批评曲解，和先行者的启蒙宣传与不懈争取，不能不使我感慨良多。从大逆不道到司空见惯，从铁路电报到民主共和，每种新的观念和新鲜事物的普及，都有一段不平凡的故事，现代化的步伐，就是如此艰难地一步步行走过来。

2009 年 4 月初稿
2014 年 5 月修订

1　威廉姆逊：《华北纪行》引 1868 年 10 月 14 日米特致威廉姆逊函，《中国近代铁路史资料》，第 1 册，第 14 页。
2　李提摩太：《亲历在华四十五年——李提摩太在华回忆录》，第 55 页。
3　《翁同龢日记》，光绪二十年八月廿九日—九月初二日，第 5 册，第 2734 页。
4　总理衙门同治四、五年间与各地疆吏讨论铁路信件，见《中国近代铁路史资料》，第 1 册，第 19—20 页。
5　《总税务司赫德局外旁观论》，《筹办夷务始末·同治朝》，第 4 册，第 1666—1671 页。

6 《英参赞威妥玛新议略论》,《筹办夷务始末·同治朝》,第 4 册,第 1679 页。
7 《奕䜣等奏赫德威妥玛各递议论应交沿海海督抚大臣妥议密陈折》,《筹办夷务始末·同治朝》,第 4 册,第 1663—1664 页。
8 《德国公使巴兰德致总理衙门函》,光绪元年四月三十日,《中国近代铁路史资料》,第 1 册,第 16—17 页。
9 李鸿章:《复丁雨生中丞》,同治十一年九月十一日,《李鸿章全集》,第 30 册,第 474 页。
10 参见刘毅、戈慧莉:《明治政府的殖产兴业政策与日本第一条铁路的诞生》,《理论界》,2008 年第 9 期。
11 李鸿章:《复沈幼丹节帅》,同治十三年十月二十二日,《李鸿章全集》,第 31 册,第 132 页。
12 李鸿章:《筹议海防折》,同治十三年十一月初二日,《李鸿章全集》,第 6 册,第 159 页。
13 李鸿章:《复郭筠仙星使》,光绪三年六月初一日,《李鸿章全集》,第 32 册,第 75 页。
14 陈义杰整理:《翁同龢日记》,光绪二年正月十三日,第 3 册,第 1184 页。
15 翁氏日记被遮盖,见翁万戈:《翁同龢日记》,第 8 卷,第 3883 页所附《删改真相》。光绪二年二月初一日原文,见翁万戈编:《翁同龢日记》,第 3 卷,第 1222 页首次发布的原文。
16 《郭嵩焘日记》,光绪二年二月初一日,第 3 册,第 11 页。
17 《英国领事商务报告》,《中国近代铁路史资料》,第 1 册,第 37 页。
18 李鸿章:《复丁雨生中丞》,光绪二年三月十二日,《李鸿章全集》,第 31 册,第 374 页。
19 李鸿章:《复郭筠仙星使》,光绪四年正月二十六日,《李鸿章全集》,第 32 册,第 232—233 页。
20 李鸿章:《复丁雨生中丞》,光绪三年正月二十二日,《李鸿章全集》,第 32 册,第 9 页。
21 李鸿章:《复丁雨生中丞》,光绪三年六月初六日,《李鸿章全集》,第 32 册,第 78 页。
22 中国使团乘火车时间,见《郭嵩焘日记》,第 3 册,第 97 页。刘锡鸿:《英轺私记》,第 48 页。张德彝:《随使英俄记》,第 308—309 页。
23 《曾纪泽日记》,光绪五年四月初十日,中册,第 880 页。
24 《涧于日记》,庚辰下,第 4 页。
25 李鸿章:《刘铭传力疾赴京片》,光绪六年十月二十四日,《李鸿章全集》,第 9 册,第 225—226 页。
26 刘铭传:《筹造铁路以图自强折》,光绪六年十一月初二日,《刘铭传文集》,合肥,黄山书社,1997 年,第 43—46 页。
27 《桐城吴先生日记》(上),第 322 页。又,该奏亦以代稿的名义,收入《沧趣楼诗文集》下册,第 785—787 页。
28 张佩纶:《致李肃毅师相》,光绪六年十一月初九日,《涧于集·书牍》,卷 1,第 50 页。
29 张佩纶:《致李肃毅师相》,光绪六年十一月十七日,《涧于集·书牍》,卷 1,第 52—53 页。
30 李鸿章:《复佩纶》,光绪六年十一月十九日,《李鸿章全集》,第 32 册,第 638 页。
31 张家骧:《未可轻议开造铁路折》,光绪六年十一月廿一日,《中国近代铁路史资料》,第 1 册,第 88—89 页。
32 张佩纶:《复李肃毅师相》,光绪六年十一月廿五日,《涧于集·书牍》,卷 1,第 54 页。

33 张佩纶：《致李鸿章》，光绪六年十一月廿六日，《李鸿章张佩纶函札》，上海图书馆藏。

34 李鸿章：《妥议铁路事宜折》，光绪六年十二年初一日，《李鸿章全集》，第9册，第254—257页。

35 李鸿章：《议复张家骧争止铁路片》，光绪六年十二年初一日，《李鸿章全集》，第9册，第258页。

36 薛福辰代拟，见《代李伯相议请试办铁路疏》，《薛福成选集》，第135—143页。薛福辰阅读马建忠《铁路论》，见《薛福成日记》，光绪六年十一月十七、廿五、廿八日记载，上册，第340—342页。

37 李鸿章：《致张佩纶》，光绪六年十二月初五日，《李鸿章全集》，第32册，第641页。

38 《光绪六年十二月十八日降调顺天府丞王家璧奏》，《洋务运动》，第6册，第140页。

39 《翁同龢日记》，光绪六年十二月廿二、三日，第3册，第1535页。

40 李鸿章：《复四川王山长壬秋闿运》，光绪六年十二月廿二日，《李鸿章全集》，第32册，第646页。

41 李鸿章：《复醇亲王 论铁路》，光绪七年正月初十日，《李鸿章全集》，第33册，第4页。

42 《光绪七年正月初十日翰林院侍读周德润奏》，《洋务运动》，第6册，第152—153页。

43 翁万戈编：《翁同龢日记》，光绪七年正月初六日，第4卷，第1577页。

44 刘坤一：《议覆筹造铁路利弊片》，光绪七年正月初八日，《刘坤一遗集·奏疏》，第2册，第598—600页。

45 《通政使司参议刘锡鸿罢议铁路折》，光绪七年正月十六日，《中国近代铁路史资料》，第1册，第97—100页。

46 刘锡鸿：《密陈不可借款造路片》，光绪七年正月十六日，《中国近代铁路史资料》，第1册，第100页。

47 刘锡鸿：《英轺私记》，第25、56、136—137页。

48 《翁同龢日记》，光绪十四年四月廿九日，第4册，第2200页。

49 《德宗实录》，第53册，第815页。

50 李鸿章：《复丁雨生中丞》，光绪七年二月初三日，《李鸿章全集》，第33册，第12页。

51 刘坤一：《复李黼堂》，光绪七年四月十二日，《刘坤一遗集》，第4卷，第1936页。

52 池仲祜：《西行日记》，载《龙的航程》，第43—44页。

53 《海军衙门请准建津沽铁路折》，光绪十三年二月二十二日，《中国近代铁路史资料》，第1册，第130页。

54 薛福成：《代李伯相议请试办铁路疏》，《庸庵文续编》，卷上，第9—11页。

"南中寄新蟹,与合肥持螯共酌"

李府螃蟹之来路及送礼种种

从前读《红楼梦》,对大观园内众小姐结海棠社,吃螃蟹宴,吟菊花诗的情节一直印象深刻。这件风雅事,创意源自薛宝钗,她说:"我们当铺里有个伙计,他们地里出的好螃蟹,前儿送了几个来。现在这里的人,从老太太起,连上屋里的人,有多一半都是爱吃螃蟹的。前日姨娘还说,要请老太太在园里赏桂花吃螃蟹,因为有事,还没有请呢。""我和我哥哥说,要他几篓极肥极大的螃蟹来,再往铺子里取上几坛好酒来,再备四五桌果碟子,岂不又省事,又大家热闹呢?"

藕香榭蟹宴的螃蟹,当真是从薛蟠当铺伙计家的地里抓来的吗?曹雪芹没有明说,只是在第三十九回闲闲地补了一笔:周瑞家的道:"早起我就看见那螃蟹了,一斤只好称两个三个。这么两三大篓,想是有七八十斤呢。"周瑞家的又道:"要是上上下下,只怕还不够!"平儿道:"那里都吃?不过都是有名儿的吃两个子。那些散众儿的,也有摸着的,也有摸不着的。"刘姥姥道:"这样螃蟹,今年就值五分一斤。十斤五钱,五五二两五,三五一十五,再搭上酒菜,一共倒有二十多两银子。阿弥陀佛!这一顿的银子,够我们庄家人过一年了!"

螃蟹是食中美味,这点古今皆然。除了小说家言,我在清人

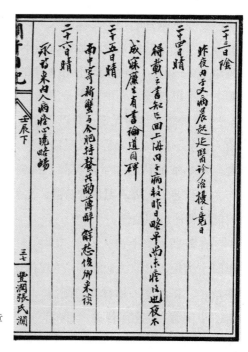

张佩纶日记中与李鸿章一起吃蟹的记录

的日记书信中也屡屡读到。比如,光绪十五年九月初九日重阳,从张家口流放归来,娶了李鸿章女儿做第三任太太的张佩纶,就在日记中写道:

与内人煮酒持螯,甚乐。[1]

十七年八月十七日记:

傍晚饮酒一升,食蟹八辈,醉卧凉榻上,快甚。[2]

十八年九月二十五日,张佩纶又记:

南中寄新蟹,与合肥持螯共酌,薄醉解愁。[3]

张佩纶祖籍河北丰润,但从小曾在安徽、浙江生活,爱吃螃蟹,并不令人奇怪。他记录吃蟹之时,必定饮酒,从"煮酒持螯"这个细节,可以确定饮的是黄酒,这也不使我惊讶。清朝年间,京师里做官的,多是江浙人士。上流社会时兴的,是一坛坛沿着运河北上的绍兴花雕加饭,而不是今人想象的白酒。张佩纶赐環之后三婚,"倒插门"住在天津的直隶总督衙门里。虽然寄人篱下,不再参政,心中总不是滋味,时有愁绪,用他自己的话来说,"从来儒者显晦无定,总以自食其力为第一义。如佩纶之流落依人,贫不能归,又无一长足以自给,乃真恶颜耳"[4],但也享受着李府姑爷的待遇和生活保障。每到菊花盛开、丹桂飘香时节,与太太和老丈人喝着温热的黄酒,品尝着鲜美的螃蟹,其乐融融,就能短暂地忘却烦恼。

在江浙人、上海人看来,北方人不爱吃螃蟹,也不懂螃蟹。以时下为例,北京人就没有弄明白阳澄湖大闸蟹是什么意思。一些馆子,将河蟹一律称作"闸蟹",大河蟹是"大闸蟹",自然还有"小闸蟹"。看官若去"百度"一下,能查出几大箩筐的"闸蟹"篇目,还称北方"闸蟹",产地大多在辽宁盘锦。而"老北京"们写文章,则说从前北京市面上所售螃蟹,全都以天津胜芳镇所产的"胜芳螃蟹"为号召。"胜芳螃蟹",以及产自北京城南马驹桥一带的"红高粱螃蟹"如何肥美,如何好吃。百度百科里,有无名氏上传的"胜芳蟹"条目,称作:

> 胜芳蟹,原产自河北省的胜芳镇,白洋淀原来分为东淀和西淀,胜芳镇所临的就是东淀,这里的河蟹由于距入海口的距离适当,水质良好,当时的生态适合河蟹生长,所以胜芳的河蟹曾居全国的河蟹之首。胜芳蟹,学名"中华绒螯蟹",与胜芳蟹齐名的淡水蟹,还有阳澄湖的清水蟹和崇明的老毛蟹。

这种说法,岂不要让上海老饕晕死?且不说今天的上海人,断不会将阳澄湖大闸蟹与崇明毛蟹并列为伍,即便在当年,"胜芳螃蟹",在驻节保定、天津的直隶省最高长官,安徽人李鸿章看来,也是不入法眼的。

李府食用的螃蟹从哪儿来?从新近披露的李鸿章书信中,我找到了答案——原来都是从南方专程运去的。光绪初年,他在给上海道台刘瑞芬的信中提道:

芜湖、扬州一带圩蟹绝佳,向颇嗜之,沪上能觅得否?九、十月团尖脐肥美,望采购二三千只,分批搭交轮船寄津,应如何包裹收拾,不致困毙,并乞与洋船商询妥办。该价若干,垫付后开示,即便汇还。都中好事者,多索惠江蟹,亦不尽自飨也。

惠寄湖蟹一千只,鲜肥之至,惟七篓全数困毙,不堪入馔,自由道远日久所致,务请勿再购寄,徒劳糜费。此物惟装坛紧压,寄远可望一半全活,未知确否?[5]

翁同龢曾作《食蟹》诗云:

入手尖团快老饕,橙香酒洌佐霜螯。
莫嫌尔雅书难熟,便有监州兴亦豪。
醉喜轮囷堆几案,卧听郭索响波涛。
稻花三泖肃疏甚,未许横行到尔曹。[6]

诗歌表述了一个江苏人对于美味佳肴螃蟹的由衷喜爱,螃蟹,无疑是他家乡之恋中重要的组成部分。只是我们不太清楚,翁家享用的螃蟹,产地来自何方?他是否属于李鸿章信中所称的"都中好事者"中的一个,能够得到李鸿章的惠赠?李鸿章每年都要送出大量螃蟹,直至晚年,他以大学士、总理衙门大臣身份住在北京,依然思念南方的螃蟹。光绪二十五年十月初六日,他在给儿子李经方的信中说:

十月朔日,通永镇专弁送到蟹二千只,多而且旨,此次仅坏千一百只，分给亲友共饫乡味，以后可勿再寄矣。[7]

所谓"南中寄新蟹"，在达官贵人家中，竟是如此阔绰的手笔。食用者，既包括亲友，又包括"都中好事者"，亦即李鸿章官场中的权贵朋友和相好。李家采购的螃蟹，有产自江苏，也有产自安徽，虽未必是阳澄湖的大闸蟹，但决非胜芳螃蟹可以比拟。否则，就近捕捞，又何须每次承担死去上千只螃蟹的损失？

当年，锦衣玉食的封疆大吏，家中都是开销巨大。比如李鸿章给他担任湖广总督的大哥李瀚章送土仪，是"碧螺春茶六瓶，海虾三百对"，[8] 李鸿章女儿鞠耦从南京给父亲寄食物，出手是"寄上双黄鸭蛋二百枚，聊佐甘旨"。[9] "去秋在沪大人食新米粥，谕儿云，都中五年不尝此味矣。兹新米上市，宁产细碎不佳，嘱人由沪购上香稻米四石，新籼米六石，以供煮粥之需。"[10] 李鸿章交游广阔，送人土特产，每每依据对象而数额不同。某种程度上，他还考虑了让获赠对象，将礼物转送他人的份额。某次他送醇亲王洞庭山鲜枇杷十六篓、碧螺新茗四十瓶，[11] 显然不仅是醇王自用。光绪十二年六月，李鸿章馈赠醇王六瓶荔枝，醇王除向慈禧太后进贡部分之外，还将剩余的五百颗分赠另外四十六个朋友，翁同龢就分得十颗，"荐而后尝之"。醇王还以此与退休的军机大臣宝鋆及原广州将军长善反复吟诗唱和。[12] 由此一则可知，由于保鲜的不易，晚清荔枝在京师的珍贵，丝毫不比唐朝时"一骑红尘妃子笑"来得逊色；二则亦旁证了转赠的乐趣，超过自己品尝礼物本身，各人彼此的社交活动得以进一步放大；三则还使我想到，当年"瓶"这种容器，显然也比我们今天理解的概念要大，大约是瓷瓶，肯定不会是玻璃瓶。瓶不透气，能保鲜吗？不解。夏天的礼物是荔枝，是枇杷，秋天自然就是螃蟹了。李鸿章每年兴师动众，从南方寄来的螃蟹，能够存活下来近千只，重新包装之后，都是加强感情联络的重要工具，能在京津两地的诸多府邸中，营造出持螯赏菊的秋日气氛。只是谁能想到，这些螃蟹的采购、包装、运送，李鸿章本人都要亲笔写信，逐一叮嘱关照呢。

官宦之家，平常交往、送礼亦是门艺术。光绪十六年，李经方进京，李鸿章写信嘱咐："凡与我交情亲密者不妨先拜，泛泛者应少应酬。无益且恐有损。伯王前索牛肉精（寄去四盒，其太福晋老病，当合用），恭邸要野白术（寄去二觔），或亲往送呈，或专弁交，汝酌办。"又说："都中应酬虽多，亦可量体裁衣。礼邸、庆邸如往见不值，改日再去。伯邸、恭邸亲往送牛精、野术，在家必见。恭邸至好，当言此术尚非极品，俟觅到再寄，渠补剂所必须。荣仲华交好廿年，晤时问伊脚气可否，洋医有效否。尔须称老伯、小侄，不作官话。"[13]如此谆谆点拨，可见父子情深。

由此再想《红楼梦》，一场蟹宴，给多少人留下想头；而在蟹宴背后，又隐藏着多少筹划和心计？

2009 年 9 月初稿
2014 年 12 月修订

---

1 《涧于日记》，光绪十五年九月初九日，己丑，第 59 页。
2 《涧于日记》，光绪十七年八月十七日，辛卯下，第 58 页。
3 《涧于日记》，光绪十八年九月二十五日，壬辰下，第 37 页。
4 张佩纶：《致吴大澂》，光绪十八年三月二十六日，《清代名人书札》，第 5 册，第 1172—1173 页。
5 《李鸿章全集》第 36 册，第 290—291 页载《致刘瑞芬》，（无年份）十月十二日函，第一段称收到刘寄去螃蟹千只，七篓全数困毙，不堪入馔，务请勿再购寄，徒劳糜费。第二段又称芜湖、扬州一带圩蟹绝佳，向颇嗜之，沪上能觅得否？九、十月团尖脐肥美，望采购二三千只，分批搭交轮船寄津云云。疑为两封信误拼接成一信，待考。
6 翁同龢：《食蟹》，《翁同龢诗文集》，第 383 页。

7　李鸿章:《致李经方》,光绪二十五年十月初六日,《李鸿章全集》,第36册,第247页。
8　李鸿章:《致李瀚章》,光绪元年六月初三日,《李鸿章全集》,第36册,第263页。
9　李经璹:《致李鸿章》,光绪二十六年十月廿七日,手稿复印件。
10　李经璹:《致李鸿章》,光绪二十七年七月廿二日,手稿复印件。
11　李鸿章:《复醇邸》,光绪十三年五月十四日,《李鸿章全集》,第34册,第219页。
12　见奕谟:《李少荃相国寄赠荔枝六瓶,谨择贡东朝,余五百颗,分致四十六家,佩蘅相国有诗纪事,次韵奉答六月初六日》,《九思堂诗稿续编》,卷10,第1页。翁同龢分得十颗荔枝事,见《翁同龢日记》,第4册,第2027页,光绪十二年六月初五日。唱和诗见《长乐初都统善以吃荔诗见示次韵赋答》,《乐初复叠韵见示走笔和之》,《答乐初三叠韵》,《答乐初四叠韵》,《佩衡相国读乐初都统荔诗并余和作亦次韵二章叠韵奉答》等,《九思堂诗稿续编》,卷10,第2—3页。宝鋆:《谢醇邸惠荔支》,《适园既馈荔支复示来源作诗纪事》,《鲜荔支诗已赋二律,醇邸复以和章寄至,并示与长都统乐初彼此叠韵各四首,声光震耀海大观也。即援笔踵新字韵奉答二章》,卷8,第21—23页。
13　李鸿章:《致李经方》,光绪十六年三月初十日、十三日,《李鸿章全集》,第35册,第42、43页。

为老秀才写的介绍信

张佩纶与胡适父亲胡传的友谊

> 鄙人生平爱才,而以荐士获谤;然一息尚存,
> 爱才之念如故也。
>
> ——张佩纶

张爱玲曾经回忆说,1955年她与胡适在美国初次相会,胡适"讲他父亲认识我的祖父,似乎是我祖父帮过他父亲一个小忙。我连这段小故事都不记得,仿佛太荒唐。原因是我们家里从来不提祖父。有时候听我父亲跟客人谈'我们老太爷',总是牵涉许多人名,不知道当时的政局就跟不上,听不了两句就听不下去"。[1]

胡适在当年11月10日的日记中,则有一段详细的记录:

> 拜访张爱玲女士。张爱玲,《秧歌》的作者。始知她是丰润张幼樵的孙女。张幼樵(佩纶)在光绪七年(1881)作书介绍先父(胡传,字铁花)去见吴大澂(号愙斋),此是先父后来事功的开始。幼樵贬谪时,日记曾记先父远道寄函并银二百两。幼樵似甚感动,故日记特书此事。幼樵遗集中竟收入此介绍一个老秀才的信,——我曾见之——可见他在当时亦不是轻易写此信的。[2]

这里说的,是张爱玲的祖父张佩纶,曾为胡适父亲胡传写推

胡适的父亲胡传

荐信,将其引荐给当时以"三品卿衔随吉林将军铭安帮办一切事宜"的吴大澂,由此发迹而起的一段往事。

胡传,字铁花,号钝夫,安徽绩溪上庄人,出身于茶商家庭。1867年(同治六年),26岁的胡传第一次到南京参加乡试,同考的老乡中,族兄胡宝铎和曹汝济、章洪钧都中了举人,他却落第了。次年他从安徽老家来到上海龙门书院,跟随当时著名学者刘熙载学习。[3] 刘熙载,字融斋,道光二十四年进士,曾任国子监司业,广东学政,左春坊左中允,是个有思想的教育家和文艺理论家。他博学多能,治经无汉宋门户之见,熟悉周秦诸子书,"自六经、子史外,凡天文、算术、字学、韵学及仙释家言,靡不通晓。而尤以躬行为重。"[4] 他的学生中,不少人理学、经学、史学、天文、历算、诗古文词各擅长才。刘熙载"课士以经史,不令习举子业,专以讲求正学"。比如读《资治通鉴》,胡传回忆说:"每见历朝用兵争战之际，成败之机大半决于得地利与否，而自苦不明于地理，遂问欲知地理当阅何书？曰，考古今地理必先揣摩《禹贡》，而后以次讲求历代之地志，乃能知其建置沿革之大略。然学分三种：如《元和郡县志》、《元丰九域志》、《太平寰宇记》、《大明一统志》、《大清一统志》之类，考据之学也。如顾宛溪之《读史方舆纪要》，顾亭林之《天下郡国利病书》之类，经济之学也。如《山海经》、《水经注》及各省通志各府厅州县志，与夫诸家考古迹纪名胜之类，词章之学也。而地图为尤要，古人所以左图而右史也。问地图今以何本为最善？曰，考《禹贡》则胡朏明《禹贡锥指》诸图最详；考古今建置沿革，则李申耆有图，并有《大清一统舆图》，而今图则又以益阳胡文忠公近年所刻之《皇朝中外一统舆图》为最详。无地图亦不能讲求地理之书也。"[5]在旧式传统教育体系中，龙门书院讲究经世致用，给了胡传很好的训练。1871年，胡传离开书院，刘熙载送他的赠言是："为学当求有益于身，为人当求有益于世。在家则有益于家，在乡则有益于乡，在邑则有益于邑，在天下则有益于天下。斯乃为不虚此生，不虚所学。不能如此，即读书毕世，著作等身，则无益也。"

龙门书院于1865年（同治四年）由丁日昌在担任苏松太道任内倡建，两年后，继任道台应宝时拨银1万两，将书院迁至本地藏书家李筠嘉位于城西的别业吾园，增建讲堂、楼廊及学舍41间。讲堂学舍环以曲水，陂塘芦苇颇似村居。办学之初，规制甚严，学生仅收二十人。课程以躬行为主，每天中午，师生会堂上，请益考课。除诵读之外，终日宁静，不闻人声。[6]这种办学方式，当时很负时望。该校历经变迁，现名上海中学，至今仍是上海最好的中学。我父亲就是这个学校的校友。父亲1941年考入该校时，校名叫做江苏省立上海中学。我很小的时候，便常常听到他哼唱抗战年代上中的校歌:"龙门发轫进无疆,一柱中流海上,翘首太平洋。国族艰难,舍我谁救亡?"唱到这里,父亲就会说:"上海中学的前身是龙门书院,所以校歌讲'龙门发轫进无疆'。"他还常说:"你看,'一柱中流海上,翘首太平洋',当年一个中学就有这样的气派!"这些谈话,使我对龙门书院一直肃然起敬。2004年,我儿子也考进上中,我因参加家长会,得以踏入这所令我神往的学校,迎面的主教学楼,叫作"龙门楼",门厅两侧,装饰着用楷体篆体等各种书体撰写的大大小小的龙字。我当即联想,校方是否在暗示,莘莘学子通过在校的埋头苦读,能够顺利地跳过"龙门"呢?与时俱进,今天龙门的传人向往的,恐怕就是"龙的门",这一点,刘熙载山长显然始料未及。

上海中学时下高考一本录取率,始终保持在99.5%以上,而胡传先后五次参加乡试,皆未中举,按现在校长的标准来衡量,一定痛心疾首,没准还会归入差生的"黑名单"。胡传回乡后,主持重修上庄胡氏宗祠,四十岁以后,他决定放弃科考,另辟蹊径,到当时官员学者很少前往的东北谋发展。

《胡适口述自传》中说:1881年(光绪七年),胡传向经商致富的族伯胡嘉言借了一百银元,搭船自上海去天津转往北京,再旅行四十二天,到达吴大澂的驻地宁古塔。"吴氏为一自修而成名的大学者、考古家和政治家。父亲告诉吴公他不是来求职的,他只盼吴氏能给予护照和通行证,好让他遍游东北,并考察边疆地理。吴氏对父亲大为赏识,其后吴氏巡行阅边,总是偕父亲同行。"[7]唐德刚先生在《胡适口述自传》中对此作注:"胡传以一个四十岁落第的江南士子,亲老家贫,妻亡子幼,竟然离乡撇井,负债投边,出塞四十余日,去充当一名三品小官吴大澂的幕僚!这种精神,也实在是难能可贵。胡传当然自信是个人才,但是在人才济济的东南和北

吴大澂

京找不到可以一展抱负的机会,这大概也是他下定决心到那最需要人才而人才最不愿去的地方去的最大动机,最后终能慢慢地脱颖而出。虽然他死的时候位不过知州,然而在近代中国边疆开发史上,也可说是青史垂名了。在他颠沛流离的一生里,我们也可看出帝王时代中国以做官为唯一职业的'读书人'生活的一鳞半爪。"⁸唐先生的话说得有点矫情,三品官员在中央政府属于卿贰大臣,在地方上可任顺天府尹(北京市长)和各省按察使,吴大澂的"三品卿衔",与实缺官员尚有差距,但同年10月9日已经实授太仆寺卿,显然不是"小官",而是风头健旺的红员,谁也不敢小瞧他。去他身边谋差,尽管是在风雪弥漫、人烟稀少的东北,其实却是条做官的捷径,胡传想从投奔吴大澂入手,是一个聪明的创意,关键是彼此素昧平生,这条路如何才能走得通?

胡传本人在自订的《钝夫年谱》中，对于出关投奔吴大澂之事说得比较含蓄。他称上年朝廷派崇厚为全权大臣，出使俄罗斯，商议收回伊犁土地。崇厚办理不善，内外哗然。张之洞弹劾疏中有"东不能薄宁古塔"语，而他却对东三省地理一无所知。"揣摩天下大势，俄人已占据东北边地，逼近东三省，岂有不能薄宁古塔之理？特今人不知地势，不知实在情形"，是有很大危险的。所以计划"入游历其地，能著书详言其形势，便可以补古今舆地图书之缺，必传无疑"。他束装北上，从北京的亲戚胡宝铎处得知，吴大澂前以河北道奉旨赴吉林帮办边防事宜，现已升太仆寺正卿，改为督办三姓、宁古塔、珲春防务。胡宝铎和他皆为戊辰会榜同年。胡传即谈起拟出关游东三省一事。胡宝铎说，我和吴当初虽为同年，但只在公会时见过一面，平时并无联络。胡传说："不求差事，但请作书求给一护照，以便游历，似无不可。"[9]他们商议，还可通过在北洋幕府供职的同乡章洪钧，转请他的朋友张佩纶给吴大澂写一封介绍信。此外，胡传的同门姚子良，正在内阁学士徐郙家开馆，也答应找吴大澂的学生彭福孙（字颂田）为其写信通融。

吴大澂、胡宝铎、章洪钧、张佩纶的科举同年关系较为复杂，连胡适也没有搞懂。胡适在整理其父亲的《钝夫年谱》时，曾用一个按语提出了自己的疑惑：

> 适按：吴大澂，同治七年（戊辰）二甲五名进士。
> 张佩纶，同治十年（辛未）二甲十九名进士。
> 胡宝铎，同治十年（辛未）二甲四十名进士。
> 章洪钧，同治十三年（甲戌）二甲二十二名进士。
> 先君年谱于此年记吴清卿"与虎兄（胡宝铎）为戊辰会榜同年"，又说"章芹生与张幼樵同年，素相契"，似皆有小

误？适记。[10]

从前,"同年"是科举时代同榜录取者的互称。比如胡传与胡宝铎、章洪钧一起参加同治丁卯(1867)科的乡试,胡宝铎、章洪钧中举,他们即成为"同年"而胡传不是。以后,吴大澂、胡宝铎参加同治戊辰(1868)科的会试且均中式,故称作"戊辰会榜同年"。只是胡宝铎未参加本年殿试,在戊辰进士名单中没有他的名字。随后,同治辛未(1871)科,张佩纶参加会试并中式,殿试二甲第十九名,胡宝铎这年补行殿试,他们成为辛未同年。而章洪钧这科虽中式,成为贡士,但未参加殿试。迟至同治甲戌(1874)年才成进士,他与张佩纶同科会试中式,亦可称作同年。[11]同年和同学不一样,彼此来自天南海北,本来毫不相识,只是中榜之后,共拜考官为老师,中式者也就多了一个互相联络交往的机会和理由。随着各人后来事业的发展,同年还是彼此提携照应的社交关系圈子。我们知道,会试中榜者叫"贡士",需待参加皇帝亲自主持的殿试才能获得"进士"的称呼,但殿试并不淘汰参加者,也就是说,殿试只是对入考者进行排名,分成三甲。通常贡士都会随即参加殿试,像胡宝铎、章洪钧这样选择到下届再去殿试的人并不多见,以致连胡适博士都搞糊涂了。至于张佩纶与吴大澂的关系,则来自另一种同年关系,张佩纶自己介绍说,"佩纶兄子人骏以同治戊辰先佩纶入翰林,故戊辰诸前辈多昵就佩纶。佩纶初识吴县吴君清卿,与讲求民间疾苦,所见辄同。……清卿之弟亦官翰林,……又识闽县陈君伯潜,朝夕以文章道义相切。……最后识长沙陈君伯平,每讨论政治得失,意气相许。……三君皆戊辰翰林,有道君子也。"[12]

我们从这个案例中看出,科举的"同年"对于刚刚迈进官场的读书人搭建人际关系网络非常有效。胡传要去宁古塔,却不认识吴大澂，他只能找京津官场中同乡帮忙（他和胡宝铎、章洪钧差一点成为同年），而胡、章又依靠同年关系，为胡传架设起与张佩纶、吴大澂的联系；甚至张佩纶与吴大澂之间，也是因张佩纶侄子张人骏与吴大澂是同年，才往来密切。这些错综复杂的社会关系，最后为胡传获得了施展才华和抱负的机会。

通过章洪钧介绍，胡传去拜访了张佩纶。他们见面后，曾作如下对话：

张：吾为子作书致吴清卿太仆，子可留边否？

胡：如蒙录用，固所愿也。今但请以游历为言，不敢遽有奢望。

张：亦是。子将以孤身往乎？

胡：然。

张：予有戚友顾睥民观察，已由吉林将军奏调在彼，闻将接眷赴吉林，吾探明告子，子待之，得附伴而行，更稳便矣。

胡：谨受教。

张复问曰：万一游历所至，赀斧已罄，将何策以济？

胡：闻边方皆淮军，万一赀斧已竭，则投军充当书识可也。自顾能耐劳苦，少年略习武艺，即投军当勇，亦尚胜任。历半年，积有饷银，便可复游。否则归亦不患无路费矣。此则钝夫所自恃而无恐者也。

张：此诚人所不能及之处，然未免太自苦矣。

胡：苦亦命也，何能辞？[13]

张佩纶为胡传写给吴大澂的荐函，迄今未见各类专著引用，其原文如下：

在津曾布一笺，当已入鉴。近惟雅歌投壶，餐卫安适为颂。胡铁华明经，安徽绩溪人，其从兄宝铎观政郎曹，与公戊辰同年。铁华尝从融斋先生于龙门书院，究心当世之务，闻东三省为国家根本，而吉林尤边塞要冲，平日讲求舆地之学，欲一往观其形势。节缩衣食得百余金，顾薄笨车以行。其友章琴生编修洪钧，乃佩纶辛未同年，谓边地荒凉，军防严密，不上谒军门，恐珲春、三姓各扼塞，力且不能自致。故属佩纶一言为介。昔苏子由登终南、嵩、华，渡黄河，尽觇天下之奇，而终欲一见韩太尉。今铁华孤行二三千里，眺白山，沥混同，而公固今之一韩。所谓天下恃以无忧，外夷惮之不发者，殆庶几焉。望以为可教而进教之，幸甚。章编修为合肥相公奏调至津，人甚笃实专壹，交游良寡，铁华与章同县，殆至契也。[14]

从信的内容看，胡宝铎身份是兵部候补主事，记名以军机章京补用，故张佩纶称其为"观政郎曹"，观政者，候补或见习官员也。章洪钧是李鸿章的幕僚，与张佩纶为进士同年，两人过从甚密。张佩纶虽与胡传素昧平生，但因为他是章洪钧请托的朋友，所以把推荐信写得风生水起、灿烂可读。其中"昔苏子由登终南、嵩、华"之句，用苏辙《上枢密韩太尉书》典故，把吴比作宋代枢密使韩琦。张佩纶还将章洪钧与"合肥相公"李鸿章的关系略作铺叙，使得积极奔走于李鸿章门下的吴大澂，能够重视和关照这位远道投奔的落魄秀才。需要说明的是，吴大澂27岁中进士，点翰林，历任陕甘学政（1873）、太仆寺卿（1881）、通政使司通政使（1883）、左副都御史（1884）、广东巡抚（1886）、河道总督（1888）、湖南巡抚（1892），官运亨通，履历完整，其学术成就主要在金石学，又擅长篆书，在当时有很高的名望，但不能被称作"自修而成名的大学者"，胡适对吴大澂的背景介绍，是不准确的。

带着张佩纶以及另外两位朋友的推荐函，胡传 11 月底来到东北边陲宁古塔。根据他的回忆，"持书上谒。太仆（吴大澂）一见即曰，边方荒僻，往往数千里数百里无人烟，子孤身难以游历，可留我营徐图之。对曰，固所愿也。惟才短一无所长，留居营中无事而食亦可耻。不如请给护照，以便各处游历，或偶有所见，尚可望自效丝毫也。曰，吾将阅边，子随吾行，不亦可乎？对曰，此贡生欲求而恐不可得，不敢启口者也。次日委札下，有'留心经世之务'六字考语，众皆以为异数。"[15] 其实，这六字，正来自张佩纶荐函中所说的"究心当世之务"。而"固所愿也"，亦是他风尘万里，闯荡关东的真实心声。

胡传从此成为吴大澂的幕僚。有人形容他"治朴学，工吟咏，性乐毅，无城府。兴至陈说古今，议论蜂拥，一坐皆倾。体干充实，能自刻苦。"[16] 一年后，吴大澂上奏"特保贤才恳恩破格擢用"，奉旨"候选训导胡传着以知县留于吉林酌量补用"，[17] 由此跳过科举之路，顺利踏进官场，最后官至台湾省台东知州。甲午战争爆发时，吴大澂任湖南巡抚，自请率领湘军出关应战，战败于海城，罢归返湖南，不久开缺。1898 年，清廷再降旨，将其革职，永不叙用。甲午战败后，清政府被迫割让台湾，胡传 1895 年 8 月 18 日离台内渡，22 日病逝于厦门。此时，小胡适年仅三岁零八个月。

胡适感戴张佩纶对其父亲的大力推荐，认为张佩纶"亦不是轻易写此信的"，其实不然。从我读过的张氏信函来看，这位清流健将历来以"扶持善类"为己任，常常不遗余力地向朝廷和朋友推荐，而且对于这种举手之劳，并不记挂。其在马江之战后被革职，最初的罪责就是追究他"滥保"广西布政使徐延旭担任巡抚，率军出关，出镇北宁，经营越南前线，而致战败的责任，而非马江之战本身。张佩纶甚至在自己身处逆境之时，

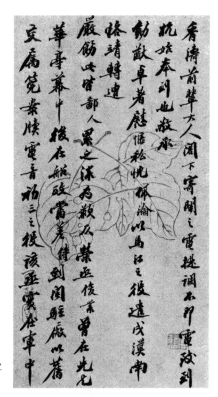

张佩纶为幕僚荣俊业写给张之洞的推荐函

仍然积极推荐曾经帮助过他的朋友。他曾经说过："鄙人生平爱才，而以荐士获谤；然一息尚存，爱才之念如故也。"[18] 我在新近出版的《笺素珍赏——国家图书馆藏近现代百位名人手札》中，还找到了张佩纶1885年初从福建流放张家口的途中，为自己上年会办海防事务时的一位幕僚写给张之洞的举荐信：

香涛前辈大人阁下：

寄闽之电，提调不即电致，到杭始奉到也。……佩纶以马江之役，遣戍漠南，恪靖转遭严饬，此皆鄙人累之。深为歉仄。荣丞俊业曾在先兄华亭幕中，后在船政当差，待到闽驻

为老秀才写的介绍信　131

厂，以旧交属管案牍电音。初三之役，该丞实在军中，至初四始至彭田。仓卒之中，极为精细。及摄船官，通局布满闽人，不得不引一二人为助，而怨毒随之。荣丞颇能任怨，且言明与侍俱雄，绝不作驽马栈豆想。鄙虽诟谤丛集，而学堂工程稍稍能整葺者，丞之力也。前已电恳左右，许为位置，兹令趋谒左右，该丞亦慨然有既见欧阳，复愿一谒韩公之想，惜永叔为后生描画殆尽，不足为丞重耳，然近状可进丞而问之。敬颂台安，统祈亮察！　　　侍生　张佩纶顿首

二月朔日　上海舟中

荣曾见杨守，如无暇，先令杨守见之亦可。[19]

显然，在推荐幕友荣俊业的时候，张佩纶是认真、周到、细致的。荣俊业，字履吉，号琴斋，无锡西郊荣巷人。经张佩纶推荐，他成为两广总督张之洞的文案，后因帮助候补道朱仲甫获得广东厘金局三水口总办实缺，朱遂任荣俊业族侄荣熙泰为其总帐，成为世交，荣氏亦由此逐渐发家。荣熙泰的儿子叫荣德生，荣德生的儿子叫荣毅仁，荣毅仁的儿子叫荣智健。这个后来显赫无比的家族在回溯历史的时候，每每不忘荣俊业对荣熙泰的提携，但却似未注意到，荣俊业之所以入幕张之洞，其实来自张佩纶的举荐。信中所提"恪靖转遭严饬"，是指左宗棠奉旨调查中法马尾之战情形，为张佩纶做了辩护，指出"马江败后，居民一日数惊，众论纷歧，道听途说，既可任意以增加巷议街谈，岂顾情事之虚实？京员据闽信以入告，而不知闽信多本于乡人激愤之词也。伏维圣明在上，前此迭降谕旨，赏功罚罪，权衡轻重，大体攸关。其他传闻失实之事，自可置之勿论"，[20]转而招致朝廷传旨申饬之事。以左宗棠地位之尊，也无法帮助张佩纶逃脱被弹劾流放、从此退出政治舞台的厄运。张佩纶在赴戍途

荣俊业

中为师爷写的推荐函，不经意间，却对荣家的振兴，发生了举足轻重的影响，人生的机遇，有时纯粹源于偶然。欧阳、韩公云云，则是用王安石《奉酬永叔见赠》的典故，自比欧阳修，将张之洞比作韩愈了。

光绪七年十月，在给吴大澂的另一封信中，张佩纶对胡传再做介绍：

> 胡君传与敝业师夏寿人同在龙门，其去吉林，欲在麾下自效，佩纶未敢力荐，愿私布其下忱，傥可收录，乞即与六厩马群并供驱策耳。[21]

夏寿人即夏如椿，为张佩纶早年的老师，后来在龙门书院又与胡传同在刘熙载门下。这恐怕也是张佩纶竭力举荐胡传的另一个原因。张佩纶推荐过的朋友，有的后来与他反目成仇。然而很少往来的胡传，却一直牢记张佩纶对他的帮助，关注着张氏的动静。四年之后，1885年5月15日，发配军台效力赎罪的张佩纶刚刚到达戍所张家口，6月25日，就收到胡传汇来的一百两银子（不是胡适所写的二百两）。张佩纶日记记载："胡守三寄百金来，作书却

为老秀才写的介绍信　133

之,交琴生(章洪钧)。"²²

张佩纶的复信全文如下:

> 两辱简问,存慰良厚,惭感不已。佩纶得徙近塞省过,感恩思务学以补其兀。来教称引过当,非所敢承也。纶自筮仕以来,即恃二三亲旧佽助,在官萧然,去官亦止于萧然,尚不甚窘乏。家素俭,谪所视京朝浮费大减。近臣得罪,宜自韬晦,绝不与人往还,故用钱处尤少,见贶百金,物意两重,理不当辞。但五常边瘠,阁下初得官,宗族交游,共望河润,不免割廉节俸,以副其求,鄙人且未欲遽拜大惠。佩纶于君臣朋友之地,绝不敢稍有虚语,以虎臣将意坚挚,故托琴公代致下怀。风义,世所难得,使鄙人谨啬之节,附以不朽,不更佳耶?边徼荒寒,伏惟以时自重,不宣。²³

张佩纶的回信写得十分得体,对于不太熟悉的胡传,他展现出宠辱不惊的大臣风范,既感谢了胡传以及胡宝铎(虎臣)的关心,又将馈赠银两通过章洪钧璧还。张佩纶崖岸清高,对于不是真正知心的密友,包括左宗棠、刘铭传等大员馈赠的金钱,也一概不取。惟有李鸿章的资助,他是接受的。

1890年3月23日(光绪十六年闰二月初四日),张佩纶与胡传再次见面。此时,他已经结束流放生活,成为李鸿章的女婿,定居天津。而胡传,则是离开河南进京,等候签派新职(胡传1888年随河道总督吴大澂去治理黄河,月前吴大澂丁忧去职)。张佩纶在日记中记载说:

> 胡守三直牧传过谈。琴生(章洪钧)旧交,清卿(吴大澂)故吏,入都引见。²⁴

胡传在吴大澂的屡次保举下,此时已经获得"直隶州候补知州"的官职,是以张佩纶称他为"直牧",虽然还是候补,毕竟官居正五品。饮水思源,这一切均受惠于张佩纶的推荐。

这是张胡两家历史上的友情佳话。张佩纶对胡传一生关系甚大,所以胡家一直温暖地铭记着。甚至在张爱玲到达纽约后,胡适还多次去看望她,并且聊起"不久以前在书摊上看到张佩纶的全集,没有买"这类话题。而在张佩纶这边,胡传不是重要人物,没有必要向下一代吹嘘。加上张爱玲从不关心祖上往事,时过境迁,胡适与她叙旧,就只剩下"我祖父帮过他父亲一个小忙"的依稀鳞爪了。

2009 年 4 月初稿
2011 年 8 月二稿
2014 年 2 月三稿

附 记

我一直对宁古塔这个极富传奇的地方怀有兴趣。今年夏天,我休假去黑龙江旅行,专程拐到宁安市,就是想踏访宁古塔的遗迹,也想体会一下,当年胡传为投奔吴大澂,走得有多么遥远。宁古塔清朝时位于吉林,现属黑龙江省牡丹江市下的宁安市。在这里,有一座古迹叫望江楼,位于牡丹江的北岸,曾是吴大澂居住和办理公务的地方。光绪八年六月落成,在官参局后面,想来胡传进入吴大澂幕府后必然经常出入。吴大澂自己曾说,这个新居,上房五间,前门临江,汲水甚便。后来建筑遭到破坏,现仅剩下一座硬山卷棚顶的二层小楼。小楼很精致,墙上还嵌有砖刻。吴大澂是个文人,在金石、书画的研究和收藏上均负盛名。他的女儿吴本娴嫁给了袁世凯的大儿子袁克定,他的孙子吴湖帆

作者摄于黑龙江省东宁市宁古塔遗址望江楼

是沪上著名的画家。吴大澂是苏州人,一生中有数年在冰天雪地的宁古塔、三姓、珲春奔波、踏勘和练兵,对于东北边疆防务贡献甚多,他和胡传,都是值得缅怀的历史人物。

2014 年 10 月

---

1 张爱玲:《忆胡适之》,《重访边城》,第 20 页。
2 《胡适日记全编》,第 8 册,第 377—378 页。
3、5、9、13 《钝夫年谱》,载《胡适文集》,第 1 卷,第 467、469—470、503、504 页。
4 俞樾:《左春坊左中允刘君墓碑》,《春在堂杂文》四编,卷三。
6 《梵天庐丛录》,中册,第 607 页。
7、8 《胡适口述自传》,第 13、22 页。
10 《钝夫年谱》,载《胡适文集》,第 1 卷,第 507 页。
11 《咸丰同治两朝上谕档》,第 18 卷,第 140—148 页所刊同治七年四月二十六日上谕中的本年新贡士复试名单;第 21 卷,第 105—114 页所刊同治十年四月十六日上谕中的本年新贡士复试名单;《明清进士题名碑录索引》,下册,第 2825—2833 页所刊同治七至十三年进士名单;《清代官员履历档案全编》,第 5 卷,第 222 页所刊胡宝铎履历。

12 张佩纶:《陈母熊太夫人六十寿序》,《涧于集·文》,卷上,第 44 页。
14 张佩纶:《致吴清卿京卿》,《涧于集·书牍》,卷 1,第 58 页。
15 胡传抵达宁古塔的时间为光绪七年十月初六日(1881 年 11 月 27 日),此时吴大澂赴珲春阅兵,至二十五日(12 月 16 日)返回。二十六日,胡传谒见吴大澂。见《钝夫年谱》,载《胡适文集》,第 1 卷,第 506 页。
16 《楒缘题跋》,转引自顾廷龙:《吴愙斋先生年谱》,第 99 页。
17 据顾廷龙:《吴愙斋先生年谱》,吴大澂的奏折上于光绪八年九月初三日。上谕发于光绪八年九月十五日,见《光绪朝东华录》,第 2 卷,第 1419 页。
18 张佩纶:《致李鸿章》,光绪十年三月十一日,《涧于集·书牍》,卷 3,第 35—37 页。
19 张佩纶:《致张之洞》,《笺素珍赏——国家图书馆藏近现代百位名人手札》,第 96—98 页。
20 左宗棠、杨昌濬:《查复马江失守被参偾事各员情形折》,光绪十年十二月二十七日,《左宗棠全集》,第 8 卷,第 540—546 页。
21 张佩纶:《致吴清卿太仆》,《涧于集·书牍》,卷 1,第 70 页。
22 《涧于日记》,光绪十一年五月十三日,乙酉,第 11 页。
23 张佩纶:《复胡守三大令》,《涧于集·书牍》,卷 4,第 17 页。
24 《涧于日记》,光绪十六年闰二月初四日,庚寅,第 9 页。

本来钟鼎若浮云

宝廷娶江山船女之谜

> 我生好诗兼好直,欲将狂妄惊乾坤。
> 背翻诗草写谏草,高吟不怕苍天闻。
> ——宝廷:《谒韩公祠恭赋》

一

光绪八年除夕(1883年2月7日),北京上空的小雪在黎明之际停了下来。本日慈禧太后感寒咳嗽,不召见臣工,只是把阅批过的奏折发给军机大臣。翁同龢记载,"左宗棠密考、宝廷条陈,均当日发下,盖不欲挤压积至来年也。"过了早晨八时,军机大臣就退朝散值了。[1]

这天一早,署理左副都御史张佩纶就赶到宣南丞相胡同的军机大臣李鸿藻府第拜访。前一日,李鸿藻因腹泻未入值,明天是大年初一,又是李的生日,这些都是张佩纶探望的理由,不过,李鸿藻上朝尚未回寓,张佩纶留下一封短笺:

> 佩纶退朝后趋诣申祝,公尤未归寓,惟宜春益寿为颂。隶门下十三年矣,尚未一登堂为寿……明日何时公暇,尚拟请见。新正必得衣冠一见,则此后可便衣奉谒耳亦有三数语奉商。[2]

张佩纶要商量的，其实是翁同龢提到的"宝廷条陈"。

宝廷，字竹坡，号偶斋，满洲镶蓝旗人，郑亲王济尔哈朗八世孙，时任礼部右侍郎。学者汪辟疆称其"金枝玉叶，美无度兮"。[3] 与张佩纶一样，宝廷是"清流"的中坚骨干，被时人归入"翰林四谏"。夏天，他奉命担任福建乡试正考官，得人称盛，郑孝胥、陈衍（石遗）、林纾（琴南）均隶门籍。试差结束，由水路返回北京的路上，发生了娶江山船女子为妾的桃色事件，此事因本日明发上谕而轰动朝野，晚清名士李慈铭在日记中这样记录：

邸抄。上谕：宝廷奉命典试，宜如何束身自爱，乃竟于归途买妾，任意妄为，殊出情理之外，宝廷着交部严加议处！

宝廷素喜狎游，为纤俗诗词，以江湖才子自命。都中坊巷日有纵迹，且屡娶狭邪别蓄居之，故贫甚，至绝炊。癸酉（1873）典浙试归，买一船妓，吴人所谓"花蒲鞡头船娘"也。入都时，别由水程至路河。及宝廷由京城以车亲迎之，则船人俱杳然矣，时传以为笑。今由钱唐江入闽，与江山船妓狎，归途遂娶之。鉴于前失，同行而北，道路指目。至袁浦，有县令诘其伪，欲留质之，宝廷大惧，且恐疆吏发其事，遂道中上疏，以条陈福建船政为名，且举荐落解闽士二人，谓其通算学，请特召试。而附片自陈言，钱唐江有九姓渔船，始自明代，典闽试归至衢州，坐江山船，舟人有女，年已十八，奴才已故兄弟五人，皆无嗣，奴才仅有二子，不敷分继，遂买为妾。明目张胆，自供娶妓，不学之弊，一至于此。[4]

按李慈铭的说法，宝廷两次奉派考官出京，都在浙江境内，与船妓坠入情网。第一次经验不足，反被小姐算计，最后人财两空。

这次船娘虽在手里,丑闻却被发现,为争取主动,他在途中连上《条陈闽省海防事宜疏》《生员杨仰曾熟习兵法算学,请交北洋大臣差遣疏》《途中买妾自行检举疏》三折,将私事夹在公事中,向朝廷坦白艳遇。李慈铭还写道,从前宝廷附会张佩纶、黄体芳,以工部尚书贺寿慈认琉璃厂商人李春山妻为义女,对其猛攻,劾贺去官,现在自己形象更为不堪。所谓江山船,是明清时的一种妓船,航行于钱塘江上。传说元末陈友谅兵败鄱阳,朱元璋贬逐其部曲九姓之家属于浙江严州建德一带,永为贱民,不得上岸居住及与普通百姓通婚。此九姓子孙以舟船往来于杭州、严州、金华、衢州,捕鱼运货。迫于生活,多有以女为船妓者,傅粉施朱,浅斟低唱,江山船往往"南北倒行",一而再,再而三,拖延时日。舟中客醉于酒,惑于声,迷于色,在温柔乡蹉跎时光。但逢场作戏之后,还要谈婚论娶,则可看出宝廷的痴迷程度。

作为活跃的"清流"健将,宝廷在当时代表社会舆论的道德良心。他又是大名士,在生活上风流倜傥,率性自为,据说"特钟情于汉妇之纤足"[5]。他以副部级官员之尊出差抡才,却不思检点,闹出绯闻,不得不自行检举。

二

我最近看到张佩纶在事件发生后给李鸿藻的几件密函原件,推断宝廷的自我弹劾奏折是年底前的腊月二十九日送到北京的。李鸿藻获得消息后,密嘱张佩纶设法拦住携带奏折的折弁(信使),不要马上向奏事处递交,以争取时间,弄清原委。张佩纶随后给李鸿藻写信报告:

示悉。已属一旧仆伪托为宝宅之仆,不敢露名也到西河沿客

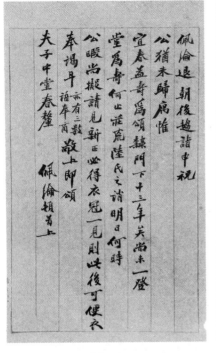

张佩纶致李鸿藻密函

店,力劝该弁迟日再递,所虑者,该弁携有漕督他件,不肯分日递耳。友朋之谊能尽者止此。公清恙未愈,不必因此记念。今夕如能挽回不递固妙,否则亦不值顾此弃材矣措辞云娶舟女为妾。　两隐

从此信可知,张佩纶在得到李鸿藻的指令后,派一个从前的旧仆伪装成宝廷家佣人去与信使谈判,能否不要马上投送出宝廷的奏折。信使表示,他手中还有漕运总督的奏件,是不可能分两天呈交的。在张佩纶信的措辞中,可以感受到他对宝廷出轨行为的愤怒之情,称作"友朋之谊能尽者止此","不值顾此弃材"。

本来钟鼎若浮云

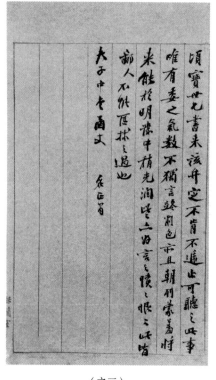
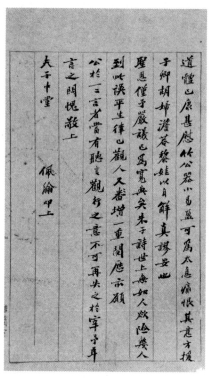

（之三）　　　　　　　　（之四）

张佩纶致李鸿藻密函

张佩纶考虑到病后体弱的李鸿藻，为了避免宝廷奏折上递后可能出现的被动局面，翌日将带病上朝，又在信后面添了一段附言：

似不必因此强起入直也。如能挽，令一仆候公入直时送信。愿公多息一日。如不能挽回，亦不再送信矣，又启。

随后，张佩纶又给李鸿藻写了第二封密信，报告局势的最新动向：

顷宝世兄书来，该弁定不肯不递，止可听之。此事唯有委之气数，不独言路削色，亦且朝列蒙羞，将来能于明发中稍光润些亦好。言之愤愤恨恨，此皆鄙人不能匡救之过也。

夫子中堂函丈　　　名正肃[6]

就信的内容看，宝廷的儿子也不能劝阻信使递交奏折，张佩纶出于对清流形象的维护考虑，他又退而求其次，指望李鸿藻入朝，"能于明发（上谕）中稍光润些亦好"。

斗移星转，二十九日之夜匆匆过去了。除夕之晨，慈禧身体不适，李鸿藻亲临后，军机处代拟了谕旨：宝廷着交部严加议处，即请有关部门提出处理意见。仓促之间，也只能这样办理了。张佩纶不知晓军机处内部讨论的细节，故焦虑地向李鸿藻打听情况。

同日，他又写一函给李鸿藻，指出：

道体已康，甚慰。竹公器小易盈，可为太息痛恨。其意方援子卿胡妇、澹庵黎娃以自解，真谬妄也。圣恩仅予严议，已为宽典矣。朱子诗：世上无如人欲险，几人到此误平生。律己观人，又增一重阅历，亦愿公于一二言者，当有听言观行之意，不可再失之于宰予耳。言之闷愧。敬上

夫子中堂　　　　　　　　　　　　佩纶叩上[7]

函中子卿即苏武，在匈奴时曾与胡妇生子。澹庵为南宋抗战派名臣胡铨，在被秦桧贬谪岭南后，爱上名叫黎倩的美女。这两个典故，宝廷在自劾的奏折中引用，张佩纶认为谬妄。张佩纶还说，听言观行，不可再失之宰予。宰予是孔子门生，因大白天不读书听讲，躺在床上睡觉，孔子骂他是"朽木不可雕也"。张佩纶与宝廷是好友，此时说出如此尖刻的比喻，足以说明他心中的气恼不悦。

这三封密信极为珍贵，捧读原件，我自己似乎也穿越到一百三十年前的那个仓促的夜晚清晨。感受到写信人张佩纶的焦虑不安，更感受到收信人李鸿藻的焦虑不安。此类历史上的密信，

本来决不想让外人阅读，能够保存下来，极为难得。张佩纶在急迫之中，字依然写得一丝不乱，也可看出他对李鸿藻的尊敬。

十二天后，清廷依部议将宝廷革职。从此宝廷退出政坛，芒鞋竹杖，载酒游山，日以吟咏消遣，最后贫病而卒，成为清流中第一颗陨落的明星。

三

关于宝廷娶江山船女的故事，野史中多有流传，其前后细节却不清楚。左宗棠1883年在给徐用仪的信中提道：

> 宝竹坡途次不检，致成笑柄，奉旨切责落职，咎由自取，夫复何言！惟在浙时闻浙人言，前窦东皋先生光鼐视学浙江时，官吏憎其清严，亦曾以船政败其素节。以此知浮名累人，失足即同瓦裂，不容不慎也。竹坡此事先后同符，殊为不值。然自行举发，犹与怙过欺饰者究胜一筹。友朋交谊，应于有过中求无过。[8]

信中窦光鼐，为乾隆七年进士，官至左都御史，上书房总师傅，曾经三次担任浙江学政。左宗棠所说其"视学浙江时，官吏憎其清严，亦曾以船政败其素节"的内容不详，但左认为窦光鼐是被人做局，而宝廷"此事先后同符，殊为不值"云云，则代表了当年大员中的一种看法。

清人李伯元在《南亭笔记》中说：

> 宗室竹坡学士宝廷，某科简放福建正考官，复命时驰驿，照例经过浙东一带，地方官备封江山船，送至杭州。此船有桐严妹，年十八，美而慧。宝悦之，夜置千金于船中，挈伎而遁。鸨追至清江，具呈漕督，时漕督某，设席宴宝。乘间

以呈纸出示，宝曰，此事无须老兄费心，由弟自行拜折，借用尊印可也。未几奉旨革职。[9]

在李伯元笔下，江山船上的特殊服务是浙江官员提供的，这与左宗棠的怀疑相一致。前面提到，宝廷奏折与漕运总督的奏折是由同一位信使送往北京的，信使不敢压下宝廷的奏折，恰好与宝廷要抢在别人举报之前，自行先向皇太后坦白的初衷相符，假若真被李鸿藻、张佩纶派遣的人拦下了，倒是辜负了他谋划自首的一番苦心。此时，漕运总督为满人庆裕，他的弹劾奏折，我迄今尚未见到。

宝廷的绯闻曝光后，时任江西学政、远在江西袁州的另一位清流密友陈宝琛十分震惊，二月十二日，他给山西巡抚张之洞写信，希望张能出言上奏，争取为宝廷缓颊复官：

去国半年，时局略异，少农罢政，庶子掌台，举错如斯，方惜公与丹公不即柄用，更生乃忽自污，以快逸廌，令人愤懑欲死。谴责固所应得，然其数年来忠谠之言，隐裨朝局，亦中外所知也，当不为一眚所掩。既不蒙曲宥，若久于废弃，恐亦难餍人心。侍与之同年，踪迹又密，欲论其事，则涉阿好党护之嫌，望微言轻，亦恐难回天听。阅钞后，彷徨数昼夜矣，公能为大局一言乎？在渠疏野之性，弃官如屣，方且傲而不悔也。[10]

信中更生即西汉人刘向，著名学者，刘邦之弟楚元王刘交四世孙。汉宣帝、元帝时，因数次反对宦官弘恭、石显下狱。成帝即位后，得进用，任光禄大夫。此处借指同为宗室的宝廷。"少农罢政，庶子掌台"，指光绪八年十一月初五日，军机大臣、户部左侍郎王文韶以云南报销案被张佩纶连上三折弹劾，被开缺去职，回籍养亲。同月十一日，张佩纶以右春坊右庶子署理都察院

本来钟鼎若浮云　　145

左副都御史。"公与丹公不即柄用",指光绪七年十一月张之洞出任山西巡抚和光绪八年初阎敬铭担任户部尚书后尚未得到进一步的使用。光绪前期,清廷中枢由恭亲王奕訢主持。日常工作,由文祥负责。光绪二年,文祥去世后,两位汉族军机大臣沈桂芬和李鸿藻承担主要责任。一般认为,沈桂芬本籍江苏吴江,代表南派,李鸿藻籍贯直隶高阳,代表北派。光绪三年九月,李鸿藻丁忧,沈桂芬在很大程度上掌控军机处,并引入同属南派的户部左侍郎王文韶担任军机大臣,互为奥援。六年正月,李鸿藻服阕,重返军机处,以沈桂芬推荐崇厚出使俄国,却在收回伊犁交涉中,划失中国大量利益为契机,组织清议强烈抨击。光绪六年底,沈桂芬去世,李鸿藻在决策中枢的势力大增。用李鸿章的话来概括,就是:"政府周公,久不自专,前唯沈文定之言是听,近则专任高阳"。[11]与他联系紧密的"清流"健将们,一方面更多更猛地参政议政,抨击昏庸腐败大臣,另一方面,李鸿藻也在进行复杂的人事调整布局,包括外派张之洞出任山西巡抚,由张佩纶弹劾军机大臣、户部尚书董恂昏庸,将已经退休十余年,隐居山西中条山讲学的前工部右侍郎阎敬铭招入北京,出任户部尚书。张佩纶还弹劾吏部尚书万青藜不孚众望,改由李鸿藻取而代之,控制住官员任免、考课、升降、勋封、调动的管理权。李鸿章四月因母亲去世丁忧,六月,以朝鲜壬午事变爆发,予以夺情复出以示笼络。当年五六月,宝廷、陈宝琛分别被派任福建、江西乡试正考官,陈宝琛八月还改任江西学政,这些,对这些没有地方工作经验的书生型官员,也都是一种经验的历练和丰腴的肥缺。一切正按计划进行,王文韶也逐出了军机处,却忽然传来宝廷的丑闻,陈宝琛顿觉亲痛仇快,"愤懑欲死",他希望张之洞能为大局发声,如同他俩当年在"庚辰午门案"中的上奏,力挽狂澜。

张之洞给陈宝琛的回信我们没有看到过，但我想一定是会有的，将来也许还会被发掘出来。从后续的实际操作来看，张之洞、张佩纶，包括陈宝琛自己，也都没有采取进一步动作。确实，标榜清直正派的士大夫，忽然也来闹绯闻，岂不让所有的朋友都毫无颜面吗？所以，最后"清流"健将们选择了沉默。

又过十一年，1890年，宝廷去世，陈宝琛写《哭竹坡》一诗：

    大梦先醒弃我归，乍闻除夕泪频挥。
    隆寒并少青蝇吊，渴葬悬知大鸟飞。
    千里诀言遗稿在，一秋失悔报书稀。
    黎涡未算平生误，早羡阳狂是镜机。[12]

意思是说，宝廷很早就看出来清流必将衰亡的宿命，携美女退出政坛，不仅不算错误，竟是勘破天机。诗中"黎涡"即酒窝，典出南宋名臣胡铨携黎倩从贬地海南崖州北归途中所写诗句："君恩许归此一醉，旁有梨颊生微涡。"

当时对宝廷纳船娘为妾极为不满的张佩纶，后来在《故礼部侍郎宗室竹坡前辈挽词》中也说：

    使车私买婢，少戆莫交讥。
    北里聊污毂，南山遂拂衣。
    先几能脱祸，晚节自知非。
    社稷忠谋固，桑中罪亦微。[13]

陈宝琛、张佩纶写这些诗的时候，清流党已经大败。这些悼念亡友的诗，其实是在感慨故人自我放逐的同时，结合各自命运曲折而发出的喟叹。但到更后来，黄濬在《花随人圣庵摭忆》中说，"竹坡当日以直谏名天下，厥后朝局变，亟以纳江山船妓案自污，遂弃官入山。"[14] 一桩不上台面的绯闻，被野史作者看成是深思熟虑后设计的保全自身的政治策略，显然就有点不准确了。

四

宝廷是以自污的方式急流勇退吗？非也。我从收藏于上海图书馆的张佩纶未刊信函中发现，除了前引张佩纶数信之外，光绪九年正月十三日，张佩纶又有致李鸿藻的信，作为重要旁证，可以帮助后人揭破真相：

> 今日过竹公，然而不见。其世兄云，微有悔意，谓负圣母、负公又负二三同人也。[15]

对于宝廷不争气，最痛心的，当然是清流自身。弄清真相，也是他们的迫切需要。此信透露，宝廷回京后拒见上门探访的张佩纶，却对儿子流露出几丝后悔，说是对不起慈禧太后、李鸿藻和二三同人。宝廷纳妾，其实就是他不拘小节、放浪形骸的名士做派。宝廷曾作《题焦山文文山墨迹》云：

> 文山歌正气，千秋仰忠烈。
> 闻其未相时，颇不拘小节。
> 始知多情人，乃能有热血。
> 遗迹留名山，墨渖永不灭。[16]

意思说文天祥虽然以正气歌千古不朽，但早年私生活也很浪漫多姿。所谓"始知多情人，乃能有热血"，恰是他自己名士心态的真实写照。据说宝廷还作《江山船曲》，有"已将多士收珊纲，何惜中途下玉台？""那惜微名登白简，故留韵事记红裙"、"本来钟鼎若浮云，未必裙钗皆祸水"之诗句，[17]被引用更广的是"江浙衡文眼界宽，两番携妓入长安；微臣好色原天性，只爱蛾眉不爱官"，[18]流露出宝廷的率真随性，显然未必有更加深刻的谋划。当年，狎妓纳妾是官场的普遍风气，但狎妓又为道德纲常所不许。

有学者曾分析说,狎妓的吸引力,也许正在于"不许"。因为"例所不许",狎妓才会遇到一些周折和意外,这也是狎妓的魅力所在。至于狎妓之后,是否可以化解后遗症,则要看个人官场人脉背景和朝廷政策宽松尺度的掌握。同一件事,有的人干了没事,有的人干了顶多是小节有亏,有的人干了则丢乌纱帽。什么原因?官场机缘加个人运气而已。宝廷被人目为"清流"中的"四谏"之一,一直以清议风骨自许,常常瞄准贪官和庸官撰写弹章,下笔也狠,得罪了不少有头有脸的"粗才俗吏"。报复的目光随时都在搜索证据,此时纳妓为妾,正是授人以柄。作为道德良心的"清流",恰恰在道德良心上出了问题,轰动效应是可以期待的,革职也是必然的。

宝廷纳妾事件,看来是个偶发事件,但在光绪前期政治史上,却是"清流"由盛转衰的一个转折点,所以值得记录,也值得深入观察。

综合各方记载,我们大体知道,宝廷看中的船妓面有麻点,年已二十六七。四川总督刘秉璋的儿子刘声木曾记其父听成都将军岐元说:这位如夫人"确曾见过,并无中人之姿,面上且有小痘斑。竹坡眼素短视,又在灯红酒绿之下,看视未真,遽而娶归。以此去官,殊不值也"。[19]李慈铭也作诗嘲讽"江山九姓美人麻","侍郎今已婿渔家"。宝廷回京后,"朝论大哗,致侍郎自行检举。朝命未下,寄顿麻美人于客店,不敢即以入府,盖侍郎府第旧王府也"。[20]麻美人姓汪,名檀香,[21]待到风波过去,宝廷遂将其娶入府中。

宝廷儿子寿富所编《先考侍郎公年谱》谓:

> 光绪九年正月,公罢职,纳妾汪氏。春游西山,夏游灵光寺,游昆明湖。秋游西山,返宿灵光寺。季子寿康生。[22]

寿康是不是汪氏所生，《年谱》没说，这给后人留下了想象空间。宝廷敢爱敢恨，弃官如弃屣，虽然对张佩纶说有"悔意"，但依然抱得美人，退隐江湖，可谓大大的名士。

宝廷在娶汪氏之前，还另娶李氏、胡氏、盛氏三房姨太太，自谓"余四妾以倩兮、盼兮、悄兮、皎兮分字之"。这些女人，在他罢官之后，并未离他而去，这点使他很引为自豪。也说明他对女人们是很不错的。后世学者有认为他不仅"重色"，而且还很"重情"。

五

宝廷虽家世显赫，八岁时，其父亲常禄因故革职，不久家道中落，生活极为穷苦。我们常听说前清八旗子弟因不善营生而困顿，却未曾知晓这种穷困潦倒会到什么程度。按照宝廷年谱的记载：当时"室中几案尽售，以砖为座，凭炕而读。积夏苦雨，连日不得食，乃取庭中野菜食之"。宝廷还写过《穷乐府》，其中《无食叹》曰："朝无食，夕无食，老弱凄凄相对泣。破甑然薪煎菽汁，阿爷凄惶面菜色。阿爷养我时，膏粱酒肉无时亏。"《无火叹》曰："炉无火，委席左，父子缩首迎阳坐。朝阳微微无暖气，老父今年六十二。"他说，所言皆己事，不兼以他人。[23] 宝廷29岁考中进士，因敢于言事而颇得圣眷。同光年间，战乱初平，国家积贫积弱，外侮日深。朝中却是文恬武嬉，不思危机将至。此时，一批敢言的文官拍案而起，在军机大臣李鸿藻的暗中支持下，论政建言、弹劾贪腐，逐渐形成强大的被称作"清流"的政治势力，宝廷正是其中重要的代表人物。而他本人，不过十四年工夫，已经做到正黄旗蒙古副都统和礼部右侍郎。罢官之后，宝廷流连京郊景色，写了大量诗歌，被认为是有清一代最大的满族诗人，可与康熙年间满族第一词人纳兰性德相比肩。他筑室西山，间往居之。樵夫牧竖，久之皆相识，却不知其曾为卿贰。宝廷失去俸禄后，生活再陷贫困，客至，常不能具酒食。朋友周济的金钱，到手即沽饮，或赠更贫者。

宝廷曾在西山八大处的灵光寺题壁：

> 壮志豪情一律删，怡然终日总欢颜。
> 攀岩自诩身犹健，照水方知鬓已斑。
> 世上难沽常醉酒，人生能得几年闲？
> 迩来尽享无官福，四月之中四入山。[24]

当时，门生郑孝胥曾去西山看他，留下《怀座主宝竹坡侍郎》的诗篇，既是对宝廷西山隐居生活的写照，也是对其生活作风错误的惋惜：

> 沧海门生来一见，侍郎憔悴掩柴扉。
> 休官竟以诗人老，祈死方知国事非。
> 小节蹉跎公可惜，同朝名德世多讥。
> 西山终岁勤还往，愁绝残阳挂翠微。[25]

再后来，张佩纶马江兵败，遣戍张家口，光绪十一年三月初四日（1885年4月19日）到达北京。二十日，宝廷与张佩纶见面，作《立夏前一日送张幼樵之军台》：

> 忆昔从鹓班，联步趋彤廷。
> 簪毫效献替，求应同气声。
> 狂奴自不靖，败裂嗟声名。
> 累公独报国，夙夜殚忠贞。
> 岂期命途舛，志大功难成。
> 荷戈远戍边，万里西北行。

……

圣朝开言路，讲幄有四友。
忽忽六年间，凋零怯回首。
何逊死扬州，全终名不朽。
叔度倖贵显，在外已成叟。
公虽得奇祸，天数亦非偶。
功过公论在，何劳强分剖。

贱子独不材，休官罪自取。
补赎叹无从，天恩负高厚。
养拙甘长终，思归田无有。
未老难遽死，苟活焉耐久。
时艰国易误，累重贫难守。
无聊惟自促，妇人复醇酒。
忧辱脱生前，褒诛听死后。
了此无用身，庶免增戾咎。

……

豪杰喜骂人，得祸此居半。
势盛隐衔恨，时失显罹患。
纵使幸免祸，亦愧非本分。
学问与涵养，于此胥可见。
我生夙躁率，狂言每招怨。

穷途益不平，使酒增愤愤。
故友知我病，苦口屡规劝。
持此转语公，幸勿言河汉。

送君出塞行，花下同倾杯。
可怜两枝花，尽被东风催。
一枝花坠地，一枝随风飞。
回思花始盛，曾赖风吹开。
东皇岂有心，物候应天时。
把酒送公去，正值春将归。
春归明年还，公去何时回？[26]

诗中叔度、何逊指清流健将张之洞、何金寿。何金寿光绪八年七月死于扬州知府任上。全诗是对清流由勃兴到衰灭的回顾。宝廷说："圣朝开言路，讲幄有四友。忽忽六年间，凋零怯回首。""豪杰喜骂人，得祸此居半。势盛隐衔恨，时失显罹患。""送君出塞行，花下同倾杯。可怜两枝花，尽被东风催。"到了失意的时候，大家更感到当年的豪情和搏击，不过如一场春梦。"回思花始盛，曾赖风吹开。东皇岂有心，物候应天时。"他们曾是政治的积极参与者，又是政治操纵者的工具，等到看清这一点，他们也悄然退出了政治舞台。

这年六月二十七日（8月7日），翁同龢游西山八大处，看到了宝廷的题诗，亦题一首，补于壁后：

衮衮中朝彦，何人第一流？
苍茫万言疏，悱恻五湖舟。
直谏吾终敬，长贫尔岂愁。
何时枫叶下，同醉万山秋。[27]

显然，翁同龢对宝廷的际遇还是满怀同情的。

宝廷对于自己的放浪形骸却有后悔。光绪十四年秋，长子寿富中举，他作诗云：

> 老病疏家教，惭闻子举乡。
> 国恩今始受，父过汝休忘。
> 海内乾坤仄，人生岁月忙。
> 诗书希有用，干蛊岂文章。[28]

诗中，他对儿子提到"父过汝休忘"，在另一首诗中，他甚至提到"吾过赖汝补"。[29] 这里已没有名士的矫情，流露的是一个失意的父亲对儿子成长的期望。

费行简曾记载："予后见（宝廷）于京师剧馆中，已憔悴，霜雪盈颠矣。然尤娓娓道其近作。已而同入酒家，饮亦尽十余斗。后闻其中酒卧道中，冒寒归，竟病卒。其妾楚楚有林下风，侍廷尤勤恳，先死。"[30] 而按照寿富所编《先考侍郎公年谱》的说法，宝廷于光绪十六年十一月十三日（1890年12月24日）因感染瘟疫而去世，与过度饮酒无关。[31]

宝廷的季子寿康三岁亡故。另外两个儿子寿富和富寿，娶了联元的两个女儿为妻。联元，满洲镶红旗人，字仙蘅，与宝廷是同治戊辰科进士同年。光绪二十四年，擢安徽按察使，入觐，改三品京堂，在总理衙门行走。1900年，授太常寺卿，旋改为内阁学士，礼部侍郎衔。义和团运动兴起，在朝廷御前大臣会议上，联元反对围攻各国使馆，与慈禧太后旨意相忤，以"任意妄奏，语涉离间"罪名，与徐用仪、立山等同时被杀于北京。不久，八国联军攻破北京，寿富、富寿及妹妹隽如、淑如不愿受辱，举家自杀殉难，死事十分惨烈。

又越十年，宝廷在福建典乡试所录门生林纾，亦在西山看到宝廷的题壁诗，遂也题诗：

题名忽及偶斋师，　　　　　竟似重生再见期。
八口宁忘泉下痛，_{师二子于庚子殉节，四孙去年同以疫死}　廿年犹泚壁间诗。
料无风概宗先辈，　　　　　忍对沧桑语感时。_{羿庵为余述光绪辛巳壬午朝事甚悉}
早晚商量校遗草，　　　　　门生也感鬓边丝。³²

此时，大清王朝已经走到行将灭亡的前夜了。

2010 年 5 月初稿

2011 年 2 月修订

2013 年 7 月再次修订

1　《翁同龢日记》，光绪八年十二月除夕，第 3 册，第 1710 页。
2　张佩纶：《致李鸿藻》，《张佩纶致李鸿藻函札》，上海图书馆藏。
3　《光宣诗坛点将录》，《汪辟疆说近代诗》，第 57 页。
4　《越缦堂国事日记》，第 5 册，第 2809—2810 页。关于宝廷事件的上谕，又见《光绪宣统两朝上谕档》，第 8 册，第 448 页。
5、20　柴小梵：《宝廷：好色而不好货》，《梵天庐丛录》，第 1 册，第 256 页。
6　张佩纶：《致李鸿藻》，这两封信均未写日期，按其内容，当写于光绪八年十二月二十九日，《张佩纶致李鸿藻函札》，上海图书馆藏。
7　张佩纶：《致李鸿藻》，这封信也未写日期，按其内容，当写于光绪八年十二月三十日，《张佩纶致李鸿藻函札》，上海图书馆藏。
8　左宗棠：《答徐小云理卿》，光绪九年，《左宗棠全集》，第 12 卷，第 783 页。
9　《南亭笔记》，卷 2，第 4 页。
10　黄濬：《梁节庵、陈羿庵与张南皮书札》，《花随人圣庵摭忆》，第 1 册，第 104 页。
11　李鸿章：《复丁雨生中丞》，光绪七年七月二十一日，《李鸿章全集》，第 33 册，第 69 页。
12　陈宝琛：《哭竹坡》，《沧趣楼诗文集》，上册，第 8 页。
13　张佩纶：《故礼部侍郎宗室竹坡前辈挽词》，《涧于集·诗集》，卷 4，第 19—20 页。
14　黄濬：《宝竹坡天性好色》，《花随人圣庵摭忆》，第 1 册，第 8 页。
15　张佩纶：《致李鸿藻》，光绪九年正月十三日，《张佩纶致李鸿藻函札》，上海图书馆藏。
16　宝廷：《题焦山文文山墨迹》，《偶斋诗草》，上册，第 61 页。
17　丁传靖：《江乡渔话》，转引自《清诗纪事》，第 17 卷，第 11924—11925 页。
18、21　黄濬：《宝竹坡之直》，《花随人圣庵摭忆》，第 1 册，第 24 页。

19　刘声木:《光绪朝四大金刚》,《苌楚斋随笔 续笔 三笔 四笔 五笔》,上册,第603页。
22、31　寿富编:《先考侍郎公年谱》,《偶斋诗草》,下册,第1011、1016页。
23　宝廷:《续穷乐府》,《偶斋诗草》,上册,第20—21页。
24　宝廷:《题灵光寺》,《偶斋诗草》,上册,第257页。
25　郑孝胥:《怀座主宝竹坡侍郎坡》,《清诗纪事》,第18卷,第12945页。
26　宝廷:《立夏前一日送张幼樵之军台》,《偶斋诗草》,上册,第84—85页。
27　翁同龢:《游西山见宝竹坡题名因书其后》,《翁同龢诗集》,第131页。翁同龢游西山题壁的时间,见《翁同龢日记》,光绪十一年六月廿七日,第4册,第1950—1951页。
28　宝廷:《大儿寿富中式举人偶成示之》,《偶斋诗草》,上册,第99页。
29　宝廷:《偶成再示寿富》,《偶斋诗草》,上册,第100页。
30　《近现代名人小传》,上册,第153页。
32　林纾:《秘魔岩见宝竹师题壁诗怆然有作》,《清诗纪事》,第18卷,第12974—12975页。

灿灿医星映御街

悬丝诊脉、吉林人参和东太后之死

> 凡为医者,性存温雅,志必谦恭,动须礼节,举乃和柔,无自妄尊,不可矫饰。广收方论,通博义理,明运气,晓阴阳,善诊切,精察视,辨真伪,分寒热,审标本,识轻重。疾小不可言大,事易不可言难,贫富用心皆一,贵贱使药无别。苟能如此,于道几希。反是者,为生灵之巨寇。凡为医者,遇有请召,不择高下,远近必赴。
>
> ——[宋]佚名:《小儿卫生总微论方·医工论》

征召名医专家组

光绪六年(1880)春,中国因与俄国交涉收回新疆伊犁,双方剑拔弩张,局势危急。而慈禧太后却患病不理朝政,太医连续治疗,病情始终未见好转。

最早记录慈禧太后生病的,是军机大臣王文韶。他在二月初二日(3月12日)的日记中说:

> 入对一刻许,慈禧太后圣躬欠安,召见时慈安太后在座。交看药方并谕知病状,意甚焦急。盖缘思虑伤脾,眠食俱损,近日益不能支。[1]

在翁同龢此后的日记中，也出现了慈禧"夜不成寐，饮食少，面色萎黄口干"；"多步履则气怯心空"，"郁闷太息，肩重腰酸，饮食少味，心脾久虚"；"多言则倦，多食则滞，多步则涩"；"痰带血丝"，"便溏气弱"等内容。² 二月初八日，翁同龢更在日记中特别写道：

> 自初二起召见办事，皆慈安太后御帘内，十余年来此为创建也。³

朝廷大臣中的好事者，开始酝酿要请外面的民间医生来为慈禧治病。时任左庶子的张之洞，在一封写给军机大臣李鸿藻的密信中首先提出：

> 西圣病体未愈，尚医万不可恃，可否商之诸邸，驰召良医数人来都，以备参酌，轮舶迅疾，旬余可到，及今调理，尚易为力，秋深更费手矣。重臣切近，此举似亦常措意也。
>
> 费伯熊、马佩芝，均常州人，江南人人知名，翁叔平稔知。
>
> 程春藻，安徽人，现官湖北候补道，署湖北盐道，医素有名，去冬李相太夫人病重，服其药而愈，此外奏效甚多。姑举数人，此外如有知名者，无妨多召数人，乾隆间徐灵胎两次应召入京，诊宫闱之疾，洄溪医案载之甚详。此故事也。⁴

清朝外廷很少介入宫闱事务，慈禧太后的病况和医案虽然在极小范围内向上层官员公布，但实情究竟如何，其实谁也说不清楚。张之洞敢于向李鸿藻进言，正是清流无所畏惧的脾气和异想天开的谋划，所表达的，是对朝廷的赤胆忠诚和对慈禧太后健康的关切。此事如何在清流和顶层官场中运作，今人知之不详，但最后上疏的，是另一位清流宝廷，他"请召中外大臣博访名医以闻，令随同太医诊视"。很多人都为宝廷的建言捏一把汗。宝廷表

慈禧太后

示,"国事日棘,不暇顾也"。[5]奏上,得到慈禧太后本人的同意。旋发布上谕:

> 军机大臣字寄上谕:
>
> 顺天府　大学士直隶总督一等肃毅伯李　两江总督刘　湖广总督李　署两江总督江苏巡抚吴　安徽巡抚裕　江西巡抚李　浙江巡抚谭　山东巡抚周　山西巡抚一等威毅伯曾　湖南巡抚涂　湖北巡抚彭　湖南巡抚李　传谕护理江苏巡抚布政司谭钧培:
>
> 光绪六年六月初七日奉上谕,现在慈禧端佑康颐昭豫庄诚皇太后圣躬欠安,已逾数月,叠经太医院进方调理,尚未大安。外省讲求岐黄脉理精细者,谅不乏人,着该府尹督抚

等详细延访，如有真知其人医理可靠者，无论官绅士民，即派员伴送来京，由内务府大臣率同太医院堂官详加察看，奏明请旨。其江苏等省咨送之人，即乘坐轮船来京，以期迅速。将此谕知顺天府并由五百里谕令李鸿章、刘坤一、李瀚章、吴元炳、裕禄、李文敏、谭钟麟、周恒祺、曾国荃、涂宗瀛、彭祖贤、李明墀传谕谭钧培知之，钦此！遵旨寄信前来。[6]

从上谕中提及江苏咨送之人请乘轮船来京等内容，明显可以看到张之洞密信的痕迹，证明李鸿藻按此建言，在军机大臣中进行了沟通，也反映出慈禧太后对太医的治疗产生厌倦，愿意听取民间医生的看法。于是，直隶总督李鸿章推荐的山东候补道薛福辰、山西巡抚曾国荃推荐的山西阳曲县知县汪守正、江苏巡抚吴元炳推荐的江苏武进县孟河镇地方职员马文植、江西巡抚李文敏推荐的江西县丞赵天向、浙江巡抚谭钟麟推荐的浙江鹾尹薛宝田、浙江淳安县教谕仲学辂、湖南巡抚李明墀推荐的新宁知县连自华、湖北巡抚彭祖贤推荐的湖北盐法道程春藻等八位医生相继来到了北京。此外，丁忧在籍的前湖北巡抚潘霨也被举荐诊视，但他到京后就称病回避了。

薛福辰，字振美，号抚屏，江苏无锡人，生于清道光十二年（1832），清末外交官薛福成之长兄。幼年聪慧过人，7岁能试作文章。年稍长，博览经史。道光三十年考取秀才，咸丰五年（1855）参加顺天乡试，中第二名举人。后在北京任工部员外郎。咸丰八年，因父病故，扶柩归里。咸丰十年，太平军攻克无锡，他去李鸿章幕府供职。后提任为候补知府，到山东补用。时黄河缺口，泛滥成灾，山东巡抚丁宝桢知其对水利素有研究，请他去助治。他亲驻侯家林，综理全局，组织民工，经过45天的日夜抢险，堵塞各处缺口，节省帑银一百数十万两。因治河有功，调任候补道员，补山东济东泰武临道。翁同龢光绪二年闰五月二十九日日记载："薛君福辰来。此人薛晓帆之子，能古文，通医，十年前工部司员也。今为济东道，其政事未可知，独于洋务言之甚悉，以为中国无事坐失厘金每年千万，是大失计，又言破洋人惟有陆战，陆战之法，曰散阵、行阵、小阵，其守法则用滇黔地营，必可操六七成胜算也。"[7]薛福辰自习医书，历时五六载，竟精通诸家医书。

汪守正，字子常，浙江钱塘（今杭州）人，嘉道年间著名藏书家汪远孙（小米）之侄。生于道光九年（1829）。祖籍安徽，由附贡生报捐知县，指分河南补用，同治十年补授山西虞乡知县，十二年调平遥知县。光绪三、四年，华北大旱，三晋赤地千里，汪守正因赈灾有名，为曾国荃所赏识，自后"晋省凡有大灾及一切兴作救灾之事，靡不借重"，以致"山西之民，士农工商，靡不知之"。光绪五年调补阳曲知县。在史书记载中，常有夸奖汪守正为能吏的，但李慈铭在日记中，则屡称汪"倨而滑"，为"巧滑吏"。[8]

马文植，名培之，以字行，清代江苏武进孟河人，生于嘉庆二十五年（1820）。其祖父马省三，本姓蒋，学医于马氏，就从师姓，以医闻名于当时。马文植少时攻诸生，就学习家传医学。随其祖父治病，达十六年之久，尽得其学，后又旁收王九峰、费伯雄之学术经验，融会贯通，成为马家造诣最深、操技最精、影响最大的一代医家。世人称其"外科见长而以内科成名"。在张之洞给李鸿藻的密信中，就推荐了他，并写成"马佩芝"。

赵天向，字德舆，安徽太平县仙源人。历任江西高安、安仁等县县丞、布政司经历、按察司司狱、南昌府经历，精医术。

薛宝田，字心农，江苏如皋丁堰镇人，生于嘉庆二十年（1815）。他的曾祖父薛梅苑，是清初名医，乾隆年间，他以八十多岁高龄驰赴易州，治愈了乾隆帝十额附的病。父亲薛银槎也是国手。出生在这样一个岐黄世家的薛宝田，自然"能世其家，于岐黄诸书，无不得其奥秘"。道光年间，他以明经身份任上元县教谕，46岁时改任鹾尹（盐场小吏），分发浙江候补。在浙江期间，由于上层人物知道他精于医术，都请他治病，由此医名大著，求他医治的人"踵相接"。据称名满杭州，大府寅寮咸器重之。

仲学辂，字昂庭，浙江钱塘长命乡仲家村人。少年时研习经史，兼修医学。光绪元年（1875）中举人，后授宁波教谕。在公务之余，仲学辂为人诊疗疾病，多有疗效，因而颇有医名。生平博览群书，好宋代"二程"（程颐、程颢）之学；尤精医，善用古方，稀用峻药，常药到病除。

连自华，字书樵，浙江钱塘人，名医连宝善子。以优贡生官湖南知县，累官武冈知州，为官多惠政。得家传，亦精于医道。

程春藻，字丽芬，时任湖北盐道。早在光绪元年六月，李鸿章母亲感染暑疾，"颇剧"，即由程春藻"妙剂回春"。[9]年底，李鸿章致福建巡抚丁日昌函中提及"家慈服程丽芬补剂，大效，业经复原"。[10]在另一信中又谓老母"近服程丽芬丸方，咳痰不作，据丽芬来信，可冀断根，实深庆幸"。[11]二年春，他向两江总督沈葆桢推荐，"尊患咳逆，宜请湖北候补道程丽芬诊治，必可全愈"。[12]不久，沈葆桢复函李鸿章，告知"丽芬到此，曾乞一诊，明说疾不可为，真良医也"。[13]后来，沈葆桢在致友人的函中几次提道："程丽芬名春藻，浙人，天分甚高，方颇奇险"。[14]"丽芬观察天分极高，血性男子，弟与之向未一面，竟承其枉道来视两次，心极感之。"[15]显然，他在官场中也是成名已久的医士。

从上述名单还可以看到，当年被公认医术高明的大夫，其实多是有学识的官员，并非专业的悬壶郎中。中国传统医学在最高境界上是一种哲学，同入仕做官的读书人倒是相通的。

莫衷一是的治疗意见

五月十九日，两江总督刘坤一因商议中俄交涉，入京觐见时，慈禧扶病坐御座，并未垂帘，所以他得以看到其病中容颜。刘坤一记录道："仰瞻圣容，极为瘦黑。蒙谕：时事艰难，今上年幼，全在内外大臣多尽心力，至再至三。坤一跪聆之余，目光所及，两宫似有以手弹泪情状。虽经各省保送知医之人，未卜果否应手而愈。但愿俄事速了，则圣躬当可望徐瘳矣。"[16]

应召看病的医生，薛福辰最早到京，六月廿四日请脉。汪守正第二个到达，六月三十日请脉。他们和太医李德立、庄守和、李德昌组成一个团队，每天集体为慈禧太后看病。赵天向是第三个到京的。尔后，马文植七月廿日抵京，廿五日首次入宫诊断，比薛福辰整整晚了一个月。其余的医生则在八月份陆续抵达，加入专家组。

医生多了，七嘴八舌，各有主见。慈禧太后将医生们分开，每天只宣三四个医生上班，集体会诊，次日又换一拨。薛宝田后来记载：内务府大臣师曾"传懿旨，各省医生俱已到齐，人多，分班听传，并不因医道各有优劣稍示区别。传者进宫，不传者在内务府侍候。"[17] 这样的结果，是每天医生的看法都大相径庭。某日开出三方："一薛、汪，仍温补；一马，甘润；一太医，苦寒。"[18] 慈禧太后咽喉（颃嗓）痰中时有血沫，她询问原因，医生们各自发表不同看法，太后要他们写出文字意见。这天翁同龢日记说："发下太医李德立、道员薛福辰、知县汪守正、医生马文植三论，交王大臣等看。李等专言此颃嗓黏涎症已经数年，一时难脱体。辛热似不宜用。薛、汪言肺气结，时受秽气致然（皆未立方）。马则主疡科中一则立论，药不用苦寒而用甘凉，亦无成说确

灿灿医星映御街

见也。"内臣询问翁同龢意见如何，翁对以不谙药性。[19]

此时朝廷因钦差出使大臣崇厚擅签《中俄伊犁条约》，受到清流的严厉抨击，李鸿藻、张之洞等一干人力主杀崇厚、废《条约》。俄国恫吓说，中国如果杀使臣，废条约，他们就派军舰来华开战。左宗棠主战，而办理洋务的李鸿章，则讥讽"左帅主战，倡率一班书生腐官，大言高论，不顾国家之安危。即其西路调度不过尔尔，把握何在？"[20]"兰枢（李鸿藻）于洋务懵未有知，……领袖清流，顾为借城背一之举，朝局水火已成。"[21] 还说"与不知兵者谈兵，无怪是非颠倒耳"，"持国计者平日不于此等着力，而空言浪战，岂非视国事如儿戏耶？"[22] 主张用外交手段予以折冲。朝中讨论，莫衷一是。

张佩纶将这种争论和慈禧太后看病相类比，他私下评论说：

> 目下朝中甚为惊恐，而主和主战仍无定局，可叹也。李相（鸿章）处无音问至，不知海防如何？群医集阙下，亦复议论不一，薛直隶荐汪山西荐，主温补，太医用凉剂，江南马医主滋补。此数人之治病，正如时贤之治国矣。[23]

如此争论，如此各自表述，如何能够治病？

张佩纶与李鸿章曾就哪个医生的医术更高明更靠谱展开过争论。光绪七年四月初七日（1881年5月4日），张佩纶致函李鸿章称：

> 长春宫（慈禧太后）近日圣体见愈否？闻以骨蒸易方，不知奏效否？丽芬（程春藻）有言，此疾不宜凉剂，应属尚医加意也。[24]

李鸿章当日回复：

> 长春以退热为要义，暂加甘凉，尚自无碍。究其热可减而不可退，医者已时消息，亦尽人事而已。丽芬所言，岂宜泥视。汪令（守正）更懵无知觉也。[25]

长春宫,慈禧太后居住的地方

初八日,张佩纶复函李鸿章:

> 昨陈医理,意主慎重。薛(福辰)汪(守正)同异,无所袒也。久热不能退而泄之,仅以取快一时,实非十全上诀。际此万难措手之证,公究良相,而非良医,似不必扬薛之说,以重其过耳。夙容狂直,故敢申论。²⁶

李鸿章再回复:

> 久热服地黄、地骨皮二剂乃渐减,汪令又以臆说阻之,实系懵不知医。不知外界何以笃信此若此。抚屏(薛福辰)本不欲出所学以挠众论,只是随人合方。尊论非十全上诀,何者为上全耶?此事非熟精岐黄者恐不可妄谈也。²⁷

李鸿章在医生中有自己的眼线和情报来源。文史作家郑逸梅记载他曾看到过薛福辰光绪六年八月初写给轮船招商局会办沈能虎的信，其中提道：

> 马文植、赵天向，均经随同请脉数次。目下奉旨无庸再诊，但须于方剂头上备列衔名。浙省所荐之薛宝田、仲学辂，今日始到，而圣躬已九分之九大安，想亦方剂头上列衔之局。惟沅公所荐汪令，颇为小兄得力之帮手耳。其它如湖南所荐连士（自）华，岘帅所荐程春藻，计日内先后可到。总之，鄙人此次之事，系勉竭驽钝，幸免大戾，然竟将太医及天下诸名医得罪矣。[28]

依薛福辰此说，在他入京之初，薛宝田、仲学辂、连自华、程春藻到京之前，慈禧太后已经内定他和汪守正为主治大夫，其他人不过是虚设名头，在方剂上列衔而已。此说系郑逸梅转述他从朋友彭长卿处见到的亲笔书札，正确与否，我无从评论。从流传下来慈禧每天的医方看，医生们是允许各抒己见的，并非在一个一以贯彻的方子上各自署名。而按照翁同龢观察，太后其实并不服用医生们的处方（"闻久停药，因温闻杂投无验也"[29]），后人不清楚这些治病开方背后的复杂运作，但他们不同的观点，却给慈禧太后增添了许多新鲜建议。使这个精明的女人得以兼听则明。经过观察，慈禧在九月三十日（11月2日）下旨：

> 诸医各回原省，留马文植及薛福辰、汪守正照常请脉，嗣后分为两班，太医院一班，马文植、薛福辰、汪守正一班，进诊二日，下班一日。钦遵！[30]

最后治好慈禧病的，主要还就是这三位医生，尤其是薛福辰、汪守正。由此可见，薛福辰的说法，是有一定依据的。

光绪六年末，李鸿章在给刘瑞芬的信中，也提到了程春藻和薛福辰：

> 丽芬此番入都，因议论与院医不合，因得早归。薛辅屏

观察内直数月，进剂事宜业已多方调护，而禧圣以忧劳过甚，甫经痊可，未敢遽庆复元，闻须俟过冬至、春分两节，卫摄得宜，臣子之心庶可少纾。[31]

悬丝诊脉不可信

中国民间历来传说，古时因为宫廷尊卑有序、男女有别，御医为娘娘、公主们看病，不能直接望、闻、问、切，只能用丝线一端固定在病人的脉搏上，御医通过丝线另一端的脉象诊治病情，俗称"悬丝诊脉"。我手头有篇十几年前《新民晚报》刊载的文摘《"悬丝诊脉"确有其事吗》，作者说，有人采访过旧时北京四大名医之一的施今墨，称施曾给清廷皇室内眷看过病，施说确有其事。[32]对于这种说法，我历来是不相信的。大约问诊尚可请太监传话，望、闻、切，都需要医生亲身的感受。病人的脉象，若能够通过一根丝线当成USB数据连接线来传递，那么中国古代信息传递的技术真是独步天下了。如果今天有人敢说他掌握着这门秘技，大家一定说他是骗子。于是，写报屁股的稗史作者便只能托言古人或死人，反正谁也无法查证。但施今墨的简历还是可以查考的，他1881年出生，1906年毕业于山西法政学堂，曾追随黄兴，并参加辛亥革命。据说施今墨13岁时从其舅父、河南安阳的李可亭先生学医，但成名显然在民国年间。他成名之后，或许曾为逊清的遗老遗少看过病，但以他"四大名医"的牌头来求证内宫的悬丝诊脉，其实还不够份儿。其结果，只能是以讹传讹，或者故弄玄虚。

给皇太后看病，完全可以看到本人，并且也是可以对病人搭脉的。医生马文植在记录自己为慈禧太后看病过程的日记《纪恩录》中，详细描写他首次看病的情形，留下来清晰的记载：

慈禧皇太后面东坐，前设小几，垂黄纱帘幔。行一跪三叩首礼。问何处人及年纪。……命文植进诊，膝行至几前，几上置两小枕，太监侍立两旁。启帘请脉，左右如法。……对云："两寸脉虚细，左关沉弦，右关小滑，两尺濡细，缘积郁积劳，心脾有亏，肝气亦旺，脾经又有湿痰，荣脉不调，当见谷少，头眩内热，腰酸肢倦，胸闷不舒肋痛诸证。臣愚昧之见，是否有当，伏乞训示。"太后复详谕毕，随命下去，详细立方。余退出，仍立阶下，薛、汪二君进，请脉毕，同随至东配殿，各立一方。余以面奏之意，先叙原委，决定药剂，稿成呈内大臣请侍医看过，嘱医士用黄签恭楷进呈皇太后御览。太医院将所用之药，在《本草从新》书上用黄笺标记，由李总管递进。顷间，李太监传旨，"马文植所拟药方甚佳，着大臣议奏，应服何方？"大臣面奏："臣等不明医药，未敢擅定，恭请圣裁。"少顷，内监传旨："今日仍用太医院方，明日同议，着马文植主稿。"[33]

薛宝田在自己日记中的描述，与马文植相较，也是一致的：

皇太后命余先请脉。余起，行至榻前。榻上施黄纱帐，皇太后坐榻中，榻外设小几，几安小枕。皇太后出手放枕上，手盖素帕，惟露诊脉之三部。余屏息跪，两旁太监侍立。余先请右部，次请左部。约两刻许，奏："圣躬脉息，左寸数，左关弦；右寸平，右关弱，两尺不旺。由于郁怒伤肝，思虑伤脾，五志化火，不能荣养冲任，以致胸中嘈杂，少寐，乏食，短精神，间或痰中带血，更衣或溏或结。"[34]

慈禧太后如此，慈安太后及其他一干宫中内眷，都无必要悬丝诊脉吧。

然而，伴君如伴虎。

给慈禧太后看病,所有的医生都既感到荣幸,又极为害怕,只求太后早日康复,自己可以解脱回家,内中机密,外人难以知悉。

薛福辰在给沈能虎的信中透露过一个细节:

> 西圣自廿四日泻止熟眠,日有起色,至七月廿六日,眠食居然复原。太医李德立,以为到此地位,渠虽不敏,总可操券,以报大安。因千方百计营求,至廿七日清晨,渠单衔进方一个,竟蒙圣上试服。谁知通宵不寐,并见肝风大动,举朝震恐。鄙人万不得已,乃钦遵圣训,代制一达木培土之方,一服而新症悉平,眠食康复。圣上经此比较,便知高下判然。立将李德立交刑部治罪,经内务大臣碰头四次,奏称李德立不过医术荒谬,其急欲求好之心,盖与薛某无异,乞暂宽免,乃蒙俞允。从此处方论药,便少掣肘。自廿八日至今初六日,调理将九日,圣上居然食量加增,仍在内办理紧要公事,了无困乏。大约从此竟无阻碍,则早在中秋,晚在寒露节令,当可告成矣。
>
> 医事中之千回百折,惟伯相得知其详,而求其不必告人。[35]

这个李德立,是太医院署右院判(代理副院长),亦是太医院多年的御医,曾在同治末年皇帝的天花医治案中参与治疗和抢救。从民间召集医生,明显是慈禧太后对李德立们不以为然,但他还是要显示自己的技术实力,有时不惜孤注一掷,这次诊疗医方,就碰了大钉子。更奇妙的是,在为慈禧太后治病的过程中,李德立本人忽然死了,改换佟文斌参加医治。[36]李德立的死,也是了无声息的。

吉林人参和庚辰午门案

慈禧病中,政事均由慈安一人临朝处置。早前,同治十年

灿灿医星映御街

(1871),沙俄借阿古柏侵略新疆而出现的边疆危机,出兵侵占中国伊犁地区,并由此向周边渗透。左宗棠入疆击败阿古柏后,光绪四年(1878),清政府派崇厚为钦差大臣,赴俄国谈判收回伊犁。次年,崇厚在俄方胁迫下,擅签《中俄伊犁条约》,划失伊犁西境霍尔果斯河以西、伊犁南境特克斯河流域以及塔尔巴哈台(今新疆塔城)地区斋桑湖以东土地;并赔偿"代收代守"伊犁兵费及恤款五百万卢布(合银二百八十万两);俄商在蒙古、新疆贸易免税,增开俄中之间新的商路,开放松花江,俄国在嘉峪关、乌鲁木齐、哈密、吐鲁番、古城、科布多、乌里雅苏台七处增设领事。消息传来,国内清议大哗,纷纷谴责崇厚丧权辱国。朝廷也认为此约"流弊甚大",拒绝批准,将崇厚革职交刑部治罪,定为斩监候,秋后处决;改派出使英法大臣曾纪泽兼任出使俄国大臣,赴俄谈判改约。同时左宗棠亦准备出嘉峪关,向伊犁挺进。曾纪泽到达莫斯科后与俄国展开积极的斡旋,俄国同意重开谈判,但要求中国赦免崇厚死罪。在此情况下,七月初七日(8月12日),病中的慈禧太后应枢臣要求,以事机急迫,请两宫太后在养心殿共同临朝决策。

翁同龢记录本日医生对慈禧身体状况的描述:诸症减轻,惟腰热咽干,颊嗓仍津汁,痰中带血丝。枢臣在现场看到,慈禧"玉色甚清癯,眼圈发青,气极弱也"。但她的拍板却是明快的:"崇厚罪名原有俟曾纪泽到俄后再议之意,今俄既接待我使,并云条约尚可改,则崇厚杀不杀亦甚不要紧。不杀,伊能逃往何处?着即宽释。"[37]这样就为中俄进一步谈判创造了气氛。这些第一手的记载,栩栩如生详绘出病中慈禧的形象,也显示出她在重大事件决策时的见解和地位。

治病中,还有个重要而有趣的细节必须提及。光绪六年八月初十日(1880年9月14日),为马文植、汪守正、薛宝田值班,他们看到吉林将军进献人参二枝,"连根须长尺许,其色金黄,其纹多横,其质坚硬。尝其须,味微苦,渐回甘,嚼之津液满口,须臾融化,真上品也"。次日,换薛福辰、仲学辂、马文植请脉时,决定给太后服吉林人参。十二日,又换薛宝田、薛福辰、汪守正、马文植值班。薛宝田在记录他参与为太后诊病的《北行日记》中写道:

> 昨用人参一钱,精神顿健。皇太后甚喜,云:"吉林人参颇有效,仍照用。"出,照原方进御。皇太后命内监擎出苹婆果八十枚,并传皇太后懿旨云:"系长春宫院内树上结的,因食之甘,特命分给众人。"乃各谢赏,携归。[38]

三天值班,马文植都参加了,他本来就是"滋补派",显然是服用人参的主要决定者。

一直疾病缠身的慈禧太后,因服用人参而"精神顿健",这天,她派太监李三顺给其妹妹,醇亲王福晋赠送中秋食物,太监未按规定报告敬事房知照门卫放行,与午门的护军发生冲突,李三顺遂以被殴和遗失食物向慈禧太后告状。慈禧大怒,一定要严厉惩办护军。这一事件,在晚清历史上颇为著名,称作"庚辰午门案",最后因左庶子张之洞、右庶子陈宝琛连上二折,方才得以化解,但以往从未有人注意,疾病缠身的慈禧太后忽然亢奋和发飙,竟与她服用了上品野山人参有直接关联。

马文植进京之后,还遇到为慈禧太后"胞妹"治病一事。光绪六年八月十六日,马文植在日记中记录:

> 微雨,黎明进内,仲昴亭(仲学辂)、薛抚屏(薛福辰)、赵德舆(赵天向)请脉,公议立方,去益智仁,加霍石斛一味进呈。赐饭毕,太后旨下,命马文植至宝公府为福晋诊脉。福晋为慈禧皇太后同胞姊妹,故又命佟医士及内务府司员翁同往,着李总管先行知道。遵旨退出,前往宝公府,门卫森严,

规模壮丽,文植进诊,审是颠病,已十年卧床不起,但食生米,不省人事。诊毕,辞不可治。公爷坚命立方,因拟泻心汤加琥珀、龙齿、麦冬、竹茹。辞出。

次日,马文植入宫为慈禧太后诊病时,面奏宝公爷福晋病情不可治。[39]收藏马文植《纪恩录》的高伯雨先生考证说:"这个宝公爷福晋,据马文植说是慈禧的胞姊妹,当然不会有错的,但不知是姊还是妹。我们只知道慈禧有一胞妹,嫁醇亲王为福晋,不曾听说又有一姊妹嫁宝公爷为'福晋'。这个宝公爷是什么人,在清廷当什么差,据浅陋所知,都未见有文字记载。《清史稿》皇子世系表中,也没有宝亲王的封号。"[40]

我也一直未搞清这个宝公爷福晋是不是慈禧太后的妹妹,但却查到同时代官员记载此事的两条史料。一条是翁同龢在九月初六日日记中写道:"巴公夫人,慈禧太后之妹也,患风疾,马文植治之,然竟不起。"[41]另一条是张佩纶九月二十一日给张寿曾、张人骏的信中提及:"马培之医运不佳,宝公夫人景枢爱女及堂郎中亲厚者二人,一月内均不效而死,名稍损,眷亦衰,幸保之者多,尚未遣去。浙江、湖北、湖南、江西所荐则已先后遣归矣。"[42]这里,宝公、巴公名称上略有不同,马文植、翁同龢记录时间的日期也有不相对应之处,但是,马文植为慈禧太后之妹治病的事情却显然是有的,治死了皇亲国戚也没有问责治罪,慈禧对待来自各地的医生是宽厚的和感谢的。

马文植却心中害怕,想尽早离去。十月初五日,他在朝房待诊时忽然晕跌在地,此后不断请假,太后派人前去探望,回报均说马文植委实病重,延至次年三月二十六日,太后准其回籍。

薛福辰在北京待了一年光景,一方面以高超的医术为慈禧太后治病,另一方面,自己的妻儿老小却无法照顾。其间,全家曾

慈安太后

染上时疫,一个女儿不幸夭折。他的弟弟薛福祁私下抱怨说:"抚兄以回天妙手,而眷属却皆不见于病,所谓木匠缺床足而不能自理者,非耶?"[43]

慈安太后之死

　　慈禧太后究竟得什么病,野史中有许多不堪的说法,有人说是小产。我用百度搜索"薛福辰",页面上跳出的就是"薛福辰给慈禧太后打胎是真的吗?"这样的标题。慈禧是寡妇,怀孕当然衍生出偷情。我没有可靠的史料依据,但从《翁同龢日记》《王文韶日记》以及为慈禧太后治病的医生留下的日记和信件中,我读到许多关于病况及治疗的记载,第一历史档案馆中,更是保存着完整的诊治档案。由于不同的医生在当年对病理就有不同的解释,加之我不懂医学,对慈禧的治病,我只是照录史料,希望学医的朋友参与研究和探究。直接的感受，应当同小产无关。在慈禧生病治病期间，清宫倒是发生了另一件大事，即慈安太后忽然薨逝。

历来传说，慈安太后是被慈禧太后害死的，追根溯源，此说最早见于晚清遗老恽毓鼎的《崇陵传信录》：

> 光绪辛巳三月十一日，孝贞皇后崩。时慈禧病甚剧，慈安固健康无恙。凶信出，百官皆以为西圣也。既而知为东后，乃大惊诧。相传两太后一日听政之暇，偶话咸丰末旧事。慈安忽语慈禧曰："我有一事，久思为妹言之。今请妹观一物。"在篋中取卷纸出，乃显庙（咸丰帝）手敕也。略谓叶赫氏祖制不得备椒房，今既生皇子，异日母以子贵，自不能不尊为太后，唯朕实不能深信其人，此后如能安分守法则已，否则汝可出此诏，命廷臣传遗命除之。慈安持示慈禧，且笑曰："吾姐妹相处久，无间言，何必留此诏乎？"立取火焚之。慈禧面发赤，虽申谢，意怏怏不自得，旋辞去。十一日，慈安闲立庭中，倚缸玩金鱼，西宫太监捧盒至，跪陈曰："外舍顷进克食（满洲语，牛奶饼之类），西佛爷食之甚美，不肯独用，特分呈东佛爷。"慈安甚喜，启盒拈一饼，对使者尝之，以示感意。旋即传太医，谓东圣骤痰厥。医未入宫，而凤驭上升矣。[44]

慈安是光绪七年三月初十日（1881年4月8日）去世的。这天以前所有史料，都仅有慈禧患病的记载。比如正月初七日，慈禧病势陡然沉重，昏晕半时。二月初六日，李鸿章写信告诉潘鼎新："闻西圣病棘，恐一月内出事也。"[45] 初九日又告诉张佩纶：太后"起居反复无常，脾胃太亏，恐非药饵所能起，可忧孰甚。"[46]

三月初八日，翁同龢日记记录慈禧"精神渐长，脉亦和缓，惟食多则馋杂倒饱，足趾微肿"。九日，翁同龢记录慈禧"溏泻而胸转舒"。[47] 王文韶日记记录慈安太后身体欠安，撤销了两起预定的接见。但他并未感到异常。散直后,与军机、总署两处同人出德胜门,诣恭王园寓上祭,旋汇于善缘庵便饭。[48] 十日,王文韶记录"东圣欠安未愈(外感触动痰饮旧疾),未叫起办事递奏片,韶入直后第一次也"。[49] 十一日凌晨,王文韶得到报告,慈安太后病危,他立马赶到宫里。寅初,乾清门打开,较往日迟来半个钟头。太监说,慈安太后已于昨日戌刻去世。王文韶"回忆自入直至今三年有余,只昨日未能见面耳"。[50] 一日未见,已是天人永隔了。

翁同龢的记录更为详尽:

> 子正驰入,东华门不拦,月色凄然。入景运门,门者亦无言。徘徊乾清门下,遇一老公一侍卫,皆言微有所闻而不的。诸门下锁,寂无人声。出坐朝房,燮臣(孙家鼐)来,景秋翁(景廉)来,云知会但云病势甚危。须臾诸公陆续来,入座内务府板房,枢廷在彼,伯寅(潘祖荫)、绍彭(广寿)皆来,犹冀门不开或无事也。待至丑正三刻开乾清门,急入,到奏事处,则昨日五方皆在,晨方天麻、胆星,按云类风痫甚重。午刻一按无药,云神识不清,牙紧。未刻两方虽可灌,究不妥云云,则已有遗尿情形,痰壅气闭如旧。酉刻一方云六脉将脱,药不能下,戌刻仙逝云云。(医生)始则庄守和,继者有周之桢,又某共三人。呜呼奇哉![51]

这是慈安去世的大致过程。深宫后院,风波诡异,事起突然,任何人都会感到蹊跷,但要说谋杀,却没有过硬证据。在医学不发达的年代,患一两天急病就死人,亦是常有之事。问题在于,过去写这段历史的学者,从未把慈安之死放在慈禧患重病的背景下考量,他们是否想过,慈禧在自身病疴深入膏肓之时,能否有足够的心智体力和毅力去策划谋杀慈安?当时慈安是正宫,位置在慈禧太后之上,久病难愈的慈禧就不惧怕冥冥中的因果报应?

当然，遗诏废后和下毒谋杀带有传奇色彩，宫闱秘密也难以查清，既然恽毓鼎说了，后人便顺着这个思路发挥想象，附会蛛丝马迹。反过来，谁要讲没有遗诏、没有投毒，反倒变得难以举证了。只是恽毓鼎说慈安死于三月十一日，又说服毒后立即传太医，医生未至而人已死亡，这与事实均不相符。再有，在慈禧生病的一年里，她几乎不再上朝，因此"两太后一日听政之暇，偶话咸丰末旧事"，恐怕也很难得。即便宫中有见面，这种交谈只能是两人间的，恽毓鼎又从何处获此绝顶机密？所以恽的说法很早就有人质疑。民国学者金梁问道：

> 近人依托宫闱，流言无实，尤莫于恽氏笔录所载孝贞暴崩事。即云显庙手敕焚毁，敕语何从而知？食盒外进，又谁确见？恽氏曾事东朝，横造影响无稽之言，后之览者，宜深辟之。[52]

《清稗类钞》中还另有一说：

> 孝贞后（慈安）崩之前一夕，以稍感风寒，微不适。翌晨召薛福辰请脉（医士为帝后诊脉称请脉）。福辰奏微疾不须服药，侍者强之，不得已为疏一方，略用清热发表之品而出。是日午后，福辰往谒阎敬铭，阎留与谭。日向夕，一户部司员满人某，持稿诣请画诺。阎召之入，画稿毕，某司员乃言："出城时，城中宣传东后上宾，已传吉祥版矣"（宫中谓棺曰吉祥版）。福辰大惊曰："今晨尚请脉，不过小感风寒，肺气略不舒畅耳，何至是？或西边病有反复。外间讹传，以东西互易耶？"有顷，内府中人至，则噩耗果确矣。福辰乃大戚，曰"天地间乃竟有此事！吾尚可在此乎？"[53]

这个桥段，更是栩栩如生，却依然是假的。因为薛福辰早在第一时间向李鸿章密报了慈安死因，所以远在天津的李鸿章，十三日给张佩纶的信中透露：

> 昨得薛抚屏书，谓东圣是日小有感冒，服太医庄守和大黄、芒硝一剂，大泻，覆甕而崩，并未招诸医合方，痛哉！ [54]

李鸿章三月十二日得薛福辰的京中急信，属于第一手内幕消息。李鸿章这封信，也是近年方才披露。薛福辰对于慈安之病死并没有质疑。我读到同时代官员的公私文件，对慈安之死也没人提出疑问。当时的宫廷风波诡谲，也不是谁都敢随便提出怀疑的。恽毓鼎三十三年之后撰写的前朝掌故，是否可信呢？恽氏虽然做过史官，但慈安死时他才十九岁，住在湖北，尚未入仕，他的种种描述，其实均系传说。我这里留一个存疑，东太后之死，还是可以继续挖掘史料进行研究的。

慈禧康复颁赏

此后发丧。各种祭奠——尊礼仪施行。在忙碌中，夏天姗姗地来到了。经过薛福辰、汪守正等人的精心治疗和调理，病恹恹的慈禧圣体也终于痊愈。六月二十五日，清廷颁布上谕：

> 慈禧端佑康颐昭豫庄诚皇太后自上年春间圣体违和，多方调摄，现已大安，朕心实深庆幸。惟念慈躬甫就绥和，仍宜随时静摄，昕宵训政，未可过涉焦劳。朕惟有于定省之余，吁恳圣慈遇事节劳宽怀，颐养日益强康，以慰天下臣民之望。上年宝廷奏请饬各省保荐医士，当经寄谕各省督抚，详细延访，保送来京。旋据李鸿章、李瀚章、彭祖贤保送道员薛福辰，曾国荃保送知县汪守正，吴元炳、谭钧培保送职员马文植等到京，由总管内务府大臣带领各该员，同太医院院判等，每日进内请脉。所拟方剂，均能敬慎商榷，悉

臻妥协允宜，特沛恩施。前山东济东泰武临道薛福辰，着记名以道员遇缺题奏，并赏加布政使衔。知府用候补直隶州知州、山西阳曲县知县汪守正，着记名以知府遇缺题奏，并赏加盐运使衔。署右院判庄守和，着补授左院判，赏给三品顶戴，并赏还花翎。四品衔御医李德昌，着补授右院判，赏给三品顶戴，并赏戴花翎。医士栾富庆、佟文斌，均着以御医遇缺即补，并赏加五品顶戴。前署右院判李德立之子、兵部主事李廷瑞，着以本部郎中遇缺即补。并钦奉懿旨，薛福辰、汪守正、庄守和、李德昌、马文植，各赏给匾额一方，以示优异。钦此。总管内务府大臣恩承、广寿、志和、师曾、广顺，内阁学士宝廷，大学士、直隶总督李鸿章，湖广总督李瀚章，陕甘总督曾国荃，湖北巡抚彭祖贤，前江苏巡抚吴元炳，护理江苏巡抚、布政使谭钧培，均着交部从优议叙。钦此！[55]

从这道上谕看到，民间进京医生得到褒奖的，仅薛福辰、汪守正、马文植三位。除了马文植外，所有受到褒奖的医生（包括太医）都在京师，故军机处另有一道咨文发给江苏巡抚黎培敬：

> 办理军机处为咨行事，本日钦奉懿旨，赏给马文植匾额一方，贵抚于接奉后，即发交该职员祗领，相应知照贵抚钦尊办理可也。须至咨者。[56]

薛福辰不久调补直隶通永道，后来担任顺天府尹（相当于北京市长）、宗人府丞、都察院左副都御史，是诸位医生中晋升官位最高者。汪守正以后担任过扬州知府、天津知府和候补道员。两人的任职均在京津，是否为了地迩宫禁，今后太后有需，诊治方便呢？马文植未得官职，继续在家乡行医，成为"孟城医派"的重要代表人物。慈禧太后为了感谢为她治病的大夫，还向他们赐赠了亲书的匾额和"福"字。薛福辰获得的匾额题"职业修明",汪守正获得的匾额题"业奏桐雷"(桐君、雷公,都是传说中的古代医家),马文植获得的匾额题"务存精要"。

这场清代历史上罕见的征召民间医生入宫治病活动,到此落幕。

2009 年 11 月初稿

2012 年 10 月修订

2014 年 12 月定稿

附　记

薛福辰是个能干的官员,他忌惮别人说他因医术得宠而获晋升,然而这种看法事实上确实存在。光绪十二年他曾遭遇一次官场危机,后来在慈禧太后的干预下化险为夷。民国掌故学者徐一士在《一士类稿》中提道,该年十二月,顺天府尹薛福辰因未能准时参加"玉粒纳仓"仪式,被御史魏迺勤弹劾,说他"玩视大典",建议改去太医院任职。徐一士表示,"魏参薛原文,一时未及捡得"[57]。现承马忠文兄从清宫录副档中捡得魏折,魏迺勤说:"玉粒纳仓,以供大祀之粢盛,表圣心之精洁,……礼至隆也,典至巨也。承办之堂官,宜何如严肃为怀,敬谨将事。乃该府尹薛福辰临期不到,直至将交巳刻,太常官不敢复候,仓猝成礼而散。人言啧啧,深骇物听。"查《清会典事例》,所谓"玉粒纳仓",是指将春天皇帝到先农坛亲自耕耤的一亩三分田地收获谷物("玉粒"),交予太常寺衙门的神仓,以供盛放入祭器。[58]("粢盛",见《公羊传·桓公十四年》:"御廪者何?粢盛委之所藏也。"何休注:"黍稷曰粢,在器曰盛。")魏迺勤在奏折中提道:"闻该府尹簠簋不饬,物议沸腾,且嗜好甚深,日晏方起,将衙门所有牌期尽废，属员一见为难，本不胜京兆之任。"簠簋是古代食器，也用作放祭品；不饬即不整饬，"簠簋不饬"一语借指贪污，旧时弹劾贪吏常用。薛福辰之弟薛福成为乃兄作传时认为，福辰"以抨劾骫骳吏，为群小憾焉，御史魏迺勤摭琐事劾公"。而所谓"嗜好甚深，日晏方起"，是指薛爱好围棋，常常秉烛达旦，或演棋谱，或与客对弈，起居失时，招致人言。[59] 薛福辰做官是否贪墨，现在我未见更多资料佐证。但魏奏最后说："若以其医理素优，尚堪供奉，应否以太医院官改用之处，伏候圣裁。"这个建议，显然语存讥讽，锋芒指向最高领导的用人路线，引起太后极大不悦。当日颁旨痛斥："玉粒纳仓与坛庙大典不同。……该御史参劾府尹薛福辰临期不到。……深文周内，措词已属失当。至请以太医院官改用，尤属胆大妄言，不可不予以惩儆，以杜攻讦之渐！魏迺勤著交部议处。"[60] 旋经吏部尚书锡珍等议奏，魏迺勤参折内措词失当，拟降三级调用。十二月二十日，上谕批准了这个处分。不仅如此，在薛福辰上奏，说明他当日黎明先到先农坛会同交收，而后赶往太常寺，因路途遥远，赶到已经迟到的实情后，上谕不仅"着毋庸置议"，还将薛福辰调任宗人府府丞。[61] 宗人府府丞与顺天府尹虽然都是正三品的官职，但府丞班次在京尹之上，故这个安排属于升擢。从此一细节亦可看出慈禧太后对薛福辰的倚重和厚爱。

2015年5月

---

1 《王文韶日记》，光绪六年二月初二日，上册，第505页。
2 《翁同龢日记》，光绪六年二月初四日、十七日、十九日、二十六日，五月十一日、十二日，第3册，第1475、1477、1478、1479、1486页。
3 《翁同龢日记》，光绪六年二月初八日，第3册，第1476页。

4 《张之洞致李鸿藻》,未具日期。载李宗侗、刘凤翰:《李鸿藻先生年谱》,上册,第331页。按,该书将本信的写作日期定在光绪七年二月某日,显然有错。

5 寿富编:《先考侍郎公年谱》,载《偶斋诗草》,下册,第1005页。

6 《光绪宣统两朝上谕档》,第6册,第154页。

7 《翁同龢日记》,光绪二年闰五月廿九日,第3册,第1219—1220页。

8 《越缦堂日记》,(辛巳)二月十一日、(甲申)三月二十日,《一士类稿》,第232—233页。

9 李鸿章:《致李瀚章》,光绪元年八月初二日,《李鸿章全集》,第31册,第303页。

10 李鸿章:《复丁雨生中丞》,光绪元年十一月二十一日,《李鸿章全集》,第31册,第331页。

11 李鸿章:《致李瀚章》,光绪元年十二月二十五日,《李鸿章全集》,第31册,第338页。按,原文中"丽芬"作"丽芳",显然错了。

12 李鸿章:《复沈幼帅》,光绪二年二月十三日,《李鸿章全集》,第31册,第361页。

13 沈葆桢:《复李少荃中堂》,《沈文肃公牍》,第303—304页。

14 沈葆桢:《复吴维允提调》,《沈文肃公牍》,第423页。

15 沈葆桢:《复光禄寺吴》,《沈文肃公牍》,第811页。

16 刘坤一:《复刘荫渠》,光绪六年七月十二日,《刘坤一遗集》,第4册,第1890页。

17 薛宝田:《北行日记》,光绪六年八月二十七日癸亥,第87页。

18 《翁同龢日记》,光绪六年七月廿七日,第3册,第1501—1502页。

19 《翁同龢日记》,光绪六年十月十五日,第3册,第1521—1522页。

20 李鸿章:《复丁稚璜制军》,光绪六年三月初一日,《李鸿章全集》,第32册,第532页。

21 李鸿章:《复丁雨生中丞》,光绪六年五月十三日,《李鸿章全集》,第32册,第556页。

22 李鸿章:《复张幼樵侍讲》,光绪六年九月初二日,《李鸿章全集》,第32册,第612页。

23 张佩纶:《致奎乐山观察》,《涧于集·书牍》,卷1,第34—35页。

24 张佩纶:《致李鸿章》,光绪七年四月初七日,《李鸿章张佩纶函札》,上海图书馆藏。

25 李鸿章:《致张佩纶》,光绪七年四月初七日,《李鸿章全集》,第33册,第26页。

26 张佩纶:《致李鸿章》,光绪七年四月初八日,《李鸿章张佩纶函札》,上海图书馆藏。

27 李鸿章:《致张佩纶》,光绪七年四月初八日,《李鸿章全集》,第33册,第27页。

28、35、43 转引自郑逸梅:《太医李德立几遭杀身之祸》,《紫禁城》,总第21期,第5页。

29 《翁同龢日记》,光绪六年十月初三日,第3册,第1519页。

30、33 马文植:《纪恩录》,转引自高伯雨:《听雨楼随笔》,第83、77—79页。

31 李鸿章:《致刘芝田观察》,光绪六年十一月十九日,《李鸿章全集》,第32册,第638页。

32 王家敏:《"悬丝诊脉"确有其事吗》,载《新民晚报》,1997年11月3日。

34 薛宝田:《北行日记》,光绪六年八月初六日壬寅,第66—69页。

36 《翁同龢日记》,光绪七年二月十五日,第3册,第1548页。

37 《翁同龢日记》,光绪六年七月初七日,第3册,第1498页。

38 薛宝田:《北行日记》,光绪六年八月初十日丙午,八月十二日戊申,第74—76页。

39、40 马文植:《纪恩录》,转引自高伯雨:《慈禧医病纪实》,《听雨楼随笔》,第82页、第83页。

41 《翁同龢日记》,光绪六年九月初六日,第3册,第1512页。

42　张佩纶:《致容舫安圃侄》,《涧于集·书牍》,卷1,第38页。

44　恽毓鼎:《崇陵传信录》,载岑春煊:《乐斋漫笔》、恽毓鼎:《崇陵传信录》合刊本,第52页。

45　李鸿章:《致潘鼎新》,光绪七年二月初六日,《李鸿章全集》,第33册,第13页。

46　李鸿章:《致张佩纶》,光绪七年二月初九日,《李鸿章全集》,第33册,第13页。

47　《翁同龢日记》,光绪七年三月初八日、初九日,第3册,第1554页。

48、49、50　《王文韶日记》,光绪七年三月初九、初十、十一日,下册,第556页。

51　《翁同龢日记》,光绪七年三月十一日,第3册,第1554—1555页。

52　《清帝外纪·清后外传》,第213页。

53　《孝贞后以微疾上宾》,载《清稗类钞》第8册,第3524页。

54　李鸿章:《致张佩纶》,光绪七年三月十三日,《李鸿章全集》,第33册,第23—24页。

55、56　《光绪宣统两朝上谕档》,光绪七年六月二十五日,第7册,第127—128页,第129页。

57、59　徐一士:《一士类稿/一士谈荟》,第238、234页。

58　《清会典事例》,第11卷,第925页。

60　《清德宗实录》,光绪十二年十二月初十日。第55册,第182页。

61　《清德宗实录》,光绪十二年十二月十四日。第55册,第186页。

治人治病,中外一家

李鸿章与西医

> 西国医理、医法虽与中国不同,得失亦或互见,然实事求是,推详病源,慎重人命之心,胜于中国近世之漫无把握。关心民瘼者所不可不知者也。
>
> ——郑观应

一

在晚清上层官员中,荣禄是较早接受西医治疗的人士之一。1878年12月24日翁同龢在日记中记载说:"访晤仲华,仲华腰疾,延洋人刀割,出血数盂,壮哉!"[1]这是一次由英国医生德贞(John Dudgeon)主刀的外科手术,在旧式人物中,敢于接受开刀,是需要很大胆量的。

另一位得风气之先的开化者曾纪泽,在1879年3月10日日记中说:"中华服气炼形、养生却病之书,汗牛马而充栋梁,殊少验者,余生平不喜观之,以为近于荒诞不经。"[2]此时,曾纪泽甫抵伦敦,担任中国第二任出使英国大臣。

李鸿章的观念比较开通,所以他也很早就接受了西医。1879年夏间,他的姨太太莫氏患病,传统中医无法医治,改延英国伦敦会传教医生马根济（John Kenneth Mackenzie）和卫理公会驻北京的加拿大女医师赫尔德（Leonora Annetta Howard）等人治疗，得以痊愈。从此，李鸿章对西医笃信不移。他在给前福建巡抚丁日昌的信中写道：

> 夏间内子病危，赖男女三洋医治之立效，至今该医尚月贴数百金在津施治。……今始知中国医术如政术。全是虚伪骗人！西国机器兵法，固高出华人之上，即医术亦相悬甚矣，外科较内科尤为神妙。[3]

以往各种资料均说，马根济1879年3月从汉口教会转到天津，主持一家小型诊所。莫氏病愈后，李鸿章资助马根济在天津曾公祠西侧的大王庙开设了"施医养病院"，俗称"总督医院"。[4] 并在此基础上，设立了中国第一个官办医学院校北洋医学馆。但我从保存有李鸿章任直隶总督期间公文档案的《北洋纪事》中发现，1881年11月16日，"施医处官医生"马根济给李鸿章的禀报中提道："职……前蒙派司医务已将三载"，李鸿章的批示亦称："据禀该生等经理施医三载，尚著成效"，[5] 则马根济似乎在莫氏生病之前，已被北洋聘作官医。[6]

1881年5月16日，李鸿章在给张佩纶的信中谈到马根济大夫：

> 昨晚奉手示。令兄黄病尚未脱体，至为系念。顷召向在敝署之西医马、伊二君面询，据称此病发于肝胆二经，疗治不易，拟明日午后两点钟派弁带同马、伊二洋医赴尊处诊视。洋人医药视中土较精，屡试有效。贤昆玉幸为采纳，若服其药水少愈，可面约马医间日往诊也。[7]

从此信看出，马根济确实早就成为直隶总督衙门的保健医生，信中"马、伊二君"之"伊"者，为另一位英国医生伊尔文（J. O'Malley Irwin）。李鸿章认定"洋人医药视中土较精，屡试有效"，也

马根济医生　　　　　　　　赫尔德医生

天津施医养病院，俗称"总督医院"

是坚定不移的。他曾说，上古圣人禀冲和之德，通天人之奥，撰用本草，制为经方，其治疾万投万中，如饮上池。后世视医学为小数，无专官校录。其一二明达之士，颇能述灵素之绪，阐长沙之微，然于缪刺之法，禁咒之秘，以及经脉、络脉、气府、骨空、人迎、气口、趺阳之丛赜，未能罗缕指掌，故所著撰非不伟然雄观，然如盲人之索涂摘埴，仅凭虚以构象，非实测而得真。近世庸医益无论已。"西人医学有专管，有学堂，又多世业专家，藏真府俞悉由目验，虽汤液醪醴未能纯全，然其药水药粉实不尽以金石熬炼，即如鸡纳霜一味，即是草木提化而成。"李鸿章还说，"俞跗治病，割皮解肌，湔浣肠胃，此法久失，今西人颇得其传，焉知彼方医术非与畴人布算皆自中土流传至海外欤？"[8]这是他对中西医的基本看法，从今天看来，这种表述并不准确，但在当年，却是惊世骇俗的。

晚清中国民间，对西医一直存有偏见。这种偏见，并非来源于真实的了解，而主要是文化的隔阂和谣言的误导。以1870年著名的天津教案为例，当时老百姓传说教会与人贩子勾结迷拐儿童，"挖眼剖心作为药材"[9]，因而攻击望海楼教堂，酿成重大涉外事件。北京的官员在奏折中描述教案过程，亦称群众"至该国所设之仁慈堂，搜出幼童，并搜出坛装幼童眼睛，因而又将该堂教夷杀毙，并将天津所有教堂，全行拆毁"[10]。"以形补形"之说，源自中国民间的观念，所谓骨折要喝骨头汤，壮阳要吃牛鞭子，吃核桃补脑，吃猪肺可以"清补肺经"，吃猪肚可以"温中和胃"，胃痛可以猪肚煲白胡椒。此外还有"以色补色"，饮赤豆汤补血，吃黑芝麻保证头发乌黑，林林总总，至今不衰，但这些都和西医无关。外国人要幼童眼睛做什么？中国人说做药引子，讲这种故事的人，显然没有见识过西医，倒是从中国传统文化的糟粕中萌生出来的奇思妙想。这种愚昧无知,在民众中有着很强大的势力和信众,所以西药要传播,阻力重重,要靠医治成功的案例,也需要官方力量的支持和推动,更需要社会知名人物的身体力行。

二

1887年冬,李鸿章的舌头上长了小疱,因为腐齿所触,遂至破处久不收口,后来听取洋医意见,将牙齿拔去,舌疾很快就消除了。在当时,请外国医生拔牙,是件罕见的事,需要勇气。

11月29日,张佩纶获悉李鸿章舌疾,次日作书问候:

> 昨琴生行县过此,云公偶有舌疾,谅是脾经之热,近已大瘥否?此心殊悬悬也。今夏高阳师亦患舌疾,不久即痊,二公何同患耶?如已康复,乞数行亦慰。回保阳后,餐卫尤望自珍也。[11]

此时,张佩纶因中法战争中之责任,正流放张家口军台。信中提到的琴生,为宣化知府章洪钧。高阳师,为前军机大臣李鸿藻。想来,他患舌疾,定是采用中医方法治疗。保阳,指保定,李鸿章作为直隶总督和北洋大臣,每年都在保定和天津之间交替驻节。

12月6日,李鸿章复函张佩纶:

> 九月间,舌本偶有肿处,服洋医药已全愈,华医谓心脾之热,西医云由破齿锯牙啮损,迫拔去残牙即无患。深悟太刚则行事不能自全之道也。[12]

李的回信,讲述了其"舌疾"及治疗的缘由。短短数行,将简单的舌疾病因作出两种完全不同的病理解释,甚为有趣。今天,西医已经成为主要的医疗手段,我们常常听到"西医治标,中医治本。西医重形,中医重神"的说法,在这个医案中,李鸿章拔去蛀牙，算是被治了标呢，还是治了本？

李鸿章的信中，没有透露此次为他治好舌疾的西医是谁。后来，我在英国威康图书馆网站上，无意中看到一封中文信函和一张李鸿章名刺的照片：

启者：前以舌根微恙，蒙贵医远道来视，感谢莫名。现在调治业经全愈，足慰记念。附寄照像一幅，聊志相忆之忱，尚希察收。专此，顺颂

日佳

名另具　光绪十三年十月二十日[13]

我曾向马忠文先生请教，古人写信署"名另具"，名具在何处？马先生告知，按照习惯，署名"名另具"者当另附名帖。现在我看到的，恰是一信一刺。此外，网站上所附照片用英文注明，信函是李鸿章写给 Sir Patrick Manson，即著名的寄生虫病学家和"热带病学之父"孟生大夫的。这封没有收入最新版《李鸿章全集》的感谢信，解答了为李鸿章看舌疾医生之谜。

孟生也是英国人，毕业于爱伯丁大学医学系，1866 年起，由教会资助，在台湾和厦门行医。1877—1879 年，他首次发现，蚊子可能是班氏丝虫的中间宿主，从而对于治疗象皮症提出了新的方法。这个发现，是公共卫生事业的重要里程碑。孟生对于蚊子传播疾病的研究和法国医生拉维朗发现疟原虫，有助于罗斯爵士最终阐明疟疾由蚊子叮咬传播理论。1887 年，香港著名律师兼医生何启为了纪念其亡妻英国人雅丽士（Alice Walkden），用妻子的遗产，创办了雅丽氏纪念医院（Alice Memorial Hospital）。不久，又在医院内设立西医书院，聘请孟生担任教务长，何启本人兼任生理学、法医学教授。这个书院，即为香港大学医学院的前身。而孙中山，正是西医书院的第一批学生。这次孟生大夫应邀为李鸿章看病，

李鸿章名刺

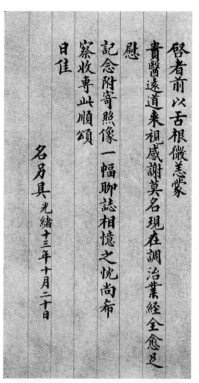

李鸿章给孟生的信

给李鸿章看病的
英国医生孟生

据说他自己正身患痛风,难以站立,但仍坚持航海北上。成功的医疗活动,使得孟生获得了很高声誉。李鸿章也欣然受聘,担任西医书院的"名誉赞助人"。

1889年,孟生辞去香港西医书院教务长,由康德黎博士(Dr. James Cantile)继任。康德黎与孙中山关系密切,后来孙中山伦敦蒙难,被清政府驻英国使馆诱骗拘禁,他接到孙中山的求救后,找来孟生一同大力营救,极为仗义,事详见孙中山所撰《伦敦被难记》。

李鸿章曾为天津总督医院题写对联:

> 为良相,为良医,只此痌瘝片念;
>
> 有治人,有治病,何妨中外一家。

这个概括,十分有趣。

三

当然,李鸿章并不只看西医。1888年10月9日,他去唐山视察煤矿并勘察津通铁路。风寒侵入头面筋络,致左目昏蒙发赤,腮颊上下经脉运动不畅。[14]"病目颇剧,牵动腮颊,开阖不灵,胃纳减少"[15],不得已请假二十日。经多方调治,眼角浮肿稍消,而眦赤流泪不止,视物仍觉昏蒙,腮颊经脉拘挛,口角歪斜如昔,饮食言语均尚艰涩。医生认为,年老血亏,风邪袭入腠理,必须避风静养数旬,所有又续假三十日。[16]西医说:"不能速效,须从缓调理。"[17]这话听来,倒像是中医讲的。

醇亲王奕𫍽听到李鸿章的病情,立即派人向天津送去20枚舒筋活血的内造活络丹,李鸿章依方于饭前日服一丸。同时,外用清目止泪之药,内饮和胃养筋之剂,与活络丹相辅而行。一个月后,眦赤大消,风泪亦止。[18]过了年后,日益康复,洋医伊尔文告诉他，已不见口角歪斜之迹，再过数周，就可复元。[19]李鸿章此次治疗，采用中医为主。主治医生，未见姓名。主打的药物，为活络丹。活络丹专治活血化瘀、祛湿通络，在中医典籍中，从古至今，有若干不同的配方，李鸿章使用的是七王爷提供的大内御用药物，疗效明显。4月5日，王闿运从湖南到天津，前去总督衙门拜访，坐等很久，李鸿章才出来见面，李告诉王说，正用电气熨面，并服补筋药，今将复元，惟言语稍吃力。[20]显然，李鸿章即使用中医治病，也有西医的辅助治疗参加进去。甚至再过一年，李鸿章仍说："头目旧患，常以电气荡摩，日见痊可。"[21]

李鸿章与醇亲王奕譞关系密切，他也向醇王推荐过西医理疗：

> 前奉手示，刻下四肢筋拘，有时执笔指忽自跳等语，深为惦系。窃曾与西医讨论，凡筋脉久和之症，惟用电气箱外治法最易见效。贱恙唇颊拘挛，日用电箱引管磨荡之，顿觉舒和，手足筋拘更好着力，如蒙台用，乞即电示，当令中国学生前来伺应。[22]

信中所讲"用电气箱外治法"、"用电箱引管磨荡"，都是我最早见到的外国理疗按摩记载。这种辅助治疗，后来在甲午战争中受到瑾妃和珍妃的堂兄、礼部侍郎志锐的歪曲和攻击。他说李鸿章衰病侵寻，每日须洋人为上电气2小时，"时用铜绿侵灌血管，若不如此，则终日颓然若醉"。他请皇上派重臣至天津视师，并查看李鸿章衰病情状，若果属实，则万不可以依靠此人。[23]"时用铜绿侵灌血管"，说得如此耸人听闻，却是志锐的胡乱想象，庆王奕劻、军机大臣李鸿藻、翁同龢等人讨论后，决定予以驳回。[24]说明这干人马，即便不乏保守派人士，对于新奇的洋玩意儿电疗，还是有所了解的。

李鸿章和醇亲王还是某些西式补品的拥趸。吴汝纶在致朋友的信中写道：

> 西人养老扶衰之品，以牛肉精为最。尊公之病，但服牛肉精四五十日，必当霍然，不知旧疾之何往。近时贵人，如李傅相、恭、醇二邸，皆以此物为至宝。穷而在下，与某游者，……无不遵服此药，以其真有奇效也。尊公若肯附纳鄙言，遣人赴天津，向洋行大字号购此物，不过二十余金，足以去疾复常。[25]

"牛肉精"在李鸿章书信中常有出现，比如"孙燮臣（家鼐）函索牛肉精，寄去两盒，专弁送交"[26]。但这玩意儿究竟是什么补品？《上海洋场竹枝词》中有《牛肉汁》一诗详做介绍：

> 肥牛蒸肉制成浆，小巧洋瓶取汁藏。
> 蛋白质多推妙品，功能补胃润枯肠。[27]

又据四川总督刘秉璋的儿子刘声木记载，李鸿章"晚年颐养之品，只日服牛肉汁、蒲（葡）萄酒二项，然皆经西医考验，为泰西某某名厂所制成，终身服之，从不更易。牛肉汁须以温水冲服，热则无效，蒲萄酒于每饭后服一小杯，以助消化。"[28] 依据我的常识，尚不能确定牛肉精是否真是19世纪欧洲人流行的"养老扶衰之品"，但在李鸿章及与其交往密切的官员中受到信赖，则是事实。李鸿章在制定自己的养生方案时，还是倾向西医的。

当李鸿章晚年担任总理衙门大臣在京居住时，曾国藩的孙女婿吴永曾随侍一年。他在《庚子西狩丛谈》中说：李鸿章每日起居饮食，均有常度。早间六七钟起，稍进餐点，即检阅公事。午间饭量甚佳，饭后进浓粥一碗，鸡汁一杯。少停，更服铁水一盅。然后在廊下散步，往复数十次。一个家人伺候门外，大声报曰："够矣！"即牵帘而入，瞑坐皮椅上，进铁酒一盅。这种习惯，凡历数十百日，皆无一日变更。[29] 这里所讲的"铁酒"，是宋代医书

《圣济总录》中刊录的治疗耳聋的药酒吗?那么"铁水"呢?现在都难以考证了。

1890年,醇亲王病情趋于恶化。除了太医以外,还延请民间医生凌绂曾、张新之人都会诊。李鸿章闻讯后,征询天津西医的意见,认为"参酌脉案,似由血虚所致,能否令太医略加补血之品,或更见功"[30]。他还直接推荐洋医,说:"查英医伊尔文在敝署诊治年久,应手奏效。与言胃口不开,大便秘结之症,渠愿亲往看视缘由,不用峻剂,必能设法调和,""此则较中医实有把握。"[31]但请洋医进王府太过敏感,北京方面回电报说:"王爷谕候福绥,并道谢。洋医入府向无成案,恐启惊疑,俟拟张医能否来京查复,再酌洋医行止。"[32]在对醇王的最后抢救中,最终没有西医参加。

四

1900年,义和团事件后,八国联军占领北京,慈禧太后携光绪帝逃亡西安。李鸿章奉旨,从广州两广总督任上北上议和。

经过长达十一个月的艰难谈判,9月7日,庆亲王奕劻和李鸿章与英国、美国、法国、俄国、德国、日本、意大利、奥地利、西班牙、比利时和荷兰十一国公使签订《辛丑条约》,中国赔款四亿五千万两银子,百分之四的年息,三十九年内付清。中国与各国重新恢复和平状态。其后,李鸿章继续与俄国官员谈判俄军从东三省撤军的各种条件。

9月6日,李鸿章"微觉不适",7日"痰多神疲,不思饮食,午后惟热"。盛宣怀似有不祥预感,致电南京的李鸿章公子李经述,让他进京探视。[33]老人痰多咳不出,盛还建议将龙涎香打在鸦片烟中吸之，称这个偏方他本人"屡试不上瘾"。[34]10月31日，李鸿章大解不出，吐血半大碗，中有血块。所请的德国医生说是胃血，必须静养，不准吃肉面等难化食物。午餐吃少量参汤、鸡汤、牛奶、藕粉后，神志清爽，但觉头眩、口渴、心嘈。[35]此后，由华医屈求秋和美国满医生、德国费医生会同调治。"洋医配顺气安胃药水，间四钟服一次"[36]，医生说：胃部小血管破，非静卧数礼拜不能复合。[37]通过治疗，病况有所控制，西医强调病人要静养，力戒起坐。李鸿章因庆亲王离京前往行在汇报情况，不得以仍要强起视事。11月5日，李鸿章的儿子李经述、李经迈致电盛宣怀，请他向朝廷讲明病状，并予以休假：

> 医谓若不静卧旬日，设有反复即难着手。中外以此老为孤注，亦宜加意护惜，留以有待。与公交最笃，公又隐执朝权，且来电示谓关系非浅，独不能密致枢府，使知病况实情乎？慈圣眷畀方隆，似虑都中无人，故不肯轻给假期。若局外有言，非静养不能复原者，当必蒙俞允也。[38]

这个电报表明，慈禧太后对李鸿章的真实病况尚不了解，也无人敢去说清。李鸿章在对俄谈判中压力山大，想要请病假却很困难。6日，李鸿章病势转危，神气恍惚，不能言语，西医中医均已束手无策了。

1901年11月7日（光绪二十七年九月二十七日），李鸿章在北京贤良寺逝世。

李鸿章是晚清洋务派的领袖，他终生信服西医、推广西医。从这点上看，他也是中国人的先行者。

2009年2月初稿

2014年11月修订

1 《翁同龢日记》，光绪四年十二月朔日，第 3 册，第 1393 页。
2 《曾纪泽日记》，光绪五年二月十八日，中册，第 849 页。
3 李鸿章：《复丁雨生中丞》，光绪五年十二月初一日，《李鸿章全集》，第 32 册，第 505 页。
4 如李颖：《伦敦会传教士马根济简论》，《中华医史杂志》，2004 年第 4 期。
5 《光绪七年九月二十五日洋务委员美国前署领事官毕德各施医处官医生马根济禀》，《北洋纪事》第十一本，《博文书院、北洋医院》。
6 另据《华人基督教史人物辞典》网站所载马根济传，称其 1878 年从汉口转往天津工作。http://www.bdcconline.net/en/stories/m/mackenzie-john-kenneth.php
7 李鸿章：《致张佩纶》，光绪七年四月十九日，《李鸿章全集》，第 33 册，第 28 页。
8 李鸿章：《复总署章京候补员外郎袁爽秋》，光绪十三年□月二十二日，《李鸿章全集》，第 34 册，第 311 页。
9 《直隶总督曾国藩等奏为查明天津教案滋事情形折》，同治九年六月二十三日，《清末教案》，第 1 册，第 809 页。
10 《内阁学士宋晋奏为天津教案似坐罪偏重百姓应饬曾国藩从实研讯折》，同治九年六月十四日，《清末教案》，第 1 册，第 800 页。
11 张佩纶：《致李鸿章函》，光绪十三年十月十六日，《李鸿章张佩纶函札》，上海图书馆藏。
12 李鸿章：《致张佩纶》，光绪十三年十月二十二日，《李鸿章张佩纶函札》，上海图书馆藏。按：此函新版《李鸿章全集》，第 34 册，第 287 页作十月二十三日，不仅从手稿上可以看出错误，且张佩纶十一月初六日复李鸿章信中，亦提到"十月廿六日奉廿二日手书"。
13 http://images.wellcome.ac.uk/ L0041039
14 李鸿章：《陈述病状并赏匠筹捐》，光绪十四年十一月十四日，《李鸿章全集》，第 34 册，第 454 页。按：这封信件，原有一脚注："原稿无称谓，据内容，似致醇亲王函"。但在同书第 470—471 页上，另有《复醇邸》，写作日期为十二月十四日，文字基本相同。
15 李鸿章：《复两江制台曾》，光绪十四年十月十七日，《李鸿章全集》，第 34 册，第 443 页。
16 李鸿章：《再请病假片》，光绪十四年十一月初五日，《李鸿章全集》，第 12 册，第 505—506 页。
17 李鸿章：《复河南抚台倪》，光绪十四年十月初三日，《李鸿章全集》，第 34 册，第 438 页。
18 李鸿章：《力疾销假片》，光绪十四年十二月初十，《李鸿章全集》，第 12 册，第 530 页。
19 李鸿章：《致李瀚章》，光绪十五年正月初七日，《李鸿章全集》，第 34 册，第 488 页。
20 王闿运：《湘绮楼日记》，光绪十五年三月六日，第 3 卷，第 1535 页。
21 李鸿章：《复特用道成都府正堂朱》，光绪十六年十月初六日，《李鸿章全集》，第 35 册，第 57 页。
22 《李鸿章手札》，《近代史资料》，总 91 号，第 4 页。
23 《礼部侍郎志锐奏敌情诈伪及李鸿章衰病无能请简派重臣赴津视查折》，光绪二十年七月二十三日，《甲午战争》，中国近代史资料丛刊续编，第 1 册，第 124 页。
24 《翁同龢日记》，光绪二十年七月二十三日，第 5 册，第 2721 页。

25 吴汝纶:《与王西渠》,癸巳四月二十五日,《吴汝纶尺牍》,第47页。
26 李鸿章:《致李经方》,光绪十六年四月十八日,《李鸿章全集》,第35册,第63页。
27 《牛肉汁》,顾炳权编著:《上海洋场竹枝词》,第161页。
28 《记老年颐养各事》,《苌楚斋随笔 续笔 三笔 四笔 五笔》,下册,第931页。
29 《庚子西狩丛谈》,第106页。
30 李鸿章:《复醇邸》,光绪十六年七月十八日午刻,《李鸿章全集》,第23册,第88页。
31 李鸿章:《京城速送醇邸交麦坚信等》,光绪十六年十月十一日巳刻,《李鸿章全集》,第23册,第123页。
32 《麦信坚来电》,光绪十六年十月十二日戌刻到,《李鸿章全集》,第23册,第123页。
33 《盛宣怀致李经述电》,光绪二十七年七月二十六日,《义和团运动·盛宣怀档案资料选辑之七》,第639页。
34 《盛宣怀致李经述电》,光绪二十七年八月十四日,《义和团运动·盛宣怀档案资料选辑之七》,第643页。
35 李鸿章病状,见《李毓森致盛宣怀电》,光绪二十七年九月二十日;《黄建笎致盛宣怀电》,光绪二十七年九月二十日等,《义和团运动·盛宣怀档案资料选辑之七》,第654—655页。
36 《黄建笎致盛宣怀电》,光绪二十七年九月二十二日,《义和团运动·盛宣怀档案资料选辑之七》,第659页。
37 《盛宣怀致外务部电》,光绪二十七年九月二十二日,《义和团运动·盛宣怀档案资料选辑之七》,第659页。
38 《李经述、李经迈致盛宣怀电》,光绪二十七年九月二十五日,《义和团运动·盛宣怀档案资料选辑之七》,第662页。

一时耆旧尽凋零

光绪十六年冬季的传染病

> 如果我必须在这里再过一个冬天,我想请您前来北京住上半年,让您沾沾这里的尘埃,并且呼吸呼吸使馆的空气。
>
> ——赫德

一

光绪十六年(1890)底,中国北方是一个暖冬。十月廿六日(12月7日),节气已入大雪,翁同龢在日记中写道:

晴,尚暖。俗云小雪封地,大雪封河,今大雪地犹未冻,午忽雾塞,阳气不收之征也。未晴风起,仍不甚寒。[1]

同年十一月十二日的《申报》也报道说:

大雪以后,四野天低。一轮日黯,朔风不竟,饶有望云思雪之意,而连朝欲雪不雪,似烟非烟,一片阴霾,弥漫空际。且天时奇暖,不特河道未见冰凌,即沟壑之中,冻者半,未冻者亦半,非天道自南而北,即寒暑之愆期。气候之不正也,或者恐酿冬瘟,不禁又切杞人之忧矣。[2]

冬瘟就是冬季传染病。清代医学术语与西医用语完全不同,当时人记载的"大疫"、"时疫"、"疠疫"、"冬瘟"、"疫气",对应今天什么疾病,往往医史专家也难以解释。一般理解,天花、霍乱、白喉、猩红热、疟疾、伤寒,都可归于瘟疫之中,而流行性感冒、脑膜炎、甲乙型肝炎,当年叫做什么,就含混不清了。研究医学史的学者余新忠认为,准确判断历史上发生的疫病为现代医学所称谓的何种疾病,无疑是件令研究者和读者感到兴奋的事情,然而这种判断具有相当的危险性,有时甚至根本不可能做到。[3]

这年十月廿六日(12月7日)傍晚,李鸿章的女婿张佩纶"忽觉疲不支,饭后漱洗即枕,后胃气郁勃,起于腹中,上振囟门,下窜腰际,五夜不能合目,急起静坐,始稍敛摄。终不得半晌眠也"。次日延医视之,"投以疏散之品,不效"。李鸿章建议他服用金鸡纳霜,张佩纶"自知病伏已久,而发之猛,非中医所能治也。且疫气方炽,停留长智,非速攻不可。午后肚热,时作谵语,困甚"[4]。几天里,张佩纶连续服药,至廿九日热退病清,身体康复。

张佩纶患的是疟疾吗?有点像,因为他是服用了进口的抗疟疾特效药金鸡纳霜痊愈的。李鸿章相信西医,他建议女婿服用金鸡纳霜并不令人意外。张佩纶在日记中写道,他患病时,李鸿章"每日必陪医两次"。

金鸡纳霜是从原产于秘鲁的茜草科植物金鸡纳树树皮研磨出来的粉末,经传教士发现带往欧洲并流传世界各地。往前追溯两个世纪,康熙三十二年(1693),法国传教士洪若翰(Jean de Fontaney)即用金鸡纳霜治疗了康熙帝的疟疾,此药遂在清朝成为专供皇室使用的宝物。康熙五十一年(1712),曹雪芹的祖父,江宁织造曹寅因患疟疾无药可治,仗着皇帝的宠信,他直接向康熙皇帝索要金鸡纳霜。苏州织造李煦上奏云:"曹寅向臣言,我病时来时去,医生用药不能见效,必得主子圣药救我。……若得赐药,则尚可起死回生,实蒙天恩再造。"康熙帝看信后亲笔朱批:"尔奏得好,今欲赐治疟疾的药,恐迟延,所以赐驿马星夜赶去。但疟疾若未转泄痢,还无妨,若转了病,此药用不得。……金鸡挈专治疟疾,用二钱末酒调服,若轻了些,再吃一服,必要住的。往后或一钱或八分,连吃两服,可以出根。若不是疟疾,此药用不得,须要认真。万嘱!万嘱!万嘱!万嘱!"[5]这是金鸡纳霜在中国流传的早期逸事,从中也可看出康熙皇帝与曹家不同寻常的深厚关系。

金鸡纳树是种奇特的植物,树皮中含有奎宁、奎尼丁、辛可尼丁等多种生物碱。奎宁是治疗疟疾的特效药,从药理学上讲,它是喹啉类衍生物,能与疟原虫的 DNA 结合,形成复合物,抑制 DNA 的复制和 RNA 的转录,从而抑制原虫的蛋白合成;另外,能降低疟原虫氧耗量,抑制疟原虫内的磷酸化酶而干扰其糖代谢。1820 年,由法国化学家佩尔蒂埃(P. Pelletier)和卡芳杜(J. Caventou)首先制得纯品。需要说明的是,无论康熙、曹寅,还是张佩纶,他们服用的金鸡纳霜,都还不是用现代医学方法萃取的西药,而只是西方传统的植物类药物。19 世纪,是传统西药向现代西药转变的年代,药物的原料,大多还是从植物中提取,比如作为缓释剂的颠茄、作为镇痛剂的罂粟、作为兴奋剂的洋地黄。纯化学合成的药物和抗生素,要到 20 世纪才大盛。但西药即便从植物中提取,他们对病理和药理的解释,与中国医学也是完全不同的另一体系,且金鸡纳霜唯有外国进口,当时将其当作西药,亦是天经地义之事情。

二

住在天津的张佩纶虽然痊愈,住在北京的工部尚书潘祖荫却在十月三十日(12 月 11 日)突然病死。张佩纶记载:

闻都中疫气亦盛，潘伯寅师病五日而卒。子授丈亦病亟也。[6]

几年前，我在研究潘祖荫与大克鼎专题时，就注意到潘祖荫是得急症死的。查其年谱，本年春夏，直隶霪雨成灾，永定河两岸并南北运河、大清河及任丘千里河堤多处决口，上下数百里一片泽国，京师周围，哀鸿遍野。潘祖荫奉派主持救灾，在城门之外添设多家粥厂，做赈济灾民的工作。十月十五日，他上奏请求再拨银米，奉旨赏京仓漕米五万石，以备冬抚，着潘祖荫等分拨各厂煮粥之用。廿三日，他忽感寒身，热汗不止，犹勉强起身入直。廿五日，查验火药局归即作喘。次日喘益甚，旋请假延医生诊治，服疏散之剂。廿七日，热解而喘如故，汗下如雨。假寐梦中，喃喃所言皆赈事。[7] 按照叶昌炽记载，"凤石前辈"即同治十三年状元陆润庠为潘祖荫诊病。[8] 陆润庠，江苏元和县（今苏州）人，与潘祖荫为同乡，出身于通晓医理的书香门第，父亲陆懋修（字九芝）为精研张仲景《伤寒论》的名医，本人也通医术。光绪三十二年的清宫脉案档案中，还记载有陆润庠为慈禧太后诊脉的两则脉案和处方。三十日上午，潘祖荫的老朋友翁同龢接到李鸿藻报信，赶去探望，见到擅治时疫的名医凌绂曾刚开完药方，而私下，凌绂曾告知探视者，病人已经不行了。凌绂曾为名医凌奂之子，字初平，一字别驾。浙江归安（今湖州）人。精于医，对霍乱、痧症、烂喉丹痧等颇有心得。后来官至山东肥城县、海阳县知县。翁同龢进入卧室，潘祖荫神志清晰，一把执住他的手说："痰涌恐难治矣"，另一手执眼镜看药方。翁同龢注意到，病人"汗汪然也"。对于最后的抢救，翁同龢主张使用人参，另一位老友、内阁学士李文田则说，人参、附子断不可用，舌焦阴烁，须梨汁或可治。翁同龢争辩道："梨汁能救命吗？"他们回到内室，看到潘祖荫出汗更多。[9] 不久，叶昌炽去探望，潘祖荫已不能言，仅手书"痰声如锯不治也"，字迹模糊，不堪辨认。[10] 申刻，病人痰涌，酉刻，以坐姿告终，不平卧。

潘祖荫得了什么病？其症状是身寒、出汗、痰喘，中医治疗，使用"疏散之剂"，假如延请西医，使用奎宁，他能否起死回生？对此我均难以断言。梨汁能润肺止咳化痰，人参能调节中枢神经系统，但对付急性传染病，恐怕都不是灵药。李鸿章说："潘文勤五日之疾，遽谢宾客"[11]，在医学不发达的年代，即便是位极人臣的高官，得病后迅即去世的几率也是很高的。

张佩纶前面提到的"子授丈"，即户部左侍郎孙诒经。翁同龢十月廿八日早晨"出西长安门问孙子授疾"，他发现孙"痰喘甚重"。十一月初六日（12月17日）丑刻，孙诒经去世。翁在日记中说："七日之中两哭吾友，伤已，子授亦谅直之友哉。"[12]——孙诒经的儿子孙宝琦，后来做过清政府驻法国、德国公使，清末最后一任山东巡抚，民国年间任过北洋政府的外长、财长和代理国务总理。张佩纶与第三任太太鞠耦所生的小儿子张志沂，在与原配夫人黄素琼（湘军水师提督黄翼升的孙女）离婚后，1934年与孙宝琦的女儿孙用蕃结婚。这样，孙宝琦就成为张爱玲的继外祖父了。[13] 当然，这是四十多年后的后话。

十一月十三日（12月24日）夜，前礼部右侍郎宝廷去世。宝廷儿子寿富编纂的《先考侍郎公年谱》谓："是秋，京师瘟疫盛行，公以积弱，遂遘斯疴。"宝廷十一月初四日得病，初七日少痊，次日复重，遂昏如重醉，十二日少痊，元气已损，自知不起，交代儿辈"建树报国，戒以毋为无用之学"[14]。他从得病到去世，前后九天。宝廷、张之洞、张佩纶，在光绪十年前，是著名的"翰林四谏"中的杰出人物，他们指点江山，臧否人物，弹劾昏庸官吏，名震朝野上下。光绪八年，宝廷在出典福建乡试回京途中，纳船妓为妾，旋自劾罢官，隐居西山，过着贫寒的生活。

关于这场疫病，住在北京的礼部尚书李鸿藻，曾有一函致张佩纶，函中提及：

> 京师至今无雪，每晨大雾迷漫，似有瘴气。伯寅、子授皆以感寒，为药所误。伯寅同年至交，一旦化去，感伤不能自已。此次振（赈）抚灾民，筹集巨款，心血尽矣。临终谵语仍以春赈无款为忧，令人可敬。鄙人公私交迫，日无片刻之暇。难题将出旦夕间耳，此事从隆从杀，难得一当，窒碍甚多，非面谈莫悉也。[15]

李鸿藻笔下的北京天气情形，与前引《申报》的描述完全一致。他认为潘祖荫、孙诒经，皆以感寒为药所误，亦即不能如同平常那样，使用疏散之剂来泄热。此信后半段所讲某事需要面谈云云，不详，使用的是两人间心照不宣的隐语。

三

这段日子，名士李慈铭也在时疫中挣扎。十一月初三日，他早起后肚子痛，感觉是中寒了，但已经约了黄体芳、王仁堪、樊增祥、鲍临、吴讲、沈曾植、黄绍箕等朋友晚上饮酒，姨太太也约了一班女眷吃饭，一直闹到二更才散。客人走后，李慈铭因腹痛已不能行步了。此后身体天天不适，初八日日记记载："身热益甚，已成伤寒热证。盖近日都中疫病大作，余以肝疾感寒，兼染时气也。"初十日，气喘不止，勺饮不进，身热作痛，咳不绝声，胃肾两窍，胃气上逆，自觉将要不治。次日又记，竟日的咳喘，使得喉舌枯竭，需要时时以龙井茶润口，且痰逆不思食。十五日记："彻夜咳嗽，吐痰至数升，气弱而促口中枯臭，尚忧不济。"十八日记："是日喘虽少而咳急如故，吐痰辄升许，胸中烦热，气惙如丝，不更衣者已十余日，昨又竟夕不寐，虑终不济。"他延请汪文枢看病。汪文枢，字冠中，号干廷，江西人，同治七年（1868）进士，时任吏部主事，善医。汪给李慈铭服疏导药物，后又改温散发汗之药、清解之药，礼部右侍郎李文田（他十一月十二日迁升此职）也给他下过几次药方。在众友人的关怀之下，李慈铭渐渐康复过来，有时也随着处方而翻阅《本草》。服食了人参、麋茸、人乳和各种药物。他是著名美食家，养着城里最好的厨子，读到日记中留下的"蜥蜴须雌雄一对用之，言与人参羊肉同功"。"蛤蚧、桑寄生等皆缺真者，意不如以血肉之物稍养胃阴，令庖人烹鸭汤及以羊肉作包子稍稍饮而下之，以防气脱坐化"之类有趣记载，令人不觉莞尔。他的病，大约至廿七日痊愈，算是到鬼门关上走了一遭。[16]

李慈铭在病中和愈后写下了《病甚三首》《挽潘郑庵尚书四首》《病起柬敦夫叕夫云门子培仲叕五君子三首》《云门和予病起诗有促归之语作此答之》《黄再同编修日以所畜黑牛乳见饷赋此奉谢》《病中闻伯羲祭酒同年亦病甚近日皆起以诗柬之》《介唐宫庶今秋遘危疾甫愈余病大作屡承过视起后赋此酬之》《病起呈翁叔平尚书师》《病起柬瞿子玖学士同年并谢病中枉过》等诗篇。写了患病的痛苦，友朋的关怀和康复的喜悦。其中《病甚三首》是考虑到临终之际占授以作遗书，令后人知其志节的：

    嗒若枯枝卧，居然杜德机。
    君亲成两负，生死总皆非。
    寒熟中交战，呼嚅力渐微。
    殷勤惭执友，病榻日依依。

尚有平生习，床头数叠书。
不知何日起，仍与此君俱。
未午犹开卷，先师早儆予。
法华无用殉，一册孝经储。

死后商量事，青山葬此身。
北南难自定，迟速称家贫。
岩壑三生旧，烟霞一榻新。
春阳与秋月，终古伴闲人。[17]

病愈后，他感念李文田、汪文枢对自己的妙手救助，作《病起酬李侍郎汪吏部文枢枉诊惠方药》：

岱岳收魂又赐环，居然古井见波澜。
瓮齑尚合饶贫士，树稼由来止达官。
卧雪备尝诸狱苦，负暄消受一窗宽。
柴胡桔梗弥山泽，自有回春至宝丹。[18]

而汪文枢，在当了二十多年京官之后，光绪十七年正月廿八日，外放甘肃泾州灵台县知县，时年四十七岁。[19]

李慈铭还在其诗歌的注释中分别写道："近日疫疾大行，都中十室九病，投以寒散（之剂），无不毙者。侍郎及汪君皆以参茸治余疾云。"[20] "比来京师大疫，如怡亲王载敦、潘伯寅尚书、孙子授侍郎、恩侍郎棠、宝侍郎廷、冯大理尔昌及翰林台谏郎署诸君病殁者数十人。"[21] 为后人了解这场疫病留下重要的史料。

怡亲王载敦死于十一月十一日。《申报》报道说："上月初染患时疫，触发痰喘旧疾，迭经医治，惟年老气衰，渐形沉重"而逝。[22] 载敦是咸丰帝顾命八大臣之一爱新觉罗·载垣族弟。道光五年（1825），载垣袭封怡亲王，咸丰十一年，载垣在辛酉政变后被夺爵赐死，抄没其家。同治三年（1864），朝廷恢复被革之怡亲王世爵，由载敦继袭。载敦虽然担任过内大臣、都统、阅兵大臣、领侍卫内大臣，赏戴三眼花翎[23]，但都是闲职，他在晚清政坛上并不出名。

不仅亲王染病，时疫也传入宫中。十一月十五日，丽皇贵太妃以"年届花甲，近染时疫，经御医请脉，进以清表良剂，终因年迈气衰，药饵不易起效"而薨逝。[24]在香港导演李翰祥1983年执导的电影《垂帘听政》中，丽妃千娇百媚，能歌善舞，深受咸丰帝宠爱，根本不把慈禧放在眼里。一心想要得宠、费尽心机往上爬的慈禧对她妒恨不已。咸丰皇帝死后，慈禧发动辛酉政变，肃清了敌对势力后，回过头来整治昔日与她争宠的丽妃。她效法汉代吕后迫害戚夫人的方法，将丽妃的手脚悉数砍去，装在一个坛子里，拉去她的宫殿观看，丽妃毫不示弱，照样奚落慈禧，还唱着："艳阳天，艳阳天，桃花似火柳如烟……"这个情节，相信当年给所有观众留下了深刻而恐怖的印象。然而事实上，丽妃作为先帝遗孀，一直平静地生活在紫禁城的后宫里。咸丰十一年十月初六日，两宫太后颁旨，赐顾命大臣载垣、端华自尽，肃顺斩首，初十日，即以丽妃"承侍宫闱，恪恭淑慎"，"诞育大公主"，晋封她为丽皇贵妃。[25]同治十三年十一月十六日，又尊封丽皇贵妃为丽皇贵太妃。[26]丽皇贵太妃薨逝后第三天，光绪皇帝亲诣祭奠行礼，宗室以上王公文武官员素服一日，并从十七日起，辍朝五日。[27]这位早已淡出世人视野的老太太，此时犹如一张陈旧的照片被重新发现，唤起了许多人早已褪色的昔日回忆。

关于大理寺卿冯尔昌，我们所知甚少。他是同治二年的进士，字玉雯，号仲山，山东安邱人。曾经担任广东学政、光禄寺卿。不知为何，《清代官员履历档案汇编》《清代科举人物家传资料汇编》两大文献总汇均无他的档案材料。我在李慈铭的诗歌注释中发现了他去世的蛛丝马迹。再从《申报》中检索，找到他九月十二日起，连续请假五十天的记录[28]，但确切死期不详。冯尔昌死后，张荫桓于十二月十二日接任了他的职务。[29]

此外，前国子监祭酒盛昱也在患病。

李慈铭日记详细记载了对潘祖荫之死的感受和思念之情：

> 一更后闻潘伯寅尚书以酉刻卒，为之惊恒，走使问之，则凶仪已设矣。余与尚书交契三十余年，都门旧雨，无先之者。推襟送褒，冷热相关，比虽踪迹阔疏，至数年不相见，然彼此休戚，时通瘰痹。尚书每见子培、弢夫，辄殷殷询余近状，乃里闬相望，邈若山河，至于病死，不相闻问，幽明遽隔，一见无期。不谓斯人，风流顿尽，追寻曩契，万绪纷然，孤灯荧荧，泫然欲绝。尚书生于道光庚寅十月，少余一岁。悲哉。[30]

最奇特的是，李慈铭记录了王仁堪与冯煦对疫病的一段看法：

> 是日可庄、梦花言，自今秋以来，米市胡同之南海馆中造一亭，巷中死丧相继。通政司参议胡隆洵、大理寺卿冯尔昌、礼部郎中周芳朴及尚书（潘祖荫）而四，皆比屋而居，百日之中，门皆白亜，此盖坊巷衰替凶气偶钟，若归咎区区一亭，不足信也。[31]

四

迄今为止，研究晚清历史的学者，未见有人关注光绪十六年北京流行的这场瘟疫——它的病因，它的规模。只是因为若干知名官员的患病和去世，才在他们友朋的日记中留下了些许蛛丝马迹。庶民百姓的情况呢，则没人知晓。

同样奇怪的是，虽然在这次瘟疫中不少人相继死亡，但那个时候，整个社会并没有出现大规模的恐慌，朝廷的政事处理，官员间的拜访、朋友间的酬酢，乃至婚嫁喜事，一如其旧地进行着。光绪皇帝三次去大高殿祈雪，经过与上天的反复"沟通"，空中也就渐渐沥沥地飘洒下雪花来。

值得留意的是，从光绪十五年底起，一场起自俄罗斯圣彼得堡的流感，到次年3月席卷了整个西欧，并传向世界上许多地方。流感中，至少25万欧洲人死去，全球的死亡数字据说高达100万人。这也是人类历史上第一次将流感按它的发源地命名。按照维基百科的解释，可能是一种甲型病毒（H2N2）。北京的"冬瘟"与"俄罗斯大流感"有什么联系？似乎从未引起医史专家的关注，更没有人能够说得清楚。

光绪十六年，岁在庚寅，在中国历史上是个平淡的年份，但曾国荃、曾纪泽叔侄，湘军水军统帅彭玉麟、杨岳斌，河南巡抚倪文蔚、前山西巡抚卫荣光、前闽浙总督李鹤年等晚清重臣，均在这年作古。到了岁尾，还有一位重要人物谢世，那就是光绪皇帝的生父醇亲王奕譞。醇王身体一直不好，早已不理政事，但翁同龢十一月十七日（12月28日）去探望他时，除了太医，还看到了潘祖荫病危时也在现场的凌绂曾。脉案说，醇王"神识有时不清、谵语，小便频数，痰咯不出，手足痹痿，药用补气清痰"[32]。凌绂曾是本年九月奉电旨入京，参与抢救醇王的，此时他的到场，与醇王临终前感染了时疫有关吗？

醇王死于光绪十六年十一月廿一日（1891年1月1日）。

住在北京的英国人赫德说："大部分人都不舒服，今冬气候险恶，目前我有幸身体颇佳。"[33] 他评价这场瘟疫后果时写道："七爷（醇亲王奕譞）的逝世和老人员的消失，使朝廷今后能放手发展新的局面。未来的世纪中国将是令人感兴趣的。"[34]

2009年11月初稿

2013年12月修订

附　记

　　本文于2013年3月17日在《东方早报·上海书评》上发表后，宗亮先生在4月7日发表《光绪十六年冬季传染病补说》，依据《那桐日记》，介绍时任户部主事的那桐和他母亲，在光绪十五年十一月感染时疫。十六日，那桐突患急病："感冒甚重，头痛、身冷、咳嗽、流涕，终夜不眠。"这些症状，与潘祖荫、李慈铭等人的情况十分相似。当晚，他延医长沈生诊视并服药一帖，到第二天，病情并未好转："身冷、咳嗽较甚，仍服沈生之药，未敢出门。"十八日，他请赵理臣诊视。结果次日"病未愈，口渴益甚"，又请医士李少轩来，李开出的药方是"柴胡汤加减"。服药之后，"夜大作渴，病甚"。二十日，他不得已又请来陆竹君，陆的办法是"投以凉剂"，数天之后，那桐的病情有所缓解。到了二十四日，病情更见好转。这天，给李慈铭看过病的吏部主事汪文枢来诊，服药后那桐"病益好"，且"始得睡"。

　　那桐的病有没有可能只是偶然情况，与时疫无关？宗亮先生认为，他感染时疫的可能性更大，我也同意这个看法。在同一时期，那桐的母亲也病了，"母亲与余病同，尚未见好，万分焦灼"。二十三日，与那桐均服陆竹君药，先是"病见轻"，次日"大见好"。然后改服汪文枢药，至二十六日，母子大愈。经此一"疫"，那桐颇有"劫后余生"之叹，他在日记中感慨"幸甚幸甚"。[35]

　　宗亮先生还找到"俄罗斯大流感"的报道。1890年第14期

《万国公报》有一篇《大俄国：时疫甚盛》："据十二月六日伦敦报，述及俄京疫气极盛，尽人皆病，得免者绝无仅有。记三四十年前曾有过一次，特无若此传染之广。"这可能是"大流感"在中国的最早报道。

1890年第15期《万国公报》又有报道称：

> 近日疫气自俄而西，流行于欧洲各国。又由俄而东传染于日本、中华。环一地球，几无一国之境，一种之民，不触是气而成病者。计正月七日疫盛时，伦敦总书信局一万三千人中病者一千八百零六人，内分送电信之幼童一千九百人中，病者一百三十二人。又培明罕一城病者共五万人，可谓多矣。此后势渐轻减，盖如风在地，由渐吹来，亦由渐吹去云。[36]

可见，时人已注意到北京瘟疫与"俄罗斯大流感"的关联。

再补充一个细节。1891年，喜欢业余文创的英国青年医生柯南·道尔也患上横扫英伦的大流感，整整一周的病痛折磨，几乎使他撒手人寰。从死亡线上挣扎回来后他突然感悟，他说："我该剪断系船绳，破釜沉舟，投身创作。我记得当时一阵狂喜。然后拿起放在床罩上的手绢，抛向天花板。我应该让自己做主，不必再穿白大褂，看病人的脸色。我要过上自由的生活，一种我喜欢怎么样就怎么样，喜欢住在哪里就住在哪里的生活。"[37] 从此，柯南·道尔关掉诊所，专门从事侦探小说写作。病前，他刚发表过《血字的研究》《四签名》，转为专业作家后，各色歇洛克·福尔摩斯的故事源源而出。我们由此读到《波希米亚丑闻》《红发会》《银色马》，读到《巴斯克维尔的猎犬》。大流感传染到英国后，竟促使柯南·道尔改变了人生轨迹，这也是读者未曾想到的吧。

2015年3月

1 《翁同龢日记》,光绪十六年十月廿六日,第 5 册,第 2408 页。
2 《丁沽霜信》,载《申报》,光绪十六年十一月十二日第二版。
3 余新忠:《清代江南的瘟疫与社会———项医疗社会史的研究》,第 79—80 页。
4 《涧于日记》,光绪十六年十月廿六日至卅日,庚寅,第 104—105 页。
5 《苏州织造李煦奏曹寅病重代请赐药折》,康熙五十一年七月十八日,《关于江宁织造曹家档案史料》,第 98—99 页。
6 《涧于日记》,光绪十六年十一月初五日,庚寅,第 105 页。
7 潘祖年编:《潘祖荫年谱》,第 75 页。
8 《督缘庐日记》,光绪十六年十月廿八、廿九日,第 3 册,第 1834—1835 页。
9 《翁同龢日记》,光绪十六年十月三十日,第 5 册,第 2409 页。
10 《督缘庐日记》,光绪十六年十月三十日,第 3 册,第 1835 页。
11 李鸿章:《复通永道杨》,光绪十六年十一月十五日,《李鸿章全集》,第 35 册,第 140—141 页。
12 《翁同龢日记》,光绪十六年十月廿八日、十一月初六日,第 5 册,第 2409、2411 页。
13 张子静、季季:《我的姊姊张爱玲》,第 38 页。
14 寿富编:《先考侍郎公年谱》,载《偶斋诗草》,下册,第 1016 页。
15 李鸿藻致张佩纶函,光绪十六年十一月廿日,中国社会科学院近代史所藏:甲 70-10,李鸿藻存札,第 2 函,第 1 册,第 7—9 页。
16 《越缦堂日记》,第 17 册,第 12652—12667 页。
17 李慈铭:《病甚三首》,《越缦堂诗文集》,中册,第 517 页。
18、20 李慈铭:《病起酬李侍郎汪吏部文枢枉诊惠方药》,《越缦堂诗文集》,中册,第 522 页。
19 《清代官员履历档案汇编》,第 28 册,第 59 页。
21 李慈铭:《病中闻伯羲祭酒同年亦病近日皆起以诗柬之》,《越缦堂诗文集》,中册,第 526 页。
22 《幽燕冬景》,载《申报》,光绪十六年十二月初二日第一版。
23 《光绪宣统两朝上谕档》,光绪十六年十一月十三日,第 16 册,第 320 页。
24 《阆苑鹤书》,载《申报》,光绪十六年十二月初六日第一版。
25 《咸丰同治两朝上谕档》,咸丰十一年十月初十日,第 11 册,第 416 页。
26 《咸丰同治两朝上谕档》,同治十三年十一月十六日,第 24 册,第 362 页。
27 《光绪宣统两朝上谕档》,光绪十六年十一月十六日、十七日,第 16 册,第 322、324 页。
28 见《申报》,光绪十六年九月二十日、十月初九日、二十三日。
29 《清德宗实录》,光绪十六年十二月丁未,第 55 册,第 887 页。
30 《越缦堂日记》,光绪十六年十月三十日,第 17 册,第 12642 页。
31 《越缦堂日记》,光绪十六年十一月初二日,第 17 册,第 12649 页。
32 《翁同龢日记》,光绪十六年十一月廿一日,第 5 册,第 2413 页。
33 《赫德致金登干》,1891 年 1 月 7 日,《中国海关密档》,第 5 册,第 310 页。
34 《赫德致金登干》,1891 年 1 月 20 日,《中国海关密档》,第 5 册,第 318 页。
35 《那桐日记》,上册,第 40—41 页。
36 《万国公报》,1890 年第 15 期,第 55—56 页。
37 [美]乔恩·莱伦伯格、丹尼尔·斯塔肖沃等编:《柯南·道尔:书信人生》,第 212 页。

社交季的新客人

中国外交史上第一场招待会

> 上头,也深知道郭嵩焘是个好人,其出使之后,所办之事不少,但他挨这些人的骂也挨够了。
>
> ——慈禧太后

在中文里,London Season 通常译作"伦敦社交季",指英国上流社会集中举办各种社交活动的习俗。从前每逢盛夏,伦敦空气污浊、酷热难耐,贵族和富人皆举家迁往乡间别墅避暑。年底国会复会,他们又像候鸟一样飞回城中,各种社交活动也随之展开。来年4月中旬到8月初,长达一百多天时间,是不列颠岛最美好的时光。此时日照时间长,气温舒适、降雨不多,草长莺飞,杂花生树,每天都有丰富多彩的茶会、舞会、晚宴、音乐会,还有园艺展览、马术表演等等。今人熟悉的温布尔登网球赛和牛津、剑桥大学的划船比赛,都是社交季的传统表演。人们尽情享受着生活的乐趣,而后又去乡村避暑,如此重复交替。社交季起源于18世纪,在经济富裕的维多利亚时代固定下来,到"二战"之后,开始逐渐中产阶级化了。

1877年,刚在伦敦设立了中国第一个驻外机构——清政府驻英国公使馆的公使郭嵩焘、副使刘锡鸿以及使团的随员们,正赶上参加社交季的各项活动。他们用好奇的目光观察着陌生的异域，并在日记里，记录下许多有趣的内容。

最令中国官员惊讶的，莫过于宫廷舞会。6月22日，中国使节首次应邀来到白金汉宫，他们看到上千男女，穿着盛装礼服，从皇太子、王妃到高级官员及贵妇，在音乐声中翩翩起舞。使馆随员张德彝记录：

> 正面立太子、王妃、公主、国戚，左右立各国公使、随员夫妇，对面楼上奏乐，下立通城世爵文武大员。男女云集，以千数百计，皆着朝服，与赴朝、眷会同。跳时分为两班：太子、王妃以下位尊者为一班，各官男女为一班。乐奏则男女对面相向，互为携持。男以右手搂女腰，女以左手扶男肩，旋舞中央。每二、三、四、五偶并舞，皆绕数匝而后止。惟夫妇不相偶，兄妹不相偶，必戚友相识者男女始为偶也。跳则依乐移步，随式转躯，步武整齐，毫不错乱。盖男女自幼皆习舞于旄人也。[1]

刘锡鸿则注意到：

> 跳舞会者，男与女面相向，互为携持。男以一手搂女腰，女以一手握男膊，旋舞于中庭。每四、五偶并舞，皆绕庭数匝而后止。女子袒露，男则衣襟整齐。然彼国男子礼服下裤染成肉色，紧贴腿足，远视之若裸其下体者然，殊不雅观也。[2]

这种场景，让自东方远道而来、从小受到"男女授受不亲"观念教育的客人看得瞠目结舌。郭嵩焘感慨道："相与跳跃而不为非。使中国有此，昏乱何如矣！"[3]他恐怕马上想到了商纣王和妲己的故事。郭嵩焘又说："西洋风俗，有万不可解者。自外宫门以达内厅，卫士植立，皆有常度，无搀越者。跳舞会动至达旦，嬉游之中，规矩仍自秩然。其诸太子及德国太子，皆与跳舞之列。

以中国礼法论之，近于荒矣。而其风教实远胜中国，从未闻越礼犯常。"[4]

还有化装舞会，也使他们目瞪口呆：

> 罗特治跳舞会，男妇填涌，衣冠诡异，兼备各国之制，杂以番服及北墨利加野人。有一女子冠锐头冠，高逾尺，询之则英国百余年前遗制也。又有一女子高冠切云，为异色十余叠，询之，法国主路易第四制为此冠式，各家皆制备此种衣服，以待会集。此所谓儿戏耳，然数百年冠服之制，及五方异俗，下及番苗衣冠形状，摹拟恍惚，亦可为览古及考察各土服制之一助。五色斑斓，光怪陆离，照耀一室，视诸茶会为殊观也。[5]

他们还出席音乐会。翻译张德彝代表公使去"世爵哈色里夫人家听乐会。歌者八人，六男二女，皆义大利人。其声清巧，其韵娇柔，听之令人心醉，虽郑卫之音不过是也"[6]。又"赴柯欧朴夫人家听乐。男女有数百人，琴笛悠扬，令人忘倦"[7]。

出席频度最高的是茶会。所谓茶会，就是"以长筵陈茗酒果饵，待客饮啖。庭室门庑，遍攒鲜花，香艳怡人"[8]。其提供的饮品，为"加非及茗（咖啡和茶），剂以白糖、牛酪，佐以饼饵，布席堂侧，以俟客至而饮之。客多，则皆立谈"[9]。

英国式的晚宴开饭较晚，所以在下午5时还可举行大型茶会，其规格甚高：

> 凡请酉初大茶会，预备茶酒小食，皆在大饭厅：横置长筵，上铺白布，罗列加非、茶、糖、糕点、牛乳、鲜果，及舍利、克拉利与三鞭等酒。此会专用女仆四五名，立于桌后，着黑绸衫、白布织花帽、白布围裙。客有用地椹与牛乳汁者，以五寸花碟、小银叉匙及擦指帕给之。更有用冰乳者，则盛以三

寸玻璃碟，上插小银匙给之。按冰乳之色不一：红者造以地椹，粉红者造以樱桃，黄者造以桔子或鸡卵与牛乳，白者造以柠檬水或葡萄。糕点皆客自取。其他虽经女仆奉进，男客多为女客代取。其撤已用杯盘，皆男仆之职。而盛满酒尊，又进爵仆之事，用一男仆者。若请小茶会，则以上各节皆为女仆之职。盖使男仆司门以报也。饭厅三面，临墙设位，其他桌椅陈设，一概撤去，以便宽敞。凡设茶酒小食，一切规模与跳舞会、听乐会、看戏会无殊。至抛球会、园会，或幄中，或树下，备果尤多。如蕉子、甜瓜、桃橘、葡萄、樱桃、地椹、梨、杏、苹果等。天暖，另放一几于筵旁，上列咸水、红酒及布兰的酒（白兰地）等，专备男客自取，而男仆为之伺候开瓶焉。[10]

社交季的茶会邀请极为频繁。张德彝谓，6月20日，"随郭星使（郭嵩焘）乘车，昼赴世爵贺拉斯、赵力士、布拉奘、葛里扉夫人四家茶会，夜赴精工会、医学馆二处茶会。"次日又记："随郭星使昼赴前任上海税务司、已故费士来之族弟费自赖，及奥兰兜与胡克尔夫人三家茶会，夜赴林池及蒲达呢夫人二家茶会、跳舞会。"两天之中，他们赶了十一个场子。

郭嵩焘说：

> 西洋以此为酬酢常仪，而吾实心苦之。诸邀请者盛意勤勤，又不欲却也，率常竟夕不能就寝，于病躯尤不宜。[11]

到了1878年，郭嵩焘在伦敦认识的朋友越来越多，各种社交应酬的邀请纷至沓来。有的活动他必须参加，有的他派部下代劳。按张德彝日记统计，这年5月15日到7月22日六十九天之中，他随郭或代郭参加的社交活动，包括五十七场茶会，六场音乐会，十二场舞会，一场名犬秀，一场园艺会，一场烟火晚会，一场谈话会，外加一场慈善拍卖和若干次晚宴，并观摩了一次划船比赛。

名犬秀（Dog Show）会场设在曾经举办过伦敦世博会的水晶宫旁，"罗列骏犬各种，盛以木笼。内铺五彩缎垫，细瓷水盆食碗，前后铁网排列成行。凡猎犬、田犬、山犬、野犬、南方犬、北地犬，长毛短毛，大耳小耳，以及腿尾之短长、眼嘴之大小、毛色之黑白黄紫，共计一千零五十九笼。前挂一木牌，上书犬名与价，由六七镑至一千镑，盖欲出售者书实价，其不欲出售而令人观赏者则以千镑号之，知人必不买也。"[12]

活动如此频繁，样式如此丰富，而中国使团还仅是伦敦外交界的新鲜人，他们受邀参加的派对，显然也只是伦敦繁忙的社交季活动的一个局部，"社交季"果然名不虚传。闭目遐想，拖着长辫，身着袍褂的中国人，穿梭在金发碧眼、红男绿女的老外堆中，且淑女们还是"肉袒"（刘锡鸿的描述语），那场景，必定令人感到十分怪趣。

别以为茶会就是三五知己品茗清谈、吃些糕饼的下午茶，张德彝笔下，外交大臣索尔兹伯里侯爵夫人茶会，"男女数千，拥挤颇热"[13]。"葛尔呢夫人家茶会，楼阁崇宏，男女杂逻，肘并肩摩者，以千数百计。"[14]道模存夫人家茶会，"男女纷集，有千数百人。广厦长筵，酒肴罗列，鲜花四壁，香艳怡人，泂胜会也"[15]。意大利公使茶会，"男女有千余人，有各国公使夫妇及本国官神，冠裳相望，盛会也"[16]。饮茶本是源自中国的雅习，但此时的英国茶会，已经超越了一般生活习惯，成为社交的重要形式。茶叶1658年首次出现在伦敦的历史记录中，很快，饮茶就成了上流社会迷恋的时髦。起初，茶叶和茶具都来自遥远古老的东方国度，价格昂贵，品种数量也很稀少，淑女名媛以茶待客，大约有点儿像当下中国姑娘显摆她的路易威登手包。后来，英国人将饮茶进一步精致化，发展出独特的茶具器皿、蕾丝桌布、复杂的拼配茶叶、佐茶点心和饮茶程序，以展示优雅的生活方式。郭嵩焘的继任者，中国第二位驻英公使曾纪泽记载过他参加的某场茶会，主人毕拉西，"英之富绅，自制轮船绕行地球者也，本日以英金一百二十镑招一法国名优，演剧一折以娱宾"。曾纪泽私下评论说，"英之富绅巨室，往往作此等豪举，中国俗谚所谓'冤大头'也。"[17] 维多利亚时代是英国历史上最强盛的时期，上流社会的奢侈豪华真是令人惊叹不已，和农业文明的国家，在财富的来源结构上完全不同，因此富人炫富的规格也不可同日而语。又过十余年，李鸿章给儿子李经方写家信，指导其在北京的社交安排："都中酬应虽多，亦可量体裁衣。尔自家尚能省俭，勿学劼刚常唱戏请客恶习，酬应亦可多可省。我在位，略接济，自能敷衍。"[18] 信中直率批评曾纪泽家中堂会，不知曾氏的这种社交习惯，和他在英国的外交官生涯是否有关？

张德彝这样描述伦敦社交季的习俗：

> 英国茶会、跳舞会之盛，每年由三月至六月中旬（按：此为阴历）止。此俗由来最古，欧罗巴、阿美里加二洲各国，率皆为之。凡人家店肆，平时大厅截为数室，欲请会则开门下榻，通为一大间。收陈设，移桌凳，位置跳场乐所，虽大小公署亦莫不有大厅敞房，以备盛会。……西人性好奢华，凡富贵喜交结者皆乐为之。一人子女待其长成，虽无力亦必勉强支应，设法结交，以便子女得友，相与往来，则男可访女，女可觅男，嫁娶咸赖于此。因男女细心访察，各得所愿。[19]

经常受邀参加各种社交活动，使得郭嵩焘萌动了举办答谢茶会的心思。从常理上说，来而不往，也不礼貌。他咨询成本，听说办一场起码须五百英镑，合银一千七百五十两，"此数无可再减"[20]。5月28日傍晚,他告诉张德彝,今天早上他与使馆随员姚岳望(彦嘉)商定,要在下月办一场茶会。他还想仿照英式习惯,以郭夫人(即随他出国的姨太太梁氏)的名义印发请柬,张德彝婉转地反对,说:"按西俗,凡请茶会、跳舞会,固皆女主出名,然此次中国钦差请茶会,可以稍为变通,不必拘定。"郭嵩焘说:"我自作主。你何必插嘴?且英人皆知我携眷驻此,未为不可。"张德彝替他分析说:"在西国,若如夫人出名,自然体制无伤。苟此信传至中华,恐人啧有烦言,不免生议。"郭嵩焘仰思良久,只得收回了这个主意。[21]

为了准备茶会,中国使馆上下都动员起来,酌定邀请名单,制作请柬,忙得不可开交。1878年6月19日(光绪四年五月十九日),清政府驻英使馆成功举办了中国外交史上第一场招待茶会。使馆将馆舍中的公共空间连同外交官的宿舍全部腾了出来。由大门至二层楼,左右列灯烛、置鲜花、铺红地毯。楼梯扶手上装饰白纱,挂上红穗,分插玫瑰、芍药及茶花。客厅、饭厅皆悬鲜花灯彩,横设长筵,一置茶、酒、咖啡、冰奶、小食,一置热汤、冷荤、干鲜果品。刀叉杯盘,罗列整齐,玻璃银瓷,光华耀目。客厅对面,安排乐队。悬花结彩,鼓乐喧天。还布置了临时衣帽间。门外支棚帐,雇用六名警察维持秩序。出席嘉宾达七百九十余人,"凡客至皆以为欣幸"。整个茶会的实际开支,大约在一千四五百两。[22]

次日,伦敦《泰晤士报》发表了报道:"昨晚中国郭公使与夫人在波特兰大街45号使署有一茶会,此为天朝使者初次在欧洲举行之盛会。""郭公使与夫人依欧俗于客堂延见来宾,女主人服饰按其本国品级。尤堪注意者,为一中国贵妇首度出现于男女宾客俱在之公众场合之事。"[23]

郭嵩焘不是社交明星，时年也已六十岁了。作为中国第一位派驻欧洲的公使，他对西方世界的政治、经济、军事和社会生活展开了认真的考察和研究。他在陌生的国度里广交朋友，对于英国社交礼仪的态度也是开放和通达的。李鸿章曾说，郭嵩焘生平廉洁自矢，出使三年，开报公款仅薪水、房租两项，其余皆自费支销。[24] 由此推断，这场价格昂贵的茶会，恐怕也是郭自掏腰包。1887 年 7 月，李鸿章在给出使美国、西班牙、秘鲁大臣张荫桓的信中提道：茶会酬酢，"于邦交国体极有关涉。倘事事撙节，无论应办之件沮格不行，其悉索情形亦将为彼方所窃笑。从前遣使之举，原欲以讲信修睦，联万国之欢。彼国风气艳重体面，寒陋过甚，非所以壮观瞻，故百事皆可言省费，惟使事不可。"[25] 可见外事招待费用正式列支进入清政府的财务预算，也是经历了很长时间的周折。

这年 8 月 6 日，上海《申报》在头版发表了标题为《钦使宴客》的报道：

接阅英国邮来新闻，知驻扎英京之郭侍郎星使于华五月十九日在公廨内设席宴客，此乃抵英后初次之盛举也。公廨中一切布置，悉照西式，焕然一新。由穿堂以至楼阶俱铺红氍毹，台上排列盆景，大厅二间，爇以明灯，照耀如白昼，侍郎与其如夫人暨英参赞官马君（马格里）出至厅室，接见男女诸尊客。计来者皆外务衙门各官及世爵□员并著名之学士多人，席上珍馐罗列，并有乐工鼓吹以助清兴，由是主宾酬酢极欢而散。按此本驻扎他国钦差交接之成例，今郭侍郎亦仿行之，亦未始非共敦辑睦之道也。[26]

这篇面向国内读者的报道，除了介绍郭嵩焘的外事活动外，新闻眼在于"侍郎与其如夫人暨英参赞官马君出至厅室，接见男

中国首任驻英公使郭嵩焘

中国首任驻英副使、首任驻德公使刘锡鸿

欧洲的宫廷舞会

伦敦波特兰大街45号,中国驻伦敦公使馆第一个馆舍。第一场招待会即在这里进行。目前为肯尼亚驻英国高级专员署

郭嵩焘的梁夫人

彩版十·社交季的新客人

①为波特兰大街45号。②为波特兰大街49号,曾纪泽租赁的第二个馆舍。1926年,北洋政府又将51号也租下。1980年,中国大使馆将49/51二幢房子拆掉重建,外立面保留原状,但将原来两扇门改为一扇大门。③为摄政公园。

怀特岛上英国王室的一处别墅——奥斯本宫

彩版十一·社交季的新客人

维多利亚女王

奥斯本宫的会客厅

彩版十二·社交季的新客人

从格林尼治天文台俯瞰英国海军学院,画面正中为"皇后之屋"。 作者在格林尼治海军学院
背景为伦敦金融区多格斯岛区的银行大厦

英国皇家海军学院。画面远处正中建筑为"皇后之屋",远处小山坡为格林尼治天文台

刘步蟾

林泰曾

蒋超英

严宗光

彩版十四·在那华丽的宫廷里

林永升

叶祖珪

萨镇冰

黄建勋

彩版十五・在那华丽的宫廷里

林颖启 　　　　　　　　　江懋祉

船政学堂第一届学生与教习合影。该届学生1867年入学，1871年上练习舰学习，1873年陆续毕业，派上军舰任职

刘步蟾、林永升曾实习过的英国海军"马那杜"号铁甲舰,排水量10600吨

早年油画大厅的餐桌

彩版十七·在那华丽的宫廷里

穿过皇家海军学院穹顶前厅
进入油画大厅

油画大厅的天庭画

彩版十八·在那华丽的宫廷里

海军学院餐厅上厅西墙。画面右下角,壁画作者索恩希尔展开双手,一手指向他的精美画作,另一只手被认为是在讨要他的工钱

彩版十九·在那华丽的宫廷里

海军学院礼拜堂

海军学院礼拜堂内华丽的管风琴

彩版二十·在那华丽的宫廷里

报道《钦使宴客》的《申报》

女诸尊客"。所谓"如夫人",就是妾的别称,或曰姨太太、小老婆。在英国人看来,东方人往往妻妾成群,一位高官拥有多位妻子并不怪异,但在讲究传统礼法的中国人眼里,姨娘与正房夫人的地位,则是有明显区别的。一般男人都有自己的社交活动,但夫人并不对外露面,而小妾出面四处应酬,更为习俗不容接受。

三天后,《申报》又以"论礼别男女"为题,发表文章,谈论中西妇女在礼仪中的地位:

中国素称秉礼，……礼之最重者，为男女之节，古人制礼，有《内则》一篇，论女子事父母妇事姑舅之仪极详，盖先王虑人不能尽知其本，特严其末节，以防后世之放纵淫佚耳。非谓内言不出夜行以烛诸节，竟为防闲男女之定则，苟或逾焉，即肇淫纵之祸也，此又读礼而当观其通，玩其旨者也。泰西人于男女交际之间似属不甚讲究，而其防闲之法若又有胜于中国。跬步不出，外亲罕睹，而帷薄不修者，往往秽德彰闻，此中国拘于礼之过也。落落大方，士女宴会而私奔苟合者，则反不有其人，此泰西略于礼之效也。惟其能略乃所以成其严耳。昨报述郭钦使驻英，仿行西礼，大宴英国绅商士女，令如夫人同出接见，尽欢而散，英人以钦使能行是礼，津津道之。此一会也，假在中国官衙宴客之所，则传为笑柄，而群指郭公为淫佚放荡之人矣。盖中国谓礼以别男女，若此则男女混杂，不能正其身，如齐家何？不能齐其家，如治国何？宜呼骇怪也。顾以此为礼，礼之末也。苟务其本，则皇英治内职并九男，邑姜称臣协力望散，并不以相见不相见为礼也。而且礼仪聘夫人，使臣往见，夕则还劳，且以相见为礼也。春秋贤妇，有德有才，何尝韬晦深闺，足迹不出哉？先王之礼，本属如此，后人徒沿其末，于是以男女不相见为礼，相习成风，日甚一日，盖由轻女子之才，徒使议酒食、工针黹，可以匿迹屏影，遂沿为女子之常态耳。而女子亦退然自处，不惯揖让之文、应对之节，姻娅相逢一敛衽而已，趋屏后中表相觑，甫对面而双颊通红，若言语高响，谈吐蕴藉，不避男子，雅好周旋，则亲串中方且讥诮，并疑其不贞矣。夫人情惟罕见之物，最注重念，因女子有不轻见人之态，当见之时，自必仔细端详，由头而及于足，苟遗世之貌，能无动心，设有私邪，彼此相诱，其弊遂不可问。何如与男子相等同在晋接应酬之间，反觉熟视无睹哉！且女子惟不轻见人，则深处闺中，除酒食针黹二事，毫无用心，一旦见客，其意似觉我今见人，固以色身相示也，羞愧之念参其半，粉饰之念亦据其半，故奉亲朋庆吊，内眷往来必屏挡，衣饰务极华丽，而后可为观美。至有十日半月以前先行筹备者，即游春之时，亦必若是。于是狎邪之子，轻薄之儿，乃有品题妍媸、心口月旦者，甚而雉媒鸨户，辗转勾致，陷人不义，坏人名节。则因不轻见人而酿为风俗人心之患矣。统计中国，最拘此礼者，惟江以南，若北直人与满蒙人，则稍觉大方，师生之谊，无不请见，朋友之妻，皆可坐谈。苟中表至亲，更在不论。以告南人，鲜不诧异，谓其无家教也，越礼法也。然试问北人，暧昧之情曾多于南人否？也而亦并不多也。则可知男女本有相见之礼，岂寂处深闺即可谓妇德乎？但如钦使者，亦止于英国行之，异日持节归来，同朝劳贺，强其如夫人入席欢宴，则马融绛帐之前，未必许门生请见；汾阳锦屏之后，或转因忌杞而藏矣。甚矣，礼之所以别男女也。泰西人未尝泥之而能合礼之本，中人则无不知之而徒存礼之末，此礼之所以难言也。[27]

文章用西方妇女参与社交活动，比照中国妇女所受旧式礼法的禁锢，所谈观点，可谓女权解放的先锋言论。但在当时封建保守的社会氛围下，将一位初次出使的副部级外交官连同姨太太，拖进案例，放在媒体头条品头论足，还出现郭钦使"大宴英国绅商士女，令如夫人同出接见，尽欢而散，……假在中国官衙宴客之所，则传为笑柄，而群指郭公为淫佚放荡之人矣"的字眼，无疑强烈地冒犯了郭嵩焘。郭嵩焘出使英国，一直受到国内保守势力的严厉攻击,他对于各种明枪暗箭,也很敏感。10月14日,他在巴黎读到国内寄去的《申报》[28],加上半月之前,他看到《申报》歪曲报道他在英国定制私人油画肖像时,对画家所谈论的一些观点,认定报社"意取讪侮",而幕后策划并提供材料的,是他的同事,出使英国副使刘锡鸿[29],由此引发郭对《申报》展开调查和交涉。

郭嵩焘家庭生活颇多周折。他的原配夫人陈隆瑞,是湘阴同乡陈兴塏先生的女儿。他们于1835年结婚,男方17岁,女方16岁。1861年6月13日,陈夫人因病去世,享年仅42岁。[30]1863年10月,郭嵩焘前往广州署理广东巡抚,路过上海,经冯桂芬、钱恩荣做媒,娶原湖南巡抚钱宝琛的女儿、李鸿章幕僚钱鼎铭之妹为继室。新婚之夜,郭嵩焘即觉得其"貌陋,而一切举动似非纯良,岂吾命应然耶?"[31]然而另有传说,称婚礼上郭氏让其宠妾邹氏坐绿呢大轿,使钱夫人极为不满。此后,两人完全无法共同生活,10月15日,他在日记中说:"钱氏喧哄逾甚,终日不倦,真劣妇也。不可教训,如何如何?渠意在回家,惜船已开行,不及遣之。"16日记:"钱氏喧哄类疯癫。"20日,他忍无可忍,写信给冯桂芬,表示钱氏求归娘家,已经允许,话中带有休妻之意。29日记:"钱夫人终日喧哄,并痛詈鄙人,秽恶万状,知其意在回沪。"11月3日,郭嵩焘遣人送钱氏回沪。[32]可谓当机立断,与其分居。这段婚姻,只维持了一个月时间,在当时属于闪电速度,却闹得"通国所知"。[33]不过直至1870年7月1日,湖南布政使王文韶仍在为钱家斡旋。[34]1872年,郭的朋友王闿运还策划将钱夫人接来湖南,使郭嵩焘"闻之骇异",[35]两人其实并未正式离婚。史家认为,郭嵩焘"中岁纳妾有宠,夫妻竟反目,故家居亦鲜乐事也"[36]。其之侍妾,有邹氏(邹氏为1856年所纳,钱夫人大归之后，郭嵩焘将她视为正室，感情甚笃，1870年6月24日去世[37]）、冯氏（冯氏为1865年8月31日由郭嵩焘之弟仑焘为他所选的一个婢女，"貌中人而已，留备使唤"。1869年4月15日收房。[38]）和凤氏[39]。梁氏是郭嵩焘1871年9月2日所纳之妾，据说原先是前广西巡抚苏凤文家的婢女。[40]这样一位出身低微的女子，因随郭嵩焘出国而对外称作"郭夫人"，郭显然很在乎别人对她的评价，不容媒体用暧昧的曲笔来开涮。

11月24日，郭嵩焘在日记中记录刘锡鸿秘密向国内参奏他的罪名，提到"以妇女迎合洋人，令学洋语、听戏"。"尤奇者，姚彦嘉竭力营办一茶会，其中相识妇女，亦令侍人在楼后迎迓。"[41]12月18日，郭嵩焘写信对上海道台刘瑞芬说：

> 茶会，西洋礼也，居此两年，赴茶会太多，稍一报之。侍人相随西洋，甫至，而外部德尔比夫人首先就见，嗣是求见者日众，有专设茶会邀所亲妇女就见者。凡茶会大者万人，小者亦数百千人，主人惟立门首一迎，至是亦令侍人立楼门后迎所妇女，均见之新报。《申报》乃增入"入座欢宴"等语，久乃闻刘锡鸿见此等新报，译送总署而加函载入"握手为礼"、"入座欢宴"，肆意丑诋，《申报》直承刘锡鸿信语而为之词耳。[42]

这里，刘锡鸿和郭嵩焘均提及郭让"侍人"即姨太太梁氏仿效西礼，站立门后迎接女宾。想想，一百三十多年前，一位三寸金莲的小脚妇女，袅袅婷婷，轻移碎步，能在使馆直接与外国贵妇们应酬周旋，这需要何等的勇气和能力啊。但郭嵩焘否认"入座欢宴"，因为几百人参加的大型茶会更像鸡尾酒会，宾主都是立谈的。《申报》资讯有误，将茶会报道为"钦使宴客"，"席上珍馐罗列""主宾酬酢极欢"，各种失实的描写由此想象而来，给了郭嵩焘反击的充分理由。顺便提一句，这年 3 月 21 日，梁氏刚在使馆为郭嵩焘生下一子[43]，她此时参加茶会，距离生产期，仅仅过了九十天。

对于这次茶会可能对郭嵩焘造成的名誉伤害，郭本人事后有很大的忧虑。1878 年圣诞节，中国使馆内全无喜庆的气氛。郭嵩焘记载：他听说张佩纶上折引茶会为词，而"茶会实成于姚彦嘉、马格里，吾意甚不乐也。《申报》又添入多少议论，伦敦数十家新报皆无之，此语竟不知所自来。姚彦嘉谓出自刘锡鸿之诬造。刘锡鸿鬼蜮，何所不至，然其人劣材也，必尚有为效指嗾者。"郭嵩焘日记中的马格里，为中国使馆聘用的英籍参赞，姚彦嘉即姚岳望。从文字内容看，郭嵩焘已退缩自保，将举办茶会推诿给别人，似乎他本人并不乐意。自从郭嵩焘与刘锡鸿的矛盾爆发后，他一直认为刘敢于捣鬼，是有人指使。这个幕后人物，是军机大臣李鸿藻。他曾写信告诉两江总督沈葆桢，刘锡鸿"在京师受命李兰生，令相攻揭。其出京一切皆未携备，惟携备折件，亦出李兰生之意"。"李兰生当国二十年，日思比附人言，以取重名于时。"[44] 他在日记中抱怨："其行为则直累及我家室，传之天下万世，使不能为人。刘锡鸿之酷毒惨烈，亦姚彦嘉之授之隙而资之以狂逞也。"[45] 我们从前面引用的使馆随员张德彝日记中其实已经知悉，茶会是姚岳望与郭嵩焘共同筹划的，用郭夫人的名义发柬，则是郭本人的想法。这种正常的社交礼仪，在后世看来完全不是问题，但在当时，却成了政治攻讦的毒药，使得郭嵩焘备感压力。倘若不是张德彝事先劝阻，真的以郭夫人名义发柬邀请并主持茶会，事态还不知发展到何种结局呢。

郭嵩焘是顶着巨大压力出国的。在此之前，经过第二次鸦片战争，西方国家通过《天津条约》，将他们的公使馆开进了北京，但中国始终没有向西方国家对等地派出使团。因为中国历来以天朝自居，从来不向周边纳贡小国派遣常驻使节。有时即便派出使者，也不是用以相互致意，而是高高在上，赏赐荣誉，或者是接到请求后去排解纠纷。总理衙门在同治朝的十几年的时间里，想出种种办法，拒绝和拖延外国使节觐见中国皇帝（因为涉及外国人拒绝行跪拜礼的争执），也不在西方国家设立使馆。这次郭嵩焘出使，其首要的使命，是以英国驻华使馆翻译马嘉理在云南被杀事件，向英女王当面赔礼谢罪。然后，按照英国驻华公使威妥玛强加给中方，作为解决马案的条件之一，留在伦敦，建立使馆，代表中国，开展外交活动。这样的出使，本身含有巨大的屈辱性。但没人赴英道歉，就解不开中英外交危机的死结。出国之前，慈禧太后当面告诉他："国家艰难，须是一力任之。我原知汝平昔公忠体国，此事实亦无人任得，汝需为国家任此艰苦。""旁人说汝闲话，你不要管他，他们局外人随便瞎说，全不顾事理。不要顾别人闲说，横直皇上总知道你的心事。"[46] 明明是为国家忍辱负重，整个舆情偏偏对他毫不理解，他的老家湖南风气保守，尚未到杨度二十多年后豪情万丈地吼出《湖南少年歌》，大声疾呼"中国如今是希腊，湖南当作斯巴达，中国将为德意志，湖南当作普鲁士"的时代，对于出使西方全不理解，当作卖国行为，名士王闿运编诌了恶毒的对联谩骂他：

出乎其类，拔乎其萃，不容于尧舜之世；
未能事人，焉能事鬼，何必去父母之邦。

郭嵩焘自己在奏折中也提道："去年京师编造联语，以何必去父母之邦相消责。家乡士子直诘臣以不修高洁之行，蒙耻受辱，周旋洋人，直欲毁其家室。"使得他"呕心沥血，时自伤哽"[47]。郭嵩焘行事风格上特立独行，对世界变化的大事有自己的先见之明，中国使团在伦敦，不仅没有受到歧视，还在他的带领下，很快融入当地的社交圈，广交朋友，扩大影响，但他还是预感到茶会事件不处理好，将会在国内引起更大的风波。

1879年1月，郭嵩焘的继任者曾纪泽抵达巴黎，郭嵩焘开始作回国准备。14日，他接到英国外交大臣索尔兹伯里侯爵的邀请，女王将于17日与他话别，他立即决定带梁夫人一起参加。他在日记中写道：

> 梁氏随行数万里，一被参于刘锡鸿，再被参于张佩纶，不能为荣而只为辱，乃决计令其一见君主，归为子孙言之，足证数万里之行，得与其君主相见，亦人生难得之际会也。[48]

女王同意了他的请求，可见郭嵩焘是个极有主见也很会抓住机遇的人。17日，郭嵩焘夫妇在索尔兹伯里陪同下，乘英国政府安排的铁路包车，到达朴次茅斯，再换船渡过索伦特海峡，到怀特岛的奥斯本宫。女王先单独接见了梁氏，问候之后，还将女儿贝亚特丽斯公主介绍给她。[49]尔后，女王会见郭嵩焘，对他的离任表示惋惜。郭嵩焘说："中国妇女无朝会之礼，所有盛典概不敢与，今旦夕回国，以私接见，得蒙赏准，实是感悦。"会见后设宴，皇家宫廷官询问，公使夫人能否同席？马格里答复说，按中国礼节不同席。这样，英方为梁氏别设一席。[50]当时若是直接询问郭嵩焘本人，估计他必会欣然接受。这次会见，是19世纪中国妇女在国际外交舞台上获得的最高礼遇，也是郭嵩焘对于他出使活动受到保守势力批评的直接回击。

我后来参观过奥斯本宫，这里花园辽阔，宫殿主体是座四层楼的建筑，优雅精致，适合王室家族私密地居住，是维多利亚女王和丈夫艾伯特亲王最最钟爱的一处行宫。1901年，女王亦是在这里与世长辞。我在奥斯本宫徜徉，底层的会客厅里，铺着厚厚的法国奥布松织花地毯。灰白色意大利大理石立柱顶端，双层毛茛叶雕塑的柯林斯柱头，托举着英国皇家的玫瑰图案。枝形水晶吊灯下，金色绸缎包裹着的沙发，和金色的落地窗帘帏幔相互呼应。温馨高雅的客厅，应当就是接见郭嵩焘的地方了。而在客厅隔壁，是粉红色的餐厅，这里确实也有两组餐桌。维多利亚女王在位的六十多年时间里，有过无数次外事接待，与中国公使夫妇的离别会面和宴会，显然只是一场官式礼仪，但在郭嵩焘的私人记忆中，却是永远铭记的最高规格的外交活动。

1月31日，郭嵩焘结束了在英法的外交使命，离开伦敦，取道法国、意大利回国，3月27日抵达上海。次日，他便筹划委托英国律师担文（W. V. Drummond）、鼐林向《申报》交涉。在此之前，他已请英国驻沪领事达文波（Arthur Davenport）代向《申报》老板、英国人美查（Ernest Major）交涉。美查轻描淡写地表示："此游戏之文而已，无足深论。"但达文波告诉他：此案一经法官审理，恐获罪非轻。在当年，租界实行领事裁判权，领事即为其本国公民司法诉讼的首席法官。所以达文波的警告，含义十分明确。达文波对于第一任中国驻英公使，是给足了面子的。郭嵩焘则认为，他的举措，不是与美查"校论得失，但欲穷知造谣之源"[51]。此次交涉，也是中国新闻史上最早的媒体与当事人之间的名誉侵权纠纷案。

经交涉，美查承认报道失实，将按西律课罪，遂于4月10日在《申报》发表公开道歉：

> 本报于去年夏秋间，叠登郭侍郎在外洋画照宴客等事，一时误听谣传，语多失实，在后访知颠末，歉仄莫名，爰即辩正在报，现在此事已闻于驻沪英达（文波）领事，故而请领

事据情能达（郭）侍郎，以明本馆并非有意嘲谑。蒙侍郎俯鉴愚忱，不与计较，而本馆益深愧恧矣。按日报规例，凡记述事实，本以确访明查为第一要着，本馆总当以此为念，不再有误听谣言登报也。"[52]

次日，《申报》又以"纪郭侍郎出使英国事"为题，正面评论出使归来的郭嵩焘的外交活动，文中提到，"上年在英都特设茶叙，上自执政大臣，以及官绅士庶，来会者几千余人。侍郎一一接晤，睹者惟觉词和气蔼，如坐春风，伦敦人士无不仰其仪容，佩其言论，深望侍郎久驻京都，得以长亲教益，尤不禁遥领中朝皇上之知人善任也。"[53] 这使郭嵩焘感到安慰，他因出使英国，受到守旧势力强烈攻击，回国后，不打算进京述职，以身体不佳为由，直接返回湖南老家，退隐林下。因此，看到《申报》的道歉，他就决定适可而止，鸣金收兵，不再追究"造谣之源"。用他自己的话说："得其'误听谣言'一语，亦可以不加苛论矣。"[54]

一场招待会引出的风波，至此方告结束。

2010年8月初稿

2012年6月修订

2014年11月三稿

---

1 《随使英俄记》，光绪三年五月十二日，第413页。
2、8、9 《英轺私记》，第132、133、79页。
3 《郭嵩焘日记》，光绪三年五月十二日，第3册，第235页。
4 《郭嵩焘日记》，光绪四年四月二十一日，第3册，510页。
5 《郭嵩焘日记》，光绪四年四月二十三日，第3册，512页。
6 《随使英俄记》，光绪四年五月初四日，第562页。
7 《随使英俄记》，光绪四年五月二十七日，第569页。

10 《随使英俄记》,光绪四年六月十八日,第579页。
11 《郭嵩焘日记》,光绪四年五月十七日,第3册,第547页。
12 《随使英俄记》,光绪四年六月初五日,第571页。
13 《随使英俄记》,光绪四年五月初五日,第562页。
14 《随使英俄记》,光绪三年五月初八日,第412页。
15 《随使英俄记》,光绪四年五月初十日,第563页。
16 《随使英俄记》,光绪四年五月初七日,第562—563页。
17 《曾纪泽日记》,光绪五年五月初五日,中册,第888页。
18 李鸿章:《致李经方》,光绪十六年三月十三日巳刻,《李鸿章全集》,第35册,第43页。
19 《随使英俄记》,光绪三年五月二十二日,第419页。
20 《随使英俄记》,光绪四年四月二十七日,第560页。
21 《随使英俄记》,光绪四年四月二十八日,第560页。
22 《随使英俄记》,光绪四年五月十九日,第567—568页。《郭嵩焘日记》,光绪四年五月十九日,第3册,第547页。
23 The Times, June 20, p.9. 转引自郭廷以:《郭嵩焘先生年谱》,下册,第764页。
24 李鸿章:《郭嵩焘请付史馆折》,光绪十七年七月二十二日,《李鸿章全集》,第14册,第136页。
25 李鸿章:《复出使美日秘大臣太仆寺正堂张》,光绪十三年五月二十日,《李鸿章全集》,第34册,第222页。
26 《钦使宴客》,《申报》,光绪四年七月初八日第一版。
27 《论礼别男女》,《申报》,光绪四年七月十一日第一版。
28 《郭嵩焘日记》,光绪十年八月廿九日条提及"接上海七月十二日由法公司递到第八十九号包封",第3册,第640页。
29 《郭嵩焘日记》,光绪四年八月十五日,第3册,第627页。
30 关于郭嵩焘娶陈夫人,见陆宝千:《郭嵩焘先生年谱补正及补遗》,第7页。陈夫人去世,见《郭嵩焘日记》,咸丰十一年五月初六日,第1册,第458页。
31 《郭嵩焘日记》,同治二年八月二十一日,第2册,第127页。
32 以上记载见《郭嵩焘日记》,第2册,第129、130、131、132页。
33 《湘绮楼日记》,同治十一年七月癸未,第1卷,第330页。
34 《郭嵩焘日记》,同治九年六月初三日记载:"王夔石方伯过谈,意在为我周旋钱氏一事,此所谓孽缘也,思之亦自无可为计。"第2册,第602页。
35 《郭嵩焘日记》,同治十一年七月初四日,第2册,第724页。
36 沃秋仲子:《近现代名人小传》,上册,第146页。
37 参见张静:《郭嵩焘归隐缘由之探析》,《青海师专学报》(教育科学版),2004年第1期,第37—38页;《郭嵩焘日记》,同治九年四月二十四日,第2册,第596页。
38 《郭嵩焘日记》,同治四年七月十一日、同治八年三月初四日,第2册,第290、535页。
39 参见《郭嵩焘日记》,同治十一年二月二十日,第2册,第706页:"凤氏十八日申刻举一子。"
40 纳梁氏为妾见《郭嵩焘日记》,同治十年七月十八日,第2册,第672页;梁氏为苏凤文婢女之说,见陆宝千:《郭嵩焘先生年谱补正及补遗》,第184页。

41 《郭嵩焘日记》，光绪四年十一月初一日，第 3 册，第 692—693 页。
42 郭嵩焘：《致刘芝田书札》，光绪四年十一月初六日，http://www.gg-art.com/include/viewDetail.php?columnid=20&colid=3537
43 《郭嵩焘日记》，光绪四年二月十八日，第 3 册，第 452 页。
44 《郭嵩焘使英前后至沈幼丹书》，《花随人圣庵摭忆》，第 1 册，第 273 页。
45 《郭嵩焘日记》，光绪四年十二月初二日，第 3 册，第 718 页。
46 《郭嵩焘日记》，光绪二年七月十九日，第 2 册，第 49—50 页。
47 《使英郭嵩焘奏办理洋务横被构陷折》，《清季外交史料》，卷 12，第 28 页。
48 《郭嵩焘日记》，光绪四年十二月二十二日，第 3 册，第 740 页。
49 郭嵩焘记，女王接待梁氏时，"指示其三公主毕尔得立斯曰：此公主也。"《郭嵩焘日记》，第 3 册，第 742 页。按，维多利亚女王的第五个女儿为贝亚特丽斯公主，时年 22 岁，未婚。而三公主为海伦娜公主，时年 33 岁，十三年前已嫁给石勒苏益格－荷尔斯泰因－索恩德堡－奥古斯腾堡的克里斯蒂安王子。郭记毕尔得立斯为三公主，显然有误。
50 《郭嵩焘日记》，光绪四年十二月二十五日，第 3 册，第 742 页。
51 《郭嵩焘日记》，光绪五年三月初六日，第 3 册，第 821—822 页。
52 《解明前误》，《申报》，光绪五年三月十八日第三版。
53 《纪郭侍郎出使英国事》，《申报》，光绪五年三月十九日第一版。
54 《郭嵩焘日记》，光绪五年三月十八日，第 3 册，第 830 页。

（本文插图见彩版九至彩版十二）

在那华丽的宫廷里

格林尼治的中国留学生

> 假使在一个国家里面,那些牺牲生命,健康,幸福去保卫国家的勇士们,其社会地位反而不如大腹贾,那么这个国家的亡国,就一点都不冤枉。
>
> ——约米尼

一

去格林尼治皇家海军学院参观那天,我是心怀忐忑的。二十八年前,从我开始研究近代海军历史的时刻起,这里一直是我期待访问的地方。到达伦敦,处理完公务之后,我的第一个目标就是去看看格林尼治。早晨,阳光很好,走出酒店的时候,戴着黑色高礼帽的门僮优雅地为我拉门,使我略有时光穿越的感觉,仿佛回到了19世纪。登上商务旅行车后,我们一路向东区驶去。

皇家海军学院位于伦敦东区的格林尼治小镇,镇上最出名的,是学院南面小山坡上的天文台(通常亦译作格林威治天文台)。这是我们从中学地理教科书上早就耳熟能详的地方,从天文台外的平台往北俯视,皇家海军学院的校舍和著名的"皇后之屋",顺着一片宽广的草坪,呈现在游人的眼底。

15世纪初,英国王室将格林尼治作为防守伦敦的要塞,在这里设置炮台和瞭望塔,用来监视泰晤士河上的舰船。1425年,亨利五世的兄弟格洛斯特公爵(Duke of Gloucester)看中了格林尼治这个依山傍水的要地,开始建造宫殿。此后,亨利七世、亨利八世、伊丽莎白一世等国王都对此地喜爱有加,不断进行扩建。周围的山林草地,则是王室养鹿、放鹰和打猎的御苑。由于格林尼治近海的地理特点,亨利八世在这里建造船只、组建舰队,逐渐形成了格林尼治海事建筑群。1558年,格林尼治正式成为皇室的夏季行宫。

皇后之屋(Queen's House)是詹姆斯一世邀请著名建筑师琼斯(Inigo Jones)为安妮皇后设计的宫殿,1618年,工程因皇后生病而停工。不久皇后去世,詹姆斯一世旋将这座房子赠给了儿子查理一世。查理一世又于1629年将格林尼治赠给了妻子玛丽亚皇后。玛丽亚皇后继续委托琼斯施工,并于1637年完工。此后,这里成为查理一世和玛丽亚皇后钟爱的住所。

1675年,英王查理二世决定在格林尼治山顶瞭望塔处建立英国皇家天文台。那时大英帝国正在跨越大洋,扩张势力,但海上航行只能凭借日月星辰来判断船只所处的纬度,而无法确定其经度。英王相信研究星象能为远洋航海提供保障,规定皇家天文台的任务是寻求确定经度的办法,改善航海与天文学。经过几十年的研究,到1767年,天文学家们摸清了主要天体的准确位置和运行规律,制成世界上第一张海图。英国海员可以根据星辰的位置确定船的方位。1884年6月26日,国际经度会议通过决议,以通过格林尼治天文台的经线为本初子午线,即零度经线,以此计算地球上的经度;以格林尼治为世界时区的起点,以格林尼治天文台的计时仪器来校准时间。本初子午线从天文台小小的院子里穿过，把地球虚拟地划分为东西两半。从此，格林尼治因这座天文台而闻名天下。

1682年，查理二世下令在伦敦城内切尔西为伤残退伍军人建造一所医院，这所皇家医院（Chelsea Royal Hospital）迄今尚在运作，居住着四百多位退伍军人。医院旁边的莲罗花园，是每年5月举行久负盛名的切尔西花展的地方。1685年，查理二世去世，他的弟弟詹姆斯二世承继王位。詹姆斯二世是个虔诚的天主教徒，竭力恢复天主教会的权威。为了防止天主教会势力复辟，1688年，英国议会宣布詹姆斯二世自行退位，迎立他的女儿玛丽和女婿荷兰国王威廉为英国女王和国王，共同统治英国，詹姆斯二世逃往法国。这次政变，史称"光荣革命"。1692年，英国海军在巴夫勒尔海战中击败了法国海军，使得梦想依靠法王路易十四支持复辟王位的詹姆斯二世计划落空。玛丽女王感念海军将士的功勋，希望像切尔西医院一样，为受伤和残疾的水手们提供一个疗养的场所，这便是建造皇家海军医院之由来。海军历史学家认为，"对于任何一个在海军战舰下层甲板拼搏的海员来说，再没有比这个决定更好的礼物了。""这家医院是一个感恩的民族对其海上战士最好的献礼。"[1]当年，英国正逐渐崛起，成为海上霸主，航海和海战都是极冒风险的行当，所以这个礼物具有巨大的象征意义。医院工程由著名建筑师莱恩爵士（Sir Christopher Wren）1696年到1704年设计建造，他同时也是著名的圣保罗大教堂和切尔西医院的设计者。全院共分四个回形院落，包括两座带有高耸的穹隆圆顶和塔司干式双柱长廊的巴洛克宫殿。据说这里是英国巴洛克风格公共建筑最为集中的景点之一，也是唯一一处为公共福利事业而非宣扬个人崇拜目的而修建的华丽建筑。

皇家海军医院建筑宏伟。1708年，曾经承担圣保罗大教堂穹顶装潢的艺术家詹姆斯·索恩希尔爵士（Sir James Thornhill）接受指派，为医院的水手餐厅绘制壁画。他的创作持续了十九年，直至1727年才完工，整个餐厅被称作"油画大厅"。建成之后，有人觉得拿如此奢华的地方给伤病员吃饭实在可惜，这里一度成为对外收费参观的旅游景点。1805年特拉法尔加海战，英国海军司令纳尔逊中将（Vice Admiral Horatio Nelson）率英国舰队以弱胜强，打败法国西班牙联合舰队，把英国从拿破仑登陆入侵的威胁中解脱了出来，但纳尔逊在海战中阵亡。他的灵柩被运回伦敦，在这里接受民众三天的吊唁，再运往圣保罗大教堂举行国葬。1824年，油画大厅成为海军艺术国家画廊，里面布置着各个时代的海军和海洋题材作品，这些作品，现在都陈列在"皇后之屋"西面的国家海事博物馆。1873年，英国创办皇家海军学院（Royal Naval Collage, Greenwich），海军医院的院舍，从那年起，划拨归海军学院使用。

二

1877年5月11日，清政府向英国派出第一批留学生十二人，在留学生监督李凤苞、日意格率领下抵达英国伦敦。中国驻英公使郭嵩焘旋即与英国外交部联系，安排他们的学习和实训。这批学生，是福建船政学堂1866年入学的中国第一批院校培养的职业军人，也是南北洋大臣沈葆桢、李鸿章积极推动的中国海军发展规划中精心挑选出来的佼佼者。

此时，中国的现代化刚刚起步。洋务运动领导人，开始意识到西洋的坚船利炮、工业化制造业和铁路运输是中华帝国未来生存必须仿效的主要内容。他们克服保守势力的种种阻扰和诘难，按照这几个方向开始了探索。从60年代起，兴办江南机器制造局、福建船政局，兴办船政学堂，培养海军军官和造船工程师。这个务实而大胆的计划实施到第十一个年头，终于，中国年轻的海军军官，漂洋过海，来到了伦敦。

对刘步蟾、林泰曾来说，这已是第二次到英国接受培训了，1875年，他俩曾被派往戈斯波特（Gosport，清末译高士堡）海军学校学习，次年回国。8月，刘步蟾、林泰曾、蒋超英分别被派上英国地中海舰队"马那杜"（H. M. S. Minotaur）、"勃来克珀林"（H. M. S. Black Prince）、"狄芬思"（H. M. S. Defence）号铁甲舰实习，享受军官伙食和床位待遇。

9月9日，英方通知郭嵩焘，同意中国学生参加皇家海军学院入学考试。27日，九名留着辫子、戴着瓜皮小帽的青年军官参加了考试。30日，结果揭晓，严宗光（后改名严复）、方伯谦、何心川、林永升、叶祖珪、萨镇冰等六人顺利通过，他们踏进了泰晤士河畔的这所新设军校。李鸿章在给总理衙门的信中提道：李凤苞带闽厂学生在伦敦与威妥玛联系留学事项，守候五旬之久，英国方准三人上军舰，六人进学堂，"意颇吝教"。² 从实际操作来看，英方对于这次海军合作，采取的态度是开放的。黄建勋、林颖启、江懋祉没有考取，经请求，由英国海军部分别派往西印度舰队"爱勤考特"（H. M. S. Agincourt）号和大西洋舰队"伯利洛芬"号（H. M. S. Bellerophon）军舰实习。

中国与英国教育的首次结缘，是在海军院校。中国派往英国的第一批正式留学生，是海军留学生。我们从他们在英国留下的照片看到，当初他们何等年轻，何等的英姿勃勃。而对比1867年他们在福建船政学堂读书时代合影，我们又切切实实地感到他们长大了。国家把希望寄托在他们身上，为他们创造了极为优渥的条件。李鸿章在与郭嵩焘、李凤苞等人的通信中，讲起他们，个个如同自己的子侄，优点、缺点都看得清清楚楚。将来回国后的安排使用，也都早已反复谋划了多次。

关于中国留学生在皇家海军学院的学习和生活，资料保存极少，《郭嵩焘日记》中略有记载。

1878年2月2日是中国的光绪四年正月初一，留学格林尼治海军学院的六位中国学生给郭嵩焘拜年。严宗光谈话最畅，他们介绍了学院课程：星期一上午力学、化学；下午画炮台图。星期二上午，数学、物理、电学；下午画海道图。星期三上午，力学及普法战争、俄土战争；下午无课。星期四课程同星期一，星期五课程同星期三。星期六上午讲授铁甲舰、炮弹等知识，下午无课。中国留学生在皇家海军学院的学习时间是一个学期（9个月），从这个课表看，他们所学均是基础课程，难度并不很高。

严宗光还谈到中英军人身体素质上的差距：

> 西洋筋骨皆强，华人不能。一日，其教习令在学数十人同习筑垒，皆短衣以从。至则锄锹数十具并列，人执一锄，排列以进，掘土尺许，堆积土面又尺许。先为之程，限一点钟筑成一堞，约通下坎凡三尺，可以屏身自蔽。至一点钟而教师之垒先成，余皆及半，惟中国学生工程最少，而精力已衰竭极矣。此由西洋操练筋骨，自少已习成故也。[3]

这令我想起1876年春天英国军官寿尔（H. N. Shore）在严复的母校福建船政学堂参观后写下的观感。他说，从智力来说，中国学生和西方学生不相上下，不过在其他各方面则远不如后者，这是由抚育的方式所造成的。"下完课，他们只是各处走走发呆，或是做他们的功课，从来不运动，而且不懂得娱乐。"[4]寿尔对于新旧交替时代中国第一批新式学生的观察颇为精细，中国旧式武人粗鄙，而文人，喜欢四体不勤地待在书斋里，以为这就是劳心者的风度。这同西方贵族恰好相反，西方贵族，除了玩文学、绘画、园艺之外，同时崇尚武艺、狩猎、体育。读军校、服兵役，都是贵族必须履行的职责。投身海军者，除了在驾驶室指挥行船之外，还要学会在暴风雨中爬上桅杆装卸帆缆。同样，李鸿章也曾对船政大臣黎兆棠说过，闽厂学生大都文秀有余，威武不足，似庶常馆中人，不似武备院中人，然带船学问究较他处为优。[5]

1878年5月30日，郭嵩焘与留学生监督李凤苞一起，参观学院。他先到严宗光、方伯谦、叶祖珪等人宿舍，又在海军大臣舍得威尔陪同下游览校区，他在日记中详细记载了此次参观的所见所闻：

> 学馆凡分四区。左上一区学堂，右上一区画像。历朝水师将领并悬像于此。最著名者义尔生（纳尔逊），与西班牙、法兰西前后百二十馀战，卒以伤殒。绘其战绩至十馀图。其下为饭堂，前通客厅及击球厅数所。右前为教堂，其下即击球厅也，中有甬道，伏地通行。左前为妙西因（博物馆），数百年所造船式皆在其中。由夹板而铁皮，而轮船，而暗轮，由四五炮眼而炮平面炮台，由拦炮墙而用活板，其船式具备。始为铁甲大船，驾炮百八十门，名"魁音"，则开长池蓄水，置船其中，实为一千八百四十一年也。又诸积学深思，谋所以避炮弹及水雷之险，而又坚利足以冲敌船，铸铁为长蚌形，上为圆平顶而不受炮，下浅而不及水雷，其式亦多种，而并未制造。凡屋数重，皆船式也。

> 其地故为王宫。若尔治第二（乔治二世）时与法人战，士卒受伤者多，乃置以为留养伤病将弁院。维多里亚即位数十年，无甚兵事。至一千八百七十一年，改为教习水师学馆，岁费国用二万五千馀镑。所历学堂，仅数学及炮台、机器、

格致四处而已。严又陵等所受学者六处,余皆不能详。如炮台学堂凡二处,其一处以教数学之深入者,又陵等亦尚未能入也。又有意大里及德国语言文字学堂。曾一过德国学堂,受学者亦十余人。舍得威尔邀至其家,瀹茗相款。行一二里,送至外栅门。[6]

郭嵩焘还记录,严复在接待他的过程中讲述的牛顿故事:

> 严又陵语西洋学术之精深,而苦穷年莫能殚其业。近习音明对数表,意大里人洛布尔为对数之学,英人音明立表以明之,近言对数者皆用之为程式。所谓对数者,以加对乘,以减对除,以折半对开平方,以加倍对自乘,所谓算法捷诀也。因论洋人推测,尤莫精于重学。英人纽登偶坐苹果树下,见苹果坠。初离树,坠稍迟,已而渐疾,距地五尺许,益疾。因悟地之吸力。自是言天文之学者尤主吸力。物愈大,吸力亦大。地中之吸力,推测家皆知之而终不能言其理之所由。纽登常言:"吾人学问,如拾螺蚌海滨,各就所见拾取之,满抱盈筐,尽吾力之所取携,而海中之螺蚌终无有尽时也。"

这年6月,皇家海军学院举行期末考试,严宗光等六人成绩优异。郭嵩焘致函英国外交部,请求安排方伯谦、何心川、叶祖珪、林永升、萨镇冰到皇家海军舰艇上实习。而严宗光,被认为擅长教学,需要加强基础理论方面的深造。遂为他申请在海军学院再学9个月,使其胜任中国政府已为其安排的职位。不久,林永升、萨镇冰、方伯谦、何心川、叶祖珪被分别派上"马那杜"、"莫纳克"(H. M. S. Monarch)、"恩延甫"(H. M. S. Euryalus)、"菩提西阿"(H. M. S. Boadicea)、"勃来克珀林"号军舰实习。一年后,严宗光毕业,英方拟安排他上纽尔卡斯号(H. M. S. New Castle)实习,中国新任公使曾纪泽致函英国外交部,告知"严宗光已奉电召立即回国",取消其上舰实习计划。严宗光是第一批中国留英学生中唯一在皇家学院读书两年,却未上军舰实习的人。

关于皇家海军学院的校园生活和贵族气派,我未见严复或其他留学生留下记载,但六十多年之后,中国军官依然得以领教。1945年,格林尼治皇家海军学院与民国海军再次结缘,为中国培养接收英国捐赠的"重庆"号巡洋舰和"灵甫"号驱逐舰的军官。那时,二次大战尚未结束,英国物资极度匮乏,老百姓的衣食住行都实行配给制,例如在服装方面,每人每年只有40个点券,但做套西服就耗费24个点券,剩下16个点券,只够买内衣裤和袜子,否则一件衬衫要16个点,一双皮鞋9—10个点,不敷之数,只好分年做。许多人就干脆穿旧衣而不做新衣。在食物方面,每周配1个鸡蛋,肉品则每周4两。但海军学院保持着它高贵的传统,以培养具有绅士风度的军官。中尉留学生池孟彬(池后来官至台湾海军副总司令)晚年回忆说:宿舍是一人一间的套房,非常讲究。晚上就寝前,学员将换洗的内衣裤、衬衫、袜子和皮鞋摆在门口。次日晨起,女兵即来敲门,问候"Good Morning, Sir.",端上一杯咖啡和两块饼干,学员坐在床上饮咖啡,女兵将待洗的衣物及皮鞋拿走,送来洗好的衣服及擦亮的皮鞋。甚至袜子破洞,也由她们补缀。学员喝完咖啡,才下床漱洗更衣,准备一天的开始。海军学院的学生,每天供应1只鸡蛋,也能天天吃到肉。池孟彬说,这种贵族化的作风是皇家海军学院的特色。

池孟彬还一直记得他在油画大厅里吃饭的场景:餐厅分二层,上层为教职官及贵宾用膳之所,下层则是学员用餐处,中间仅以几级阶梯区隔,可以相互观望。下层共有三排餐桌,中国学员坐在右边靠窗的一排。用餐时,每五六个学生后面派有一名女兵服务。每餐有三四道菜,每上一道菜前,女兵即拿菜单给学员点，再分别送来。用餐时，全体学生着正式军服，有时女王也会来学院巡视并用膳。池孟彬的回忆录里还有当年餐厅的照片，极有气派的餐桌使我震撼，并使我联想起霍格沃茨魔法学校。——哈利·波特系列电影中那个令人着迷的餐厅，取景于牛津大学基督学院，显然，英式学校餐厅在布局上有着类似之处。只是我本人参观油画大厅时，发现餐桌已不直排，而是横过来，朝着窗口方向，排成一列列短行。这样一来，就将原来的气氛，完全改变了。

按照池孟彬的回忆，学院除油画大厅和礼拜堂外，共有四幢面向泰晤士河的三层楼建筑，分别是讲堂、实验室、教授办公室、学员宿舍。百余年来，一直保持着昔日的历史风貌。[7]

三

此刻，我从穹隆顶的前厅踏上台阶，缓缓地走进了心仪已久的油画大厅，厅中布满金色的柱头和线脚，阳光透过长形拱窗细密的格子玻璃斜斜地穿射进来，明亮、宁静而庄严。严复、萨镇冰和池孟彬等海军前辈曾经仰望过的著名天庭壁画，现在轮到我来抬头仰望。画面上，威廉三世国王和玛丽二世女王端坐在天堂里，身后有美德之神陪伴。他们的上方，太阳神阿波罗将光芒挥洒在威廉身上，和平女神将一枝橄榄枝递给威廉。威廉国王将象征自由的红帽子递给屈膝、手牵一匹白马的欧罗巴。威廉下面，是被打败的法国国王路易十四，他手持断剑，身穿一件黄色的束腰外衣，黄色象征畏惧和背叛。在这些下面，建筑神手持莱恩爵士为海军医院设计的图纸。此刻，时间之神将裸露的真理形象高高举托起，在画的底部，智慧女神雅典娜和大力神赫拉克勒斯正将邪恶清扫出天堂。

再往前行，穿过一个镀金的装饰有黄道十二宫的拱门，就来到池孟彬记述为"上层餐厅"的上厅，这里没有窗户，餐桌上，枝形烛台式样的台灯荧荧地点燃着，似乎皇家海军学院的早餐刚刚结束。天庭画上，胜利之神正在向安妮女王和她丈夫、丹麦乔治国王致敬，海王向他们献出三叉戟，代表着对海洋的权利。四边，欧罗巴牵着白马代表欧洲，骆驼代表亚洲，狮子代表非洲，手持弓箭者代表美洲，他们都围绕着海军强国大不列颠。西面墙上，正对着观众视线的，是来自德国汉诺威的新英国皇室乔治一世，他被家族成员围绕着。右侧，站在海军胜利之神旁边的，是未来的乔治二世。画面的背景，有本建筑设计师莱恩爵士的标志性建筑伦敦圣保罗大教堂。而画面右下角上，壁画作者索恩希尔展开双手，一手指向他的精美画作，另一只手被认为是在讨要他的工钱。

这真是一座华丽而神奇的宫殿，恐怕也是世界上最漂亮的海军学院。还有一种说法，这里是欧洲最漂亮的食堂。

我还来到油画大厅对面的礼拜堂参观。圣彼得和圣保罗礼拜堂，建成于1752年，后来在1779年1月2日早晨，因火灾而烧毁。1789年9月20日修复后重新开放。礼拜堂属于希腊复兴风格，东侧的主墙面和略带弧形的天花板上，布满了金银花和棕叶交互出现的花纹，用石膏雕塑，配色采用了韦奇伍德瓷器的蓝白风格，十分典雅，且有极好的声学效果。祭坛上，美国艺术家本杰明·维斯特绘制的高达7.5米的油画，描述了圣保罗在马耳他岛上遭遇海难的故事。礼拜堂里还采用了"视幻觉法"，许多美丽的石雕乃至大理石立柱，其实不是石头而是用颜料染色和石膏与动物胶的混合物制造出来。这种技法使得建筑物成本降低，但参观者乍一看去还不能分辨清晰。礼拜堂里有一架1789年制造的管风琴，包含三个踏板、一个专门的调音装置和一些罕见的18世纪混音装置，迄今还能在每周的主日聚会中演奏。

参观完油画大厅和礼拜堂，走到外面的空地上。这里绿草茵茵，林木婆娑，华屋巍峨。泰晤士河流经这里，拐了一个大弯，对岸的多格斯岛区（Isle of Dogs），突兀而出，宛若上海的陆家嘴。大名鼎鼎的金丝雀码头，以及时下伦敦最高建筑第一加拿大广场（One Canada Square，高235.1米，50层）和汇丰银行总部（HSBC Tower）、花旗集团中心（Citigroup Centre）均在这里挺立着现代化的身躯，成为新兴CBD，与传统的金融中心伦敦城一争高下。我的感觉有点恍惚，似乎还没有从历史的穿越中返回来。当初，严复向郭嵩焘转述的牛顿与苹果树故事，就是从海军学院某一个房间里听教官传授的吧。中国早期洋务自强运动的领导者，从起步之初就为人才培养规划了宏伟的目标，眼光不能说不锐利不长远。一代年轻的中国军官，曾经受到最好的海军教育。与严复一起来英国留学的另外十一位中国同学，其中有六位后来以舰长的身份参加了甲午黄海大战（刘步蟾，"定远"号铁甲舰管带；林泰曾，"镇远"号铁甲舰管带；方伯谦，"济远"号巡洋舰管带；林永升，"经远"号巡洋舰管带；叶祖珪，"靖远"号巡洋舰管带；黄建勋，"超勇"号巡洋舰管带），他们无论本人是否在海军学院读过书，作为第一批海军留学生，都应当记得油画大厅，记得这个大厅曾经停放过纳尔逊的灵柩，记得纳尔逊在指挥特拉法尔加战役时，在旗舰上向全体军舰挂出的著名旗语"英国期盼人人恪尽职守"（England expects that every man will do his duty），激励他的下属与法国舰队搏杀。这是历史上海军英雄主义的一个最著名的记忆和永不泯灭的传说。海军传统，其实远不仅是贵族的生活派头，而是为国家献身的勇气、责任，和战胜对手所必需的信心、战术和整体作战能力。

中国近代海军却没有给后人留下伟大的传统和胜利的故事，这是我几十年研究海军史的一个深深的遗憾。中国海军学生从马尾起步，在格林尼治深造，他们的识见阅历，大大优先于同时代的同胞，一点也不比他们的对手日本海军军官来得差。有人传说，伊藤博文是严复在格林尼治海军学院的同学，这个说法显然漏洞百出。且不说伊藤博文根本不曾学习海军，就在当年，英国向中国海军开放格林尼治时，却没有同时向日本海军留学生开放。东乡平八郎等日后的海军名将，只能进入训练商船驾驶人员的泰晤士海校。[8] 正因为如此，再想到甲午战争中中国海军的失败，就更使人扼腕而难以接受。此时，我在中国军人曾经学习和生活过的地方徜徉，感受他们居停的环境，体会他们的音容笑貌，我不能不思考其中的差距和原因。有位网友说，在传统农业为经济基础的帝国中，强行植入近代工业体制下形成的舰队，在物质基础、组织结构和思想意识方面，都要经历漫长艰难的磨合。后果要么是社会经济基础和政治上层建筑得以近代化，要么舰队覆灭，无论是中国、俄国、土耳其，都不例外。我想，这个分析是有道理的。

最后还要补充一句，皇家海军学院1997年并入英国三军联合指挥与参谋学院（Joint Services Command and Staff College）。次年搬往牛津郡的斯瑞文翰（Shrivenham）。现在，油画大厅和教堂归格林尼治基金会管理，免费向公众开放。其余校舍，划拨给格林尼治大学。我在陈旧的教学楼走道里，与三个来自中国的女生交谈。看着窗外，古老的建筑物拖着长长的影子，与严复、萨镇冰等人生活的时代，并无二致。姑娘们对学校印象良好，却毫不知道，自己与中国第一批留英学生，共享着风景如画的校园。

2010年7月初稿

2012年10月修订

附　记

　　2012年底，钓鱼岛问题在中日两国间引起高度关注。我和几位海军朋友、媒体友人在北京相聚聊天。我问新华社前驻日本记者刘华，日本海上自卫队军人是否像处理2011年福岛核泄漏事故时的自卫队相关抢险人员那样怕死？他说，年青一代日本军人怕死是相当普遍的现象。我又问，日本海军的传统是否还依然保留着？他说，当然，在江田岛海军兵学校，至今仍像圣物一样，供奉着纳尔逊、东乡平八郎、山本五十六的各自一缕头发。在校史陈列室，每个"二战"时代神风突击队飞行员的相片和名字都有陈列，比靖国神社还要厉害。学校持续不断地对学生灌输这种"传统教育"。害怕死亡和军国主义教育，在日本军人中同时存在。

　　海军是一个在浩瀚的大海上搏击勇气和智慧的专业军种，我期待中国海军军人在新时代的崛起中，在捍卫国家海洋权益的斗争中，展现出时代的风采。在未来可能发生的军事斗争中，狭路相逢勇者胜。

　　我还注意到，我国第一艘航空母舰舰长张铮，2003年曾到英国三军联合指挥与参谋学院进修学习，这是中国海军与皇家海军学院的继承者在一百多年后的新合作。

2013年1月

1 安德鲁·兰伯特:《风帆时代的海上战争》,第 85—86 页。
2 李鸿章:《致总署 论武弁在德国学艺情形》,光绪三年十月初十日,《李鸿章全集》,第 32 册,第 153 页。
3 《郭嵩焘日记》,光绪四年正月初一日,第 3 册,第 406—407 页。
4 寿尔:《田凫号航行记》,载《洋务运动》,第 8 册,第 386 页。
5 李鸿章:《复船政黎召民廉访》,光绪六年十二月初六日,《李鸿章全集》,第 32 册,第 642 页。
6 《郭嵩焘日记》,光绪四年四月廿九日,第 3 册,第 515—516 页。按,郭嵩焘日记所记海军学院历史的几个年份,与我所见海军学院景点官方介绍的年份略有不同。
7 《池孟彬先生访问记录》,第 46—49 页。
8 马幼垣:《刘步蟾和东乡平八郎——中日海军两诸将比较研究四题》,《靖海澄疆:中国近代海军史事新诠》,第 69—76 页。

(本文插图见彩版十三至彩版二十)

欺人到底不英雄

关于首位上海籍外交家李凤苞的争议与辩诬

> 查丹崖经手订购新式船械枪炮，较赫德及各洋经办者尤为精坚得用，价亦略廉，并无嗜利确证。目今防务孔急，正当广求利器，汲引人才，各省文员如丹崖之能讲求戎备，条理精密者实不易得，尚求保护而维持之，勿为浮言所惑。幸甚幸甚。
>
> ——李鸿章

一

几天前，我看到陈悦在微博上发出一条消息：

即将赶往南京，流失百年的定远舰建造合同和技术说明书竟在南京出现，天意否？

我的心开始怦怦跳动，这是三十年来我一直追踪的北洋海军史的若干重要文件之一。随之，我也赶往南京，与陈悦一起，在南京图书馆古籍阅览室，仔细阅看了这份 1881 年 1 月 8 日签署的《中国驻德大臣李与德国士旦丁伯雷度之伏耳铿厂两总办订定铁舰合同》。

确切地说，这是合同的抄本而非正本。文件签署页上，有清政府驻德公使李凤苞和伏耳铿船厂总办哈格和士达尔的衔名，却没有他们亲笔的签字。这份线装的合同，封面有些陈旧，里面的绵纸却是洁白的，估计完成之后，就不再有人看过。怎么会入藏南图的？待考。全书厚厚一册，字体工整，是部内容丰富的商业文件，对于中国在德国伏耳铿船厂定制第一艘排水量7335吨铁甲舰"定远"号的技术和商务条件都做了详细的规定。在此之前，我在另一位驻德公使许景澄的《许文肃公遗稿》中，读过《译录与德国伏耳铿厂原定造船草合同》，即订购"经远"、"来远"巡洋舰的合同文本，但就内容来讲，远比眼前这份文件要简略得多。

而最令我惊讶和始料不及的，却是合同所带一个附件。

附　合同之函

伏耳铿于正月初四日在伯雷度书立，正月初八日在柏林画押之合同内，定造铁甲船之价，毫无经手之费，中国使馆，无论何人，皆不得经手之费。又申明，本厂亦不送贿与所派监工之员，凡送贿或送经手之费即作为犯法。愿照办公时送贿于德国官之律例办罪。此件虽不钉连于合同内，但与合同无异。

想想，一百三十三年前，中国驻德公使李凤苞已与外国企业订立反商业贿赂条款了！该条款规定，订造"定远"号铁甲舰，中国使馆任何人均不得收取经手费，伏耳铿船厂也不得向中国监工人员赠送贿金。凡有送贿金或经手费的做法均为犯法，按向德国官员行贿的法律惩办。

这个文件，用事实揭去了一百多年来笼罩在李凤苞本人头顶上，也笼罩在我心中的疑云：在向德国订购新式军舰的过程中，李凤苞本人是否有收受贿赂的行为？

中国驻德大臣李、与德国士旦丁伯雷度之伏耳铿厂两总办订定铁船合同

第一款 伏耳铿厂由柏林使馆订令代造一中国铁甲战舰，保汽机锅炉暨汽轮及一切附用之汽机锅炉吹风器等件，又代购康邦铁甲以及铁甲上之钻镜，配安置於船身机器水雷各程式，镜章程及详图各件，一切俱照合同後所附船身机器水雷各程式镜章程，及详凭各图，供按逐件与工时陆续送呈核定，此所送各图供按照德国海部已造之式，如有近年新知应行修改之处，亦应修改，伏耳铿允许全船及一切相连物件用最上等之工料，又允许按合理最坚固最就态最精细及用一切应在时在瑞纳门地方交於使馆所派之员。

第二款 船内有竖立之铁甲，不论在旁在前後在炮台在号令台之处所，由厂所又枕桿及相随之件船上需用物件，及可以移动之件，如果椅面盂桨衣柩凡一切官厅饭卧房之物件子乐房之挪板等件，无不俱该厂又

铁舰合同
一

合同

光绪六年十二月初九日
西历一千八百八十一年正月初八日
中国驻德大臣李 押
德国伏耳铿厂总辨哈格押
坍格尔押

附合同之函

伏耳铿於正月初四日在伯雷度书立正月初八日之合同内定造铁甲船之价，毫无经手之费，中国使馆无论何人皆不得经手之费又申明本厂亦不送贿与所派监工之员凡送贿或送经手之费即作为犯法廟照辨公时送贿于德国官之律例辨罪此件虽不钉连於合同内但与合同章程内有一款如德海部仍用此款则验铁章程内不用故本章程已不用如德海部仍用此款则中国使馆亦可用之一千八百八十一年西正月初四日伏耳铿厂总辨哈格押朵尔押

八

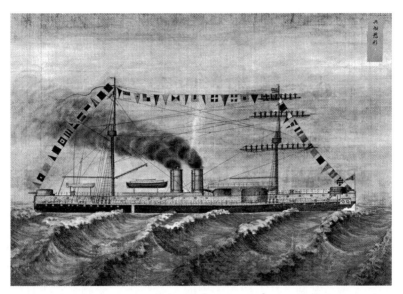

"定远"铁甲舰彩绘图(绢本,藏北京故宫博物院)

二

在中国历史上,上海是个得风气之先的地方,出了多位著名外交家,比如近代的颜惠庆、陆徵祥、顾维钧,民国的宋子文,建国后的吴学谦、钱其琛和杨洁篪,而籍贯崇明的李凤苞,无疑是其中的第一位。

李凤苞,字丹崖,1877年3月,他作为中国最早派赴欧洲学习海军和造船留学生的监督,率领刘步蟾、林泰曾、方伯谦、严复、萨镇冰、魏瀚、郑清濂等三十余位福建船政学堂毕业生,从马尾搭"济安"轮船起程,经香港换船,前往英法。尔后,从1879年起,清廷赏他三品卿衔,以记名海关道为出使德国大臣(公使),还兼任驻意大利、荷兰、奥地利公使,署理过驻法国公使。

李凤苞的科举功名为秀才,他从小兴趣广泛,广泛涉猎天文、地理、历算、壬遁、医药、卜筮、金石,同时自学西学。同治年间,因参与绘制《江苏舆图》中的《崇明图》,受到巡抚丁日昌的赞誉,以江苏舆图局董事身份考察沿海形势,又在江南制造局翻译过西方科技和军事技术方面的书籍。他依凭自己的西学知识,进一步受到曾国藩和李鸿章的赏识。光绪初年,他最早向李鸿章提出关外旅顺口,为京师东北要害,宜早经营为海军基地。[1]他在德国任职期间最重要的政绩,是为北洋海军订购了"定远"、"镇远"两大铁甲舰和"济远"号巡洋舰。

"定"、"镇"二舰造价二百八十三万两白银,"济远"造价六十八万两白银,这是李凤苞在李鸿章的指示下,耗费巨额公帑,避开海关总税务司赫德的干预,直接与德方进行的国际采购,而李凤苞本人,却也由此不断受到朝中官员的指控和参奏。

对李凤苞的批评，首先是怀疑他在订购军舰时，可能存在经济问题。

1883年1月3日，国子监司业潘衍桐奏李凤苞误公侵职据实纠弹折，称李凤苞订购铁甲舰，数百万巨款一人开支，难保无收受花红等弊。²1884年7月8日，内阁学士尚贤奏，李凤苞购买铁甲船，"价三百万两，以二成折扣，侵吞六十万金以肥己囊。又闻包修船屋，糜费巨款数十万两，将来船之好坏不可知，而该员已盈箱充橐"³。在野史中，更有人绘声绘色地描述，说李凤苞将订购"定"、"镇"号铁甲舰的回扣四千英镑存入伦敦某银行，并与银行约定了取款密码，可是后来忘记将密码告诉儿子，以致其子竟取不出存款本金。⁴

订购军火有回扣是一个商业潜规则，关键是拿不拿。拿不拿谁知道呢？当事人矢口否认又有谁相信呢？要探究其中秘密，一般来说极为困难，因为可靠的材料几乎无从获得。我在中国海关总税务司赫德与金登干（James D. Campbell）的秘密通信中，曾经看到过一个案例。

1875年，赫德通过中国海关驻伦敦办事处税务司金登干，为清政府订购炮艇，他们曾在信件中讨论过佣金。金登干是英国人，也是赫德的头号亲信，他告诉赫德，希望得到通过商业代理人卖给中国政府时所付的"通常的佣金"。阿姆斯特朗公司股东伦道尔（Stuart Rendel）答应，佣金按照订货合同价的2.5%支付。然后他将建立一个秘密工作的"S"账户，用于支付办事处的咨询费、修缮费和日用开支。在信中，金登干活像今天常见的小公司经理，获得一笔意外横财，又不敢赤裸裸地装进自己口袋，就想建立小金库改善待遇。他迫不及待地建议赫德，要为办事处买一辆四轮轿式马车，因为"地下火车我受不了，公共马车又太慢，而主要是为了节省时间"。他还提到"在银行和一些其他企事业中，领班雇员是免费供应午餐的"，这种午餐一般是一块羊排和少许奶酪。"我想这种费用可以从这笔钱中开支"。[5] 经过七个月的考虑，赫德回应说："我的直觉是反对你提出的花掉这笔钱的一切办法。"[6] 金登干旋即回信，表示理解赫德反对佣金的态度，但他本人认为，有义务努力获得一个商务代理人在业务中应得的佣金，然后把它用于一般的公务开支。他申辩说："回扣是从承包商给政府购买品的价格中减下来的，而佣金是承包商，请注意，在已经打了各种可能的折扣并得到他应得的纯利之后，从他的利润中拿出来作为好处赠给有关代理人的。"并且，由于赫德的答复较迟，他已当成同意，并支付了某些款项。金登干说：

> 有两种做法，我只能采取其中之一——或者在任何情况下都不接受任何佣金，以免损害个人体面，或者按照商业惯例秘密地接受佣金——向您报告事实，并按照我的判断，将钱用于支付一般开支。如我把这笔钱存入我的公务帐户，那我对承包商这一方就不诚实了；而另一方面，假如我没有通知您并得到您的批准就接受佣金，那又对您不诚实了。——假如您不赞同我接受佣金，我只好把这笔钱退回去，这次是退给阿公司，而后从我的公务帐上开支我已从"S"帐上支付的用费。

> 我说过，这是个微妙的问题——而现在确实是这样。首先，只具有深知我的人才会相信，假如命令不许收这种佣金，我是不会收的；其次，假如授权我接受佣金，承包商会认为那是与他们有过接触的代理人个人应得的好处，——同时，（商界的）人们会说："作为中国政府的代理人，金先生该靠他收到的定单发大财了；而要是他不设法从承包商手里弄到百分之五或十的佣金的话，他便是一个傻瓜！"[7]

从现存史料看，赫德对金登干的表态是断断续续的。又隔一年多，他在给金登干的信中说：阿姆斯特朗公司可以同任何人做生意，但佣金还是不要为好。金登干在回信中，则附上一份关于S字账上一两个地方的解释性备忘录。显然，小金库依然存在着。到了1877年底，赫德致函金登干，表示"你搞到了一笔钱并提出了如何用公事方式把它花费掉的办法，逼我对这件事采取行动。因而，我把这个问题搁置起来，打算过一些时日再处理，想清楚了，再正式指示你要这样办还是那样办。"[8]1878年春，赫德前往巴黎参加世博会，处理由海关承办的中国馆事务并回英国休假，他将金登干所收的佣金带回中国。1879年5月26日，赫德返回北京。不久，就将规平银17460两交给李鸿章，"饬局存备公用"。李鸿章称赞金登干"深明大义，廉介可风"[9]。

赫德、金登干谈论佣金问题是非常机密的，也异常坦率，彼此间没有遮遮掩掩。这些谈论，尘封在他们两人浩如烟海的私人文件中，直至1990年以《中国海关密档》的名义由中华书局翻译出版，才使后人得以了解。但找到这种案例，在史料中极为罕见。

现在，李凤苞与德国人签订的"合同之函"呈现在我的眼前。

反商业贿赂条款通常是现代企业合同样本中固定的格式条款，用以约束雇员的行贿或受贿行为。作为企业管理和规范运作的一项具体措施，反商业贿赂条款近些年来才逐渐被中国企业了解和使用，这样的条款对于一百多年前从未经历过国际商务谈判的李凤苞来说，很可能是无法想象的。按照我对德国法律规范和德国人的性格来审慎推测，这种反商业贿赂条款，应当是外方的要求，不太像是为了向李凤苞行贿而设置的伪装物。而有了这种约定后，伏耳铿船厂似不会再给予中方人员好处费或佣金。并且，"定远"舰合同中的反商业贿赂条款，也应被写入"镇远"舰和"济远"

舰的采购合同中。李凤苞签署的反商业贿赂约定，为他保留清白提供了重要证据。在清末的跨国采购或者借款活动中，经办人普遍存在以权谋私，为自己捞取好处的情况，其中尤以胡雪岩为左宗棠筹措西征外债借款时，将月息浮动到一分三厘，从中获取巨额回扣，极受时人诟病，而李凤苞与伏耳铿船厂的这份合同，就显得难能可贵。

三

李鸿章一直是李凤苞的坚强后台。1883年初，御史陈启泰参奏出他出身负贩小夫，略通西语，钻营保荐。出使以来，不遵定制，私带武弁，挟妓出游。李鸿章奉旨调查，复奏称李凤苞以诸生襄办局务，留心经世之学，即非出身微贱负贩小夫可比。光绪元年总署奏报出使人员，即有李凤苞在内。经向出洋学生了解，皆称其谨守礼法，德国外部、兵部、海部皆因引重之，无夷装、挟妓、佻㒓等情事。又驳斥私带武弁的说法，指出李凤苞监督出洋生徒内多水师武弁，又购办铁舰军火，随时派弁往从学习，并非违例私带。该大臣驻德四年，于泰西新法探讨入微，一时罕有其匹。[10] 年底，国子监司业潘衍桐参奏，说李凤苞为李鸿章订购铁甲二号，数百万巨款一人开支，难保无收受花红等弊。总理衙门查复，亦援李鸿章的意见，称该员"讲求武备，条理精微，为不易得之员"[11]。此外，李鸿章认为对德造军舰的批评，包含了驻英公使曾纪泽在英国人影响下产生的偏见，和驻德使馆参赞徐建寅散布的流言。比如李鸿章告诉恭亲王，"英人知敝处在德厂购船，忌嫉实深，赫德亦颇恨丹崖之洞察其弊"[12]。徐建寅本来是李凤苞的朋友和助手，后来两人出现了矛盾，李鸿章支持李凤苞，他说

"丹崖用人或未尽当，若谓借端图利，尚不致此。颉刚（曾纪泽）俯视一切，积不相能，徐建寅心术太坏，又从而媒孽之，此谣咏所由来，不可不察"[13]。

在1880年代，德国还是个新兴国家。军事工业上，克虏伯大炮经过普法战争的洗礼已经名扬世界，造船业却还在成长之中。光绪初年，李鸿章在赫德等人的鼓动下，在英国购买了一批中小型军舰，但使用效果差强人意，他遂将目光转向德国。先是定购铁甲舰，而后又买巡洋舰。由于"济远"舰其实是德国人首次建造的穹甲巡洋舰，设计中存在不够完善之处，由此引来诸多批评。此外，"定远""镇远"制成后，恰逢中法越南冲突，两国可能爆发战争，法国扬言要在公海劫夺中国铁甲舰。这使得负责运送军舰来华的德国产生犹豫，"定远""镇远"是在1885年中法战争结束之后才运回中国的。"定""镇"晚归，也是国内不了解情况的官员批评李凤苞的一个重要理由。

"济远"舰引起争议的，是其装甲防护的设计问题。具体来说，蒸汽军舰的发展进程中，首先是在重型军舰舰体敷设装甲，称作铁甲舰。巡洋舰为了保持高度航速，只将木质舰体改换成金属舰体，但船舷没有装甲防护。后来考虑到战场上的生存问题，英、意、德等国开始研发装甲甲板，即用一层装甲像龟壳一样，从上部将军舰的核心部分覆盖住。甲板中间隆起，两侧斜伸到船侧舷的水线下面，像一个龟壳，覆盖住主机舱，敌弹即使穿透侧舷，也无法穿透这层装甲。同时，在装甲甲板之上的侧舷部分，安置煤舱，以延阻敌弹的破坏力。这种装甲甲板巡洋舰（Armour Deck Cruiser），当时被形象地译作"穹甲快船"。

起初，英国人设计的防护甲板。顶端低于水线，后来发现这种设计，一旦船侧舷被击穿，海水涌入，穹甲下方的水密体积无法保证军舰浮力，最终会造成军舰沉没。此外，随着对巡洋舰航速的要求越来越高，锅炉的体积也越造越大，机舱受到水线下甲板高度的限制，空间逼仄，无法扩大锅炉，也不利于空气流通和作业。所以，英国设计师将装甲甲板改为中间为平顶，两侧为斜板，且将中间平顶升出水线。"济远"系德国人仿英舰"赫士本"号制作，其穹甲以1英寸厚钢，2英寸厚铁的钢面铁甲，制成斜坡深入水线下4英尺，穹甲的顶部也略低于水线。英国人认为这种设计过时，且订购军舰的单子被德国人拿走，也令其极为不爽，所以通过各种途径散布了"济远"舰有严重问题的言论。这些意见，先是通过徐建寅回国后反映给李鸿章。李鸿章对李凤苞深信不疑，反而对徐的人品产生看法。但国内反对花巨资进口军舰的官员，却将回扣的传言与他们本身搞不明白的技术问题搅和在一起，变成弹劾李凤苞的重要理由。

1884年，李凤苞出使任满，清政府派许景澄继任。许景澄是翰林出身的文官，他在国内留心洋务，但毕竟不懂西方海军。在正式拜会李凤苞的次日，接到国内发来的电旨，命他仔细勘验军舰，如不坚固，据实参奏。[14]许景澄不敢怠慢，立即调集购舰合同详加研究。递交国书后，他偕同参赞朱宗祥、翻译庚音泰等人，乘火车前往基尔，正式勘验停泊港中的"定远"和"镇远"号铁甲舰，然后转赴司旦丁（今波兰什切青），验收"济远"舰。此时，他听到了关于这艘军舰的各种议论，写信告诉总理衙门章京钱应溥和袁昶："十八子（李凤苞）偏执，致'济远'误。""'济远'穹甲太低，致英议其人。"[15]李凤苞"所办公事与自诩'济远'之长，不能附和。尚无一言达（总）署，以尽前后任交谊"[16]。在许景澄的主持下，向伏耳铿船厂提出了交涉，对"济远"进行局部修改。

四

1885年秋天,李凤苞回国。数月之中,他的命运发生了根本的变化。

这年10月,李鸿章奉旨进京商议筹备海军,李凤苞也在京中,他们应当多次见面。12日,懿旨派醇亲王奕譞总理海军事务,所有沿海水师,悉归节制调遣。派庆郡王奕劻、大学士直隶总督李鸿章会同办理。先从北洋精练水师一支以为之倡,此外分年次第兴办。北洋练军伊始,责成李鸿章专司其事。同日,清廷根据李鸿章的请求,安排李凤苞到北洋襄办海军事务。[17]14日,李鸿章向新管海军的醇亲王奕譞赠送李凤苞翻译的《海战新义》《各国水师操练法》《艇雷纪要》各十部。[18]15日,奕譞收到奕劻转交驻德使馆参赞舒文、王咏霓的两封关于"济远"舰质量问题的来信,再次重复了英人对"济远"的批评。王咏霓的信还提到"镇远"工料不及"定远",而价格增加十万。[19]醇王随即致函军机处,谓"李凤苞承办不力之咎,亦应俟船到时设法查勘,不使有所诿卸"。[20]16日,舒文、王咏霓的来信被呈递给了慈禧太后御览,懿旨命醇亲王、庆郡王和李鸿章俟"济远"回国后详细查勘。[21]太仆寺少卿延茂则据此上奏,称近闻李凤苞自德国购买"定远"一船质坚而价廉,"镇远"一船质稍次而价稍涨,至"济远"一船质极坏而价极昂。又说此事"自海上喧传,直抵都下,人人骇异,咸谓苟非李凤苞勾串洋人侵蚀肥己,必不至船质与船价颠倒悬殊至于此极"。还称"李凤苞之为人,小有才而性极贪",应请饬惩办。[22]国子监祭酒盛昱也上奏:"近闻已革道员李凤苞所购'济远'铁船,一切皆不如式,浮开价值,尽入私橐。闻其数目足敷十数营一年之饷。"盛昱请求派大臣严密查抄，勿使寄顿。或将该员查拿监禁，勒令缴出船价。[23]

俞樾后来在李凤苞的墓志铭中说："既至京师，廷议以君才望出一时右，又久劳于外，周知情伪，皆以为旦夕必大用，使君委蛇其间，稍自贬屈，或用汉代陈太邱周旋侯览、张让故事，则龙旌霓节，指顾问也。君毅然不屈，有丹不夺赤、石不夺坚之志。"[24] 这里，他用了《后汉书·陈寔传》的典故。汉末宦官侯览走后门，托太守高伦任命某人，高伦很为难。这时陈寔表示愿意替高伦品评保举此人，背舆论黑锅。果然清议就此对陈寔不利。不久，高伦被提拔，进京前，他称赞陈寔"善则称君，过则称己"，"闻者方叹息，由是天下服其德"。另一位宦官张让丧父，灵柩回到颍川故里，清流高士相约不参加葬礼，张让非常没有面子，而陈寔前往吊唁。所以后来张让残酷迫害清流，唯独对陈网开一面。陈寔与宦官虚与委蛇，还称呼来家偷盗者为"梁上君子"，赠以礼物，当时以道德家出名，被归入清流一类。有趣的是，俞樾却拿他作对比，反衬李凤苞不随波逐流，才得罪本朝清议。俞樾的墓志铭是李家委托所写，反映的是家属后人的想法。李凤苞是洋务人士，他与朝中这帮"清议"其实从无过节，但却分属格格不入的两个官僚群落。而对他下石的，其实应当是许景澄。许本来也是传统士大夫，到德国后，先接收了"定远"等军舰，又主持订购"经远""来远"号铁甲巡洋舰，还编辑出版《外国师船图表》等著作，成为难得的海军专家，但他刚到任时，并不具备海军知识，却立马就对李凤苞看不过眼，各种弹劾的资料，都通过他本人和幕僚写给国内的书信，源源不断地传向北京，绝非"尚无一言达署，以尽前后任交谊"。这种似是而非的内幕揭发，表面上看，是对军舰设计施工的不同看法，但也可以理解成要撇清对李凤苞购舰质量所承担的责任。在经济问题上，许景澄并没有举证出过硬的材料，但他的运作，客观上具有相当巨大的杀伤力量。不过私下，许景澄在给朋友朱采的信中也承认,"李丹崖前使承办铁舰二号,因制成稍迟,法衅猝作,阻于开驶,颇滋物议。……然两铁舰甲厚炮巨,订制颇为妥善,不得以迟而没其实也。"[25]

这年11月17日,"定远""镇远""济远"三舰抵达大沽。李鸿章率海军提督丁汝昌和津海关道周馥前往验收,各项指标均与合同相符。18日登舟试航,前往旅顺口,视察东西岸炮台,20日回返天津。21日,醇亲王、庆郡王致电李鸿章:勘船公牍备悉,"济远"屡遭指摘,阁下既亲阅,自极切实,希再咨来署并入奏。[26]22日,清廷却颁布上谕:"二品顶戴三品卿衔记名海关道李凤苞,品行卑污,巧于钻营,屡次被人参劾,着革职,永不叙用。"这个决定,距离李凤苞的上一个任命,仅仅相差四十天。12月1日,李鸿章正式致函醇亲王奕譞:"'济远'快船经鸿章出海驶验,知舒文、王咏霓等所指各弊未尽确实。"[27]在后来"定远"和"镇远"的造价报销中也可以看到,"镇远"的造价比"定远"高出九万七千五百马克,折合白银一万五千八百七十四两三钱六厘五毫三丝[28],李鸿章解释说,这是当时外洋钢价陡长造成的,在购船合同中也已载明。李鸿章强调,"定远""镇远"价格"减而又减,并按外国通例,扣除五厘",即总价上在打了百分之五的折扣。[29]这个造价,比其仿制的德国原型舰"萨克森"号,总价要便宜五万余镑,确实已经压得很低。至于说"二成折扣,侵吞六十万金以肥己囊"云云,更是想当然的猜测。"济远",是用六十八万两银子买来的,德国人能因为中国公使定购了两艘铁甲舰,就送他相当于一艘巡洋舰造价的回扣吗?不过这些道理当时无人理会,朝野流言所引起对李凤苞的激愤和弹劾与李鸿章为李凤苞所作的解释沟通犹如两条平行发展却又互相追赶的蒙太奇线索,一天一天你推我进,高潮却是李凤苞的革职下野,这种结局,反映了当轴者对于洋务派官员毫不信任。俞樾感叹，"闻其事者咸为君惜之"[30]。

李凤苞在欧洲生活了八年，我最近才看到他和夫人、儿子的照片。崇明县博物馆中，存有他从德国带回的大理石雕像。这尊雕像，为德国雕塑家吕涡生所作，"文革"中被砸成三截，现已修复。浙江古籍出版社出版的《香书轩秘藏名人书翰》，刊布了李凤苞1886年5月5日写给天津海关道周馥的信件，是我第一次看到李凤苞的手迹。信中写道：

玉山仁兄大人阁下：

敬启者，二月间肃呈两笺后，诊治风湿，不见大效。续接支应局函，饬检李宝合同。遂折回里门，悒悒数月，迄未复元。然思慕之忱，无时或释。况北洋事事振兴，吾哥之外，只艺芳兄辈一二人实心辅佐，又不免横遭诼谤，言念及此，益为之神驰左右矣。近维政祉日隆，潭祺夏大，至以为慰。三舰回津后，谅能操演渐熟，计邸堂简阅时，必能左右咸宜，不至似去冬旅顺之呼应不灵矣。前承抄示英法订船公件，每于抱病时伏枕翻阅，屡欲略参末议，又恐南丰误存见怪之意。既而思之，与其避怨保身而贻误大局，不如冒罪直言，以冀当轴觉悟。况庆邸处临别时，亦谆嘱如有防务、船务真知灼见，仍希开呈备览云云，是以屡次搁笔，仍不敢终于缄嘿。敬恳将清折二十四条代呈傅相察阅。倘以为毫无可采，或成事不说，则请付丙丁而已。惟所拟二十四条皆确凿可据，如有一字昧良强辩，愿矢诸天日，统求知己鉴察。《交涉公法》先抄成半部，另已具函寄呈矣。肃此，敬请勋安，惟照，不宣。

教小弟李凤苞谨手启　四月初二日

附上禀傅相函及折件，敬求加封转呈。另附折件之原稿一通，留请指都。又及。[31]

李凤苞从欧洲带回的胸像

接替李凤苞出使的许景澄

李凤苞的全家照

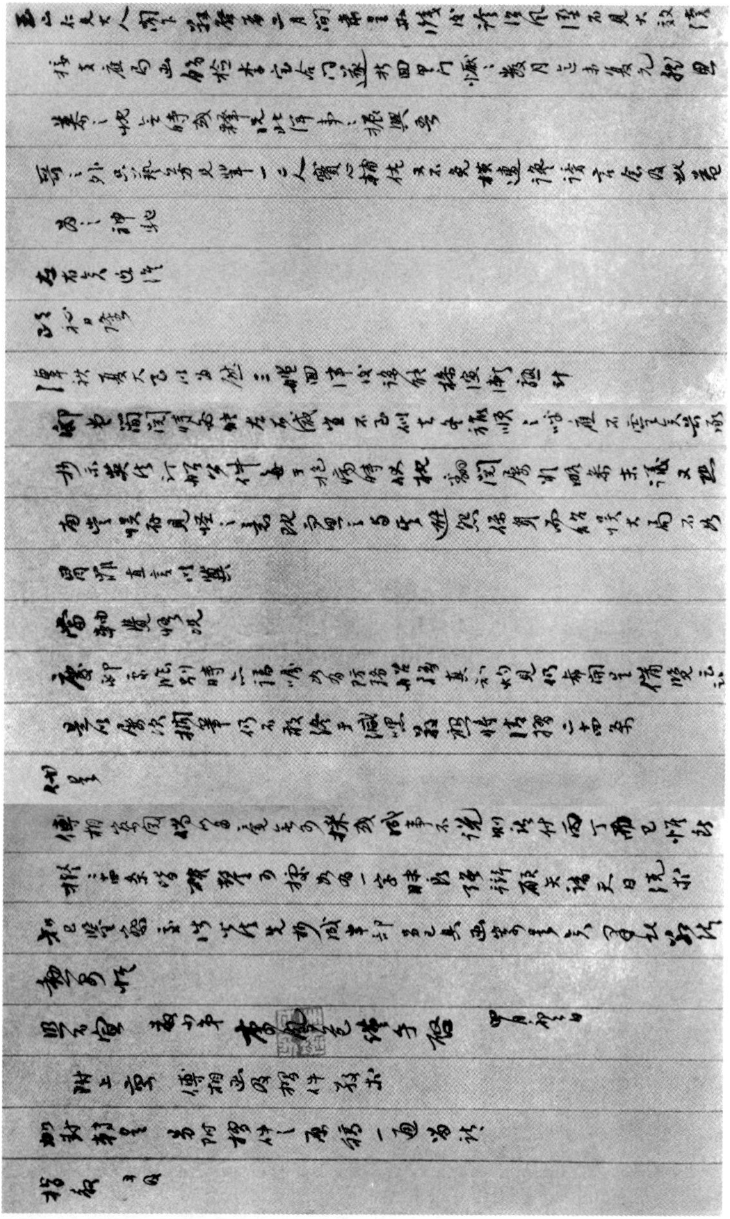

李凤苞致周馥函手稿

李凤苞亲撰对联：忌我安知非赏识；欺人到底不英雄。

信中"三舰"云云，系指"定远""镇远""济远"回国后，操练调试逐步适应，将于半月后接受醇亲王奕譞的检阅。"英法订船公件"，指曾纪泽（即文中所称"南丰"）订购"致远""靖远"的文件。按照信中说法，李凤苞不避嫌疑，向李鸿章提出了二十四条建议。在以往军购中，李凤苞一直处于重要地位，现在别人大阅他买回来的军舰，他却离开了核心圈，只能寻找机会，以唤起朝廷对他的关切。

革职之后，李凤苞了然南下，返回老家江苏崇明，显然，他受到巨大的精神压力。他在写给朋友的一副对联中表露了郁闷和悲愤的心迹，令人叹息不已：

忌我安知非赏识；
欺人到底不英雄。[32]

1887年8月6日（光绪十三年六月十七日），备受争议的李凤苞在忧郁和期待中去世，终年53岁。

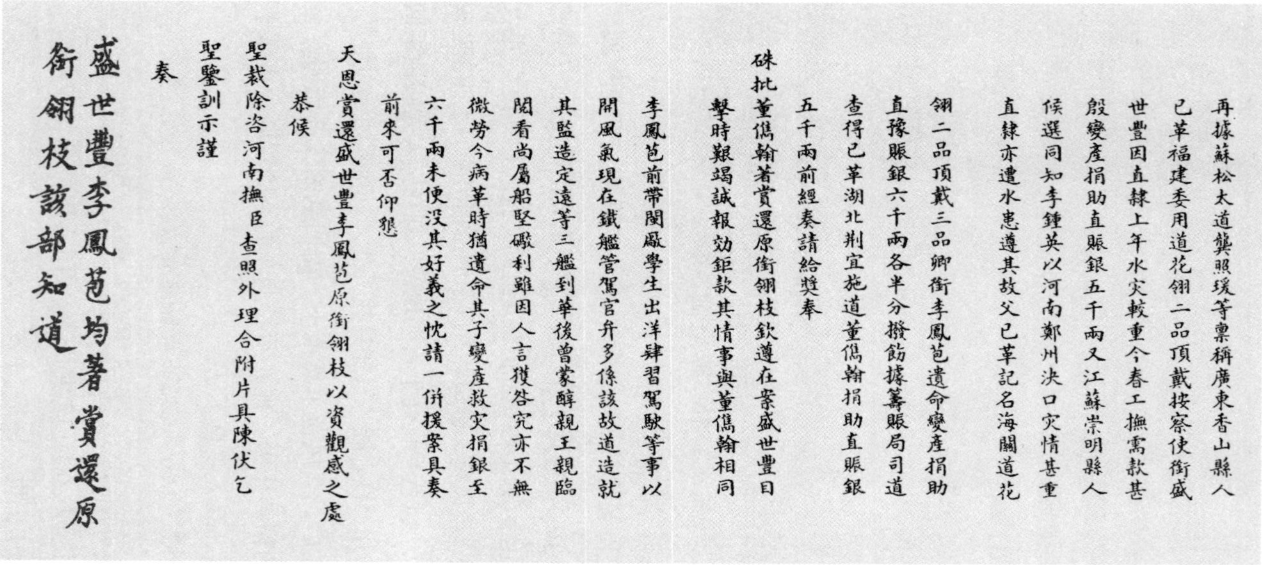
再據蘇松太道龔照瑗等稟稱廣東香山縣人
已革福建委用道花翎二品頂戴按察使銜盛
世豐因直隸上年水災較重今春工撫需款甚
殷變產捐助直賑銀五千兩又江蘇崇明縣人
候選同知李鍾英以河南鄭州決口災情甚重
直隸亦遭水患遵其故父已革記名海關道花
翎二品頂戴三品卿銜李鳳苞遺命變產捐助
直豫賑銀六千兩各半分撥飭據籌賑局司道
查得已革湖北荊宜施道董儁翰捐助直賑銀
五千兩前經奏請給獎奉
硃批董儁翰著賞還原銜翎枝欽遵在案盛世豐目
擊時艱竭誠報効鉅款其情事與董儁翰相同
李鳳苞前帶閩廠學生出洋肄習駕駛等事以
開風氣現在鐵艦管駕官弁多係該故道造就
其監造定遠等三艦到華後曾蒙醇親王親臨
閱看尚屬船堅礮利雖因人言獲咎究亦不無
微勞今病革時猶遺命其子變產救災捐銀至
六千兩未便沒其好義之忱請一併援案具奏
前來可否仰懇
天恩賞還盛世豐李鳳苞原銜翎枝以資觀感之處
恭候
聖裁除咨河南撫臣查照外理合附片具陳伏乞
聖鑒訓示謹
奏
盛世豐李鳳苞均著賞還原
銜翎枝該部知道

李鸿章请求为李凤苞开复的奏折和光绪帝的亲笔朱批

从李家后人的经济状况来看，不能算是富人。半年后，其子李钟英变卖家产，捐助直隶水患和郑州黄河决口灾情赈银六千两，李鸿章不忘故旧，为其上奏云：已革记名海关道花翎二品顶戴三品卿衔李凤苞，前带闽厂学生出洋肄习驾驶等事，以开风气，现在铁舰管驾官弁，多系该道造就。其监造"定远"等三舰，到华后，承蒙醇亲王阅看，尚属船坚炮利，虽因人言获咎，究亦不无微劳。今病革，尤遗命其子李钟英变产救灾，捐银六千两，请赏还李凤苞原衔翎枝。[33] 光绪皇帝写下亲笔朱谕，赏还李凤苞原衔翎。

李鸿章一直关心李凤苞的境遇。他在给出使德俄荷奥大臣洪钧（赛金花的丈夫）的信中说，李凤苞

> 制造之学，近今罕伦，摧折而死，良可痛惜。遗书当向其家询得校刊，以存其人。[34]

李凤苞撰写和翻译的西学著作，从地理、历史到军事技术和国际公法，近五十种。

2010 年 3 月初稿
2014 年 12 月改定

---

1 俞樾：《三品卿衔记名海关道李君墓志铭》，《春在堂全书·杂文四编》卷 2，第 31 页。
2、11 《总署奏尊查出使大臣李凤苞参奏折》，光绪九年十二月二十四日，《涧于集·奏议》，卷 6，第 20—21 页。
3 《尚贤奏各国照会洋字翻译往往错误请照会各国令其译就汉文并参奏李凤苞等片》（光绪十年闰五月十六日），《清光绪朝中法交涉史料》，卷 18，第 24 页。
4 《清朝野史大观·清人逸事》，卷 7，第 121 页。
5 《金登干致赫德》，1875 年 7 月 2 日，9 月 10 日，《中国海关密档》，第 1 卷，第 274—277、295—296 页。
6 《赫德致金登干》，1876 年 4 月 21 日，《中国海关密档》，第 1 卷，第 388 页。

7 《金登干致赫德》,1876年7月3日,《中国海关密档》,第1卷,第419—420页。
8 《赫德致金登干》,1877年12月14日,《中国海关密档》,第1卷,第650—651页。
9 李鸿章称:"驻英税务司金登干代订船炮,实心实力,纤悉无遗。光绪五年六月间,据赫德申呈,该税司等皆食中国俸禄,分应效力,将船厂送到酬劳中费规平银一万七千四百六十两缴还臣处,饬局存备公用。"见《请奖洋员片》,光绪七年十月十一日,《李鸿章全集》,第9册,第510页。
10 李鸿章:《查复李凤苞被参各款折》,光绪九年正月二十日,《李鸿章全集》,第10册,第149页。
12 李鸿章:《复总署 请辞退英厂快船兼任法事》,光绪九年五月十三日,《李鸿章全集》,第33册,第230页。
13 李鸿章:《致张佩纶》,光绪九年十二月十八日,《李鸿章全集》,第33册,第347页。
14 许景澄:《遵旨勘验铁舰妥为接管片》,《许文肃公遗稿·奏疏》,卷1,第4页。
15 许景澄:《许文肃公日记》,光绪十一年十月十八日,第14页。
16 许景澄:《许文肃公日记》,光绪十二年二月二十一日,第15页。
17 《清德宗实录》,第54册,第1025页。
18 李鸿章:《致醇邸》,光绪十一年九月初七日,《李鸿章全集》,第33册,第550页。
19 王咏霓:《与重黎论新购镇远、济远两兵舰利病书》,《于湖题襟录》,第3册,第168—169页。
20 奕譞:《致军机处》,光绪十一年九月初八日,《醇亲王奕譞信函选》,《历史档案》,1982年第2期,第33页。
21 《光绪十一年九月初九日懿旨》,《洋务运动》,第3册,第5页。
22 《光绪十一年十月初五日太仆寺少卿延茂片》,《洋务运动》,第3册,第6页。
23 《庚戌十一年十一月初一日国子监祭酒盛昱片》,《洋务运动》,第3册,第12页。
24、30 俞樾:《三品卿衔记名海关道李君墓志铭》,《春在堂全书·杂文四编》,卷2,第32—33页。
25 许景澄:《致朱亮生观察》,《许文肃公书札》,卷2,第7页。
26 《醇亲王等来电》,光绪十一年十月十五日,《李鸿章全集》,第21册,第611页。
27 李鸿章:《致总署 报验济远兼陈菊军舰避冻》,光绪十一年十月二十五日,《李鸿章全集》,第33册,第581页。
28 李鸿章:《订购定镇两舰收支款目折》,光绪十三年二月初五日,《李鸿章全集》,第12册,第28—31页。
29 李鸿章:《验收铁甲快船折》,光绪十一年十月十八日,《李鸿章全集》,第11册,第231—233页。
31 赵一生、王翼奇主编:《香书轩秘藏名人书翰》,中册,第371—372页。
32 徐兵、冯锡单:《李凤苞,清末著名外交官》,第53页。
33 李鸿章:《盛世丰李凤苞赏还原衔翎枝片》,光绪十四年三月十一日,《李鸿章全集》,第12册,第369页。
34 李鸿章:《复出使德俄和奥大臣洪》,光绪十四年十一月十六日,《李鸿章全集》,第34册,第456页。

从出走到回归

清华首任校长唐国安曾是外企的白领

> 他们现在还在学习英语,等他们才智逐渐增长以后,再派他们攻读各种专门课程。……通过学习还要使他们记住,他们属于他们的国家,为了国家的自强,他们被选派到这里来接受教育,……他们将会在他们的政府和社会中扮演重要的角色。
>
> ——推切尔牧师

清华大学首任校长唐国安,字国禄,号介臣,广东省香山县(今珠海市)唐家湾镇人,1858年10月27日(咸丰八年九月二十一日)出生,是容闳1873年带往美国留学的第二批幼童之一。曾就读全美最好的私立高中——菲利普斯埃克塞特学校(Phillips Exeter Academy),尔后,于1880年升入耶鲁大学。在大一,他因拉丁文作文,获得伯克利二等奖学金。[1]

关于唐国安回国初期的经历,资料极为稀少。已故著名留美幼童研究专家、美籍学人高宗鲁先生说,唐国安先被派赴开平煤矿在唐山创办的路矿学堂读书,又成为开平煤矿的秘书,再进入铁路局服务。[2] 也有人把铁路局更具体地说成是京奉铁路,然后任上海约翰书院(圣约翰大学前身)教席和《南方报》编辑。1907年,他入京任外务部司员、候补主事、主事。参与"庚款留美"的具体组织工作，担任外交部、学部所共属的"游美学务处"会办，进而成为清华学堂副监督、监督，清华学校第一任校长，1913年8月22日因心脏病去世。

前些年，我从上海图书馆保存的李鸿章担任直隶总督时期辑录的公文汇编《北洋纪事》中，发现了唐国安的重要史料，证明高宗鲁关于唐国安回国后进入开平煤矿服务的说法是不正确的。

留美幼童学习计划在保守势力的攻击下夭折后，唐国安于1881年被强令回国，他当时正在耶鲁读书，据说所学是法律。恰好这年11月16日，美国前驻天津署理领事毕德格（W. N. Pethick）、在天津行医的英国医生马根济向李鸿章建议设立医学馆，为陆海军培养医官。医学馆学制三年，第一届招八人，以后每届招四人，并拟定《医学馆章程》和预算。³ 这是近代中国第一所医学院创始之缘起。12月12日，署天津海关道周馥报告李鸿章，前奉批准开设天津医学馆，所需购买人体标本及书籍图画应用器具等经费1250两，他本人愿意捐助养廉银支付。并从由美回华的第二、三批学生内挑选八人，交该医学馆习业。另在天津施医院隙地，照中国式房屋添建五六间，以做学生住房。师生"同居一院，朝夕可以照应"⁴。中国近代医学教育由此起步。李鸿章批示同意，强调三年学有成效，仿造西国定章，核给考取官凭，以便分派军营战舰委用。⁵

16日，周馥继续报告，从美国撤回第三批学生唐国安等二十三人由天津分配。拟拨医院六名。⁶ 此外又在第二批返回学生中，挑选二人学医。⁷ 这样，医学馆第一批八名学生，都在留美幼童中作了调配。唐国安就是在此时，被官方安排改行学医了。

对李鸿章和周馥来讲，做好留美幼童的回国安排，让他们继续从事与洋务相关的工作或学业，就算是做好了善后。幼童个人的感受，以及是否学以致用，并非考量的重点。对唐国安而言，学医非其所愿。何况草创时期的医学馆，除了马根济执教外，仅有两个外国医生兼职帮忙，办学条件很差。对于在美国受过最好的高中教育，并在纽黑文见识过耶鲁大学医学院的唐国安，自然不会将其放在眼里。到了1883年春天，唐国安借母亲生病、回家探亲的机会，私自离校，脱离学籍，去宁波、镇江等地谋生。1885年，唐国安进入美商旗昌洋行（Russell & Co.）任翻译，又被公司派到天津，参与为李鸿章采购外国军火的业务。这位脑筋活络、不辞而别的"海归"，此时要以外企白领的身份，来与老东家打交道。而他原先拥有的公派留美身份，按照规定，是"不准在华洋自谋别业"的，因此处境颇为尴尬。

不得已，唐国安想出了向北洋捐银二千两的办法，为自己"赎身"。他请美国外交官毕德格做书面担保，并向李鸿章打招呼。毕德格与李鸿章私交甚好，是李最信任的外国人之一，再加上唐国安的族叔兼出国留学担保人唐廷枢，本来就是轮船招商局和开平煤矿的主要负责人，在北洋有着很大的活动能力，唐廷枢也为他做了疏通。

《北洋纪事》中，保存有光绪十一年十二月十二日（1886年1月16日）周馥给李鸿章的报告，全文如下：

> 敬禀者：案，据出洋肄业学生唐国安禀，前在美国肄业数载，于光绪七年回华，十二月抵津，蒙派医馆学习。于九年二月接到家信，知母亲病重，请假回籍。假满后本拟回院习医，奈因亲老多病，不令远离，而迫于家累，不得已在宁波、镇江等处就近栖枝，本年八月初，承旗昌洋行招致，在沪办理翻译事件，因与订立合同。十月间，洋东属来天津，

经理采办军火事宜。因思国安在洋肄业等费,均资帑项,祇以亲老家贫,未能图报于万一,清夜自思,惭愧无地。惟刻下既已受雇于外,情愿报效银二千两,以表微忱。兹先凑备行平银一千两,呈请察收,其余一千两俟明年十二月初一日,再行呈缴,禀请批示等情。并据美国驻津副领事毕德格投具洋文保结前来。职道查挑选幼童赴美肄业之案,同治十一年,宪台会同前南洋大臣曾奏定章程,内开出洋肄业各生,不准在华洋自谋别业等语,唐国安在美九年,所费甚巨,回华后因学未成,派在天津医馆学习,方期肄业有成,拣充战舰医官,乃逾年余,辄因省亲乞假,延不归来。迭经职道详咨查催,现始准原保人唐道廷枢差送到案,似此志趣卑陋,不受培植,殊失定章本意,惟查该生仅通英文英语,别无所长,医馆应添学生,业经职道另招有人,若使再令进馆,彼必用志不专,且教习亦不愿为一学生而分功课,昨据美国副领事毕德格来言,旗昌现在承办军火,需人翻译,已恳宪台准其借用等语,又据学生唐国安禀称,现在亲老而病,不能远离,务请赏收此银,贴补医馆续招学生经费,将来如遇国家用人之际,生情愿效力,不敢自外等语,理合据情转禀,并将毕德格保单译汉录呈,伏乞宪台批示祇遵。

再,唐国安本系学业未成之人,以外学业有成者,自不准托辞请假,援此为比。至唐国安现交行平化宝银一千两,如蒙赏收,再由职道咨解支应局,其明年十二月应缴银一千两,职道届时收取解局,合并陈明。[8]

李鸿章接到周馥禀报后,作出批示:

学生唐国安,出洋肄业九年,曾费公款,刻值用人之际,按照奏定章程,本难听其自谋别业,姑念旗昌洋行在华承办军火事宜,需人翻译,暂借该生应用,俟旗昌原订期满,仍饬恪遵中国差遣,以付定章,不得违误。所请报效津贴医馆经费银二千两,姑准赏收,仰将缴还到银一千两解交支应局,专备医馆施药之用。明年十二月续缴银一千两,仍由该道届时收取解局具报。此外肄业各生,概不准托辞请假,援以为例。[9]

李鸿章称唐国安是借给旗昌作翻译的,事毕之后,还要归还中国政府差遣,这样的批复可说是符合原则,滴水不漏,亦算是近代史上第一例公派留学生脱离公职后,清政府宽大处理的案例。其实质,就是下不为例,不再追究了。

上述文件,补正了唐国安回国后的第二段经历。至于他何时离开旗昌,是否去过开平煤矿,我尚未看到准确的档案材料。唐国安去世后,同月出版的《中华教育界》杂志刊登《前北京清华学校校长唐介臣先生传》,介绍唐国安生平说:

> 自一千八百八十五年,与留美同学联翩归国后,即奔走国事,席不暇暖。始为海上某校教员,继主讲梵王渡约翰书院,与现任驻德公使颜惠庆君同拥皋比,遂订交焉。先生又曾任寰球中国学生会会董,迨颜君辞《南方报》编辑事,先生乃继其任,赓续进行,至前数年停办而止。《南方报》为华英文字合璧之报纸,发行于沪渎,经澎湃之风潮而颇能著效于社会,先生不畏强御,以上海工部局之设施甚不利于华人,因直言正论指斥其法令之背谬,遂与工部局相龃龉,凡沪人士之对于外人敢作强项者,鲜不为虬髯碧眼之流所嫉视,故当濮兰德任工部局书记员时,几被逐出租界。顾先生绝不退缩,虽以热忱奋发之故致为外人所痛恨,而一片丹忱,仍无时不以忠爱同胞为念焉。

从出走到回归　271

唐国安

周馥就唐国安事给李鸿章的报告　　李鸿章对唐国安身份事的批复

《南方报》既归泡影，先生乃于一千九百零七年入都，为外务部司员，兼任京奉铁路事，至一千九百零九年奉委为上海万国禁烟会中国代表。先生固演说家，擅雄辩，以故一临会场，议论风生，于西人提议之条件，尝多所折冲，盖先生当日在汇中旅馆（万国禁烟会以汇中旅馆为会所）之言论，实词严义正，慨当以慷，且与亚列斯多德所论演说要旨若合。……禁烟会闭幕后，未几先生乃任清华学校副监督，时正监督为现交通总长周自齐。[10]

这篇传记，有关唐国安早期回国后的记叙显然有误。关于《南方报》（*South China Journal*，该报由原驻日本公使蔡均主办）英文编辑的经历，同事颜惠庆（1900年毕业于美国弗吉尼亚大学）在其回忆录中是这样说的："大约在1905年，《南方报》开始设一页英文版，我和唐国安同意担任编辑，我们的工作并不繁重，英文专版的内容仅包括有简短的社论，一些电讯稿和新闻报道。然而，它却引起了英文读者的关注，产生的影响远非始料所及。专页载文对很多中外交涉事件进行了有力的批评。例如，会审公廨审理沪宁铁路建造合同诉讼案时，中国谳员与外国陪审员发生了争执，《南方报》英文专页站在中国谳员一边，毅然支持他们的抗争。……《南方报》是国人自己用英文出版的报纸，也是国人运用这种新闻媒体捍卫中国人权益的最早尝试。虽然该报的存在时间很短，但是为后继者树立了楷模。"读者可从两种记录中进行对比判断。

颜惠庆的回忆录还提到，次年他到北京参加了"考验游学毕业生"的会试，应试者都是从欧洲、美国和日本归国的留学生。"主考官是唐绍仪，当年容闳所率赴美留学幼童之一，此时，他已是京师显宦。副考官包括有严复和詹天佑。后者系著名的铁路工程师，毕业于美国耶鲁大学谢菲尔德工学院。"[11]

颜惠庆在此次专为"海归"举办的会试中，获特设的翻译科进士。[12] 按当时习惯做法论辈分，唐绍仪、詹天佑都成了颜惠庆的座师，就地位说，他们亦算高官了，然而此时，唐国安除了是颜的同事外，什么都还不是。

我一直苦苦追寻唐国安回国后的其他史料，但难以如愿。11月30日，我参观上图举办的2013年度特展《一纸飞鸿：上海图书馆藏尺牍文献精品展》，在墙上的一个展框中，居然找到有关唐国安生平经历的又一段重要史料。

那是唐国安写给盛宣怀的一封信，其文如下：

官保大人钧座，敬禀者：

兹承李京堂、王道将奉到宪台钧电示悉，蒙委卑职在总公司充当翻译等因，感恩植之，逾恒倍奋，惭之交集。本应即日到差，但以粤汉铁路帐目交代在即，必须一一清厘，管理处王道饬将经手核算等事妥为结束，乃到总公司供职。是以卑职遵照办理，一俟粤汉帐目告竣，即赴总公司翻译差使，合将感激下情及略缓到差情形禀明……

卑职国安谨禀

敬再禀者：合兴公司现将沪局薪水停止，惟翻译未完，洋册结束，全局帐目必须一一妥帖，以便将来交代，随时可以稽查，万不能稍涉草率，致滋丛脞，故刻下不便将各员司立即遣散，系属实在情形……[13]

这封信附有一个宝贵的实寄信封，落款是"上海粤汉铁路公司"，信封上标明寄信日期为光绪三十一年八月十七日（1905年9月15日）。按照这件史料，唐国安1905年真正供职之处，是在上海粤汉铁路公司。因美国人控制的合兴公司出现财务困难，关闭上海粤汉铁路公司（沪局），他转往盛宣怀掌控的铁路总公司任翻

宫保大人钧座敬禀者兹承李京堂王道将奉到
宪台钧电示悉蒙
委卑职在总公司充当缮译等因感
恩植之谊恒倍奋愍之交集本应即日到差但以粤汉铁路帐目变代
在即必须一一清釐管理处王道饬将经手核算等事妥为结
束乃到总公司供职是以卑职边照辨理一俟粤汉帐目告竣即
赴总公司缮译差使合将感下情及署缓到差情形禀明所有
仰戴
鸿施之处惟夫勤慎黾勉图报涓埃以期上副
宪台造格栽培之厚意专肃寸禀叩谢谨此敬祈
钧安伏惟
崇鉴卑职国安谨禀

唐国安致盛宣怀信

唐国安致盛宣怀信封

译。编辑《南方报》英文版，可能只是唐国安的一份兼职。

容闳开创的留美幼童计划被提前终结后，清政府没有很好地发挥回国幼童的作用。国内的境遇与幼童在美国度过的青春岁月及对未来的理想反差极大。幼童的苦闷可以想见。他们中的多数，只能在逆境中坚守，用流逝的时光渐渐证明自己的价值。也有少数人回国后迅速采取行动，或返回美国重新学习，或设法自谋生路。天津医学馆第一批八名学生，坚持到毕业的，共有林联辉、金大廷、何廷梁、李汝淦、曹茂祥、周传谔六人。

世事总是难料。当初坚持"不抛弃不放弃"的幼童，后来陆续在晚清政治舞台上崭露头角。比如第三批幼童唐绍仪和第一批幼童梁敦彦，分别在1905年和1908年出任外务部右侍郎。第四批幼童梁诚，归国时还只是安多佛菲利普斯学校（Phillips Academy Andover，与唐国安曾经就读的菲利普斯埃克塞特学校齐名的另一所美国顶级名校）的中学生，也以驻美公使的身份，与美国政府交涉减少庚子赔款的赔付数，将美国政府退还的庚款兴办学堂和安排中国学生赴美留学。同样，第四批幼童，梁诚的菲利普斯学校同学，天津医学馆首届学生林联辉，毕业后留馆执教，并成为李鸿章的贴身医官。1894年11月下旬，甲午战争前线作战正酣，盛宣怀给李鸿章的信中谈及"旧恙忽作，今日晚间发热，通宵不寐，咯痰红腻腥秽，肺家受伤愈甚"。李鸿章批语曰："应召林联辉诊治，勿信华医补剂。"[14] 可见医术很受信任。1895年3月，林联辉随李鸿章赴马关议和，官衔是四品衔直隶候补同知[15]，他是李鸿章在马关议和谈判遇刺时的目击者和抢救者。而唐国安，本来的出走显示他头脑的"灵活"，但他1905年在粤汉铁路任职，尔后又离开，1907年再进外务部当翻译、当候补主事，都是低级别的职位，对于这位归国二十余年的老留学生而言，相当于重头来起，情何以堪？可以想见，他的职业生涯颇不顺利，需要昔日的同学来帮衬提携。

经过中美两国的多年谈判，也是出于在中国年轻人中培养亲美人才的战略考虑，1907年12月3日，美国总统西奥多·罗斯福在国会施政报告中宣布："我国宜实力援助中国推进教育，使这个人口众多的国家能逐渐融合于近代世界，援助的方法，宜将庚子赔款退赠一半，招导学生来美，入我国大学及其他高等学校，使他们修业成材，希望我国教育界能够理解政府的美意，同力同德，共襄盛举。"[16] 这就是庚款留美的由来。其具体做法是，从1909年起，每年用退款遣派100名学生赴美学习，从第5年起减为每年不少于50名，依此循进，至1940年结束，期限32年。

为了落实庚款留美，清政府外务部、学部两部共同组建游美学务处，全面负责游学事宜。以外务部为主导，负责人员由两部选派。后又决定在北京清华园建立留美预备学校，外务部左丞参周自齐兼总办，学部员外郎范源濂兼会办，另一会办即由外务部的唐国安兼任。据学务处"任事人员清单"显示，周、范二人兼半职，唐国安为全职。唐国安实际上担负起游美学务处的日常主要工作。

唐国安在清华学校筚路蓝缕的草创时期，担任校长，和他的引路人容闳一样，为了国家的未来，负责培养留学生，这使他的人生峰回路转。梅贻琦、竺可桢、胡适、赵元任等后来名冠天下的知名学者，均为他在1909—1911年选取的前三批庚款赴美留学生中的佼佼者。他最终还是实践了自己的承诺："将来如遇国家用人之际，生情愿效力，不敢自外"，以教育家的身份，在中国近代教育史上，留下了名声。

随着清华大学的威望越来越大，唐国安作为首任校长的影响

林联辉

周自齐、唐国安与第一批庚款留美学生

清华学堂

2010年修建于珠海唐国安纪念学校内的唐国安故居

力也越来越强。2010年,珠海市在凤凰山下建起唐国安纪念学校,并投资1500万元,在校内建立起唐国安纪念馆(被称作清华大学百年校庆校外最大献礼工程),并仿造了一座青砖灰瓦的唐国安故居,使得前来参观学校的清华校友们,不必再赶往唐家湾镇的鸡山村凭吊,就近就便表达对老校长的敬仰之情。凡此种种,唐国安生前怕是想也不敢想的。

只是后人几乎都不知道,唐国安曾从中国第一所医学院校出走。他的坎坷经历,被媒体笼统地概括为"学成归来,报效祖国,参与预备留美学校清华学堂的筹备和建设"[17]。

最后,再补充交代一下天津医学馆后来的命运。

1888年,马根济病逝,伦敦会收买了天津西医医学馆和总督医院,李鸿章另行筹划创建更大规模的西式医院。[18]在该年9月奏定的《北洋海军章程》中规定:"旅顺口、威海卫水师养病院并天津储药施医总医院事,由提督水师营务处、津海关道会商派员管理。"[19]经津海关道率官商捐筹巨款,在天津城外建造医院房屋一百八十余间。又在总医院内设西医学堂,由林联辉担任总办(校长),为师生建房七十八间,聘请英国医官欧士敦来津,与洋汉文教习共同拟定课程,招募学生。1893年12月8日(光绪十九年十一月初一日),施医院开院试办,向海军官兵、炮台官兵和贫民提供服务,同时,西医学堂设头、二班进行授课[20],1900年,学堂关闭。1902年,袁世凯恢复办学并更名为"北洋海军医学堂",1930年,该学校因经费不足停办。这些,和唐国安已经没有什么关系了。

2009年1月8日初稿
2013年12月修订
2014年5月修订

1 http://www.cemconnections.org/index.php?option=com_content&task=view&id=135&Itemid=55
2 高宗鲁译著:《中国幼童留美史——现代化的初探》,第119、143页。
3 《光绪七年九月二十五日洋务委员美国前署领事官毕德格施医处官医生马根济禀》,《北洋纪事》,第十一册,《博文书院、北洋医院》。
4 《光绪七年十月二十一日署津海关道周馥详》,《北洋纪事》,第十一册,《博文书院、北洋医院》。
5 《光绪七年十月二十九日北洋大臣李批示》,《北洋纪事》,第十一册,《博文书院、北洋医院》。
6 《光绪七年十月二十五日署津海关道周馥等详复北洋大臣李》,《北洋纪事》,第十二册,《幼童出洋》。
7 《光绪七年十月初一日署津海关道周馥等详复北洋大臣李》,《北洋纪事》,第十二册,《幼童出洋》。
8 《光绪十一年二月十二日署津海关道周馥禀》,《北洋纪事》,第十一册,《博文书院、北洋医院》。
9 《北洋大臣李批》,《北洋纪事》,第十一册,《博文书院、北洋医院》。
10 严桢译上海共和西报孔宪立原著:《前北京清华学校校长唐介臣先生传》,《中华教育界》,民国二年八月号,第5—7页。
11 颜惠庆:《颜惠庆自传——一位民国元老的历史记忆》,第50、52页。
12 光绪三十二年九月十二日上谕,《光绪宣统两朝上谕档》,第32册,第175页。
13 上海图书馆编:《中国尺牍文献》,下册,第225页。
14 《盛宣怀致李鸿章函》,光绪二十年十月下旬,《甲午中日战争》(盛宣怀档案资料选辑之三),下册,第350页。
15 《赴日随带各员衔名清单》,光绪二十一年二月初八日,《李鸿章全集》,第16册,第32页。
16 陈学恂主编:《中国近代教育史教学参考资料》,下册,第257页。
17 新华网珠海2008年5月12日电:"珠海纪念清华首任校长唐国安诞辰150周年",见http://www.xinhuanet.com/chinanews/2008-05/12/content_13249319.htm
18 维基百科:天津西医学堂,http://zh.wikipedia.org/wiki/北洋西医学堂
19 《北洋海军章程》,第6册,第12页。
20 李鸿章:《医院创立学堂折》,光绪二十年五月二十三日,《李鸿章全集》,第15册,第365页。

男儿怀抱谁人知？

细说严复和吕耀斗的仕途之路

> 水师管驾学生二十人，以刘步蟾、林泰曾、严宗光、蒋超英为最出色。严宗光于管驾官应知学问以外，更能探本溯源，以为传授生徒之资，足胜水师学堂教习之任。
>
> ——斯恭塞格

从严复的牢骚说起

光绪五年（1879）夏天，严宗光（后改名严复）结束了在英国皇家海军学院两年的留学生活，乘舟归来，先在母校福建船政学堂工作，经陈宝琛举荐，次年被李鸿章调往天津水师学堂执教，从此在该校服务了二十余年。

严复常常抱怨晋升缓慢。作诗自嘲"当年误习旁行书，举世相视如髦蛮"，即英文是横写而非中文是竖写的，暗指留学外国不能在科举上取得功名。他后来因翻译西书名满天下，一些学者便想当然地认为，严复满怀爱国激情和专业知识，只因没有巴结李鸿章，才落得怀才不遇的境地。

谁有证据，证明李鸿章压制了严复呢？

青年严复

其实迄今没有找到,只是顺着严复的牢骚猜测而已。

关于严复在天津水师学堂的经历,他的公子严璩在《侯官严几道先生年谱》中称:"庚辰(1880),府君二十八岁。直督李文忠公经营北洋海军,特调府君至津,以为水师学堂总教习,盖即今教务长也。……而该学堂之组织及教授法,实由府君一人主之。"[1] 这句话,后来被解释成"事实上他担负了总办(校长)的责任"。

我从档案中发现,严复在天津水师学堂的前期任职,职务是洋文正教习。严复从没有担任过总教习。[2]

严璩又说严复于1890年由"直督李公(鸿章)派为总办水师学堂",也不对。因为从1887—1893年,天津水师学堂总办一直是吕耀斗,严复任总办是1893年底以后的事。

几十年来,研究严复的论文连篇累牍,却从来没有人关注过吕耀斗的身世和命运。要说晋升缓慢,倒是这位老先生更加缓慢。只是绝大多数写过严复论文的作者,从来不知道吕耀斗其名其人其事。

男儿怀抱谁人知?

那么，凭什么说严复的仕途被别人挤占了呢？这岂不很奇怪吗？

不奇怪，时下史学界研究历史人物，往往就是这么弄的。不作前后左右的细致考证，抓住几条材料就匆匆行文，过多地带上了后人的主观意见，这是研究中常见的通病。

顶头上司吕耀斗

我们先来说说吕耀斗的经历。

吕耀斗，字庭芷，号定子，江苏阳湖（今属常州）人。道光十年九月二十一日（1830年11月6日）出生，道光丙午（1846）乡试中举人[3]，道光三十年（1850）庚戌科考中进士，与俞樾、徐桐、王凯泰、许应骙、吴可读等人为同年，此时距严复出生还有四年，可见是出道甚早的科举才俊。翁同龢在同治五年（1866）的日记中，称他为"吕定子前辈"[4]。翁同龢是咸丰六年（1856）丙辰科状元，与庚戌科之间还夹着咸丰二年壬子恩科、咸丰三年癸丑科两场会试。

宦海茫茫，大多数的进士们，金榜题名，只不过在题名碑中刻下一个令后世陌生的名字。吕耀斗仕途的前半段也几乎默默无闻，当二十岁的他春风得意地点上翰林，满怀希望搬入京城去工作生活之后，却一路蹭蹬，直到同治九年（1870）底，才熬到功臣馆纂修的差事。他旋转即赴陕西，加入刘铭传铭军幕府。次年九月，刘铭传因病请假，离开军旅，吕耀斗需要重新寻找上岗机会。十月二十一日，李鸿章在给他的信中谈道："执事玉堂硕彦，资望已深，朴被东华，必可指日迁擢。"[5]同治十年底，又介绍他去山西巡抚鲍源深处做幕僚[6]，但吕耀斗没有接受。次年夏天，他回到翰林院，重新补上功臣馆纂修。至光绪元年（1875），吕耀斗轮到文渊阁校理的闲差。光绪三年夏，他听说陕西巡抚谭钟麟要上奏酌保驻陕铭军，便走李鸿章的后门，通过铭军统领刘盛休帮忙，将名字补入保奖名单，并在保举前先捐道员，从而争取由候选道保以分省补用的资格。此次保案，共有文职一百八十余员，武职三百八十余员，这么个庞大的保荐案中，本无吕耀斗的名字，好在他确实在铭军待过，通过李鸿章打招呼，居然就将名字顺利地添补进去了。[7]

这年年底，钦差大臣、督办新疆军务的陕甘总督左宗棠，奏请将吕耀斗和吴大澂一起调往军营，称：

> 吕耀斗志正行方，留心经世之学，臣虽未与谋面，得诸传说，窃重其人。……若发往臣军差遣，俾资历练，将来必可成才。[8]

旋奉上谕："翰林院编修吕耀斗、吴大澂，着各衙门饬令该员迅赴甘肃军营，交左宗棠差遣委用。"[9]此时，吕耀斗的本职，竟然还是编修，漫漫二十七年，全无进步。而吴大澂，是同治七年（1868）戊辰科中进士的后辈，他比吕耀斗进翰林院，足足要晚十八年。此时，吴大澂奉李鸿章奏调，与天津道丁寿昌、津海关道黎兆棠一起，到山西办理赈务。左宗棠其实不认识吕耀斗，这次调人是谁向左推荐的，有待考证。左对吕、吴的考虑，是"备异时司道之选"[10]。吕耀斗不愿意去西北干活（吴也未去），他在等待谭钟麟的保案。次年，果然获得道员分省补用的机会。

光绪五年七月，李慈铭在给吕耀斗的信中恭维说："执事在翰林日久，计其资格，已可超协局，跻侍从，想领袖清华，便蕃光宠，休声远闻，动履多福。"[11]六年，吕耀斗因浙江晋豫赈捐请奖，以道员指分直隶试用，按照当时通行的虚岁计算，已经五十一岁了。

光绪七年，黎兆棠出任船政大臣，他与李鸿章商量，调吕担任福建船政局提调，相当于船政大臣手下的第二号人物和日常事务的主持者，李鸿章复信说：

> 吕庭芷品端守洁，上年指分来直，适值停分展限之际，姑予局差以维系之。……念其日暮途穷，每为轸惜。旋闻有就闽幕之说，适接尊示，邀任船政提调，似足镇式浮嚣。虽船务机器素非熟习，而精细廉静，涉历稍久，当可为执事臂指之助。[12]

"日暮途穷"四字，将吕耀斗当时处境，勾勒得十分传神。吕耀斗在过了天命之年后，转往办理与洋务相关的事务。张佩纶曾批评吕"规避新疆，由翰林改捐道员"，"其人断难倚仗"，[13] 显然，他当时还不知道各种运作的秘密，也不知道李鸿章与吕耀斗的关系，但凭着直觉，他认为吕耀斗不适合做福建船政的提调。

光绪八年，左宗棠去江宁担任两江总督，吕耀斗给他写信。左宗棠考虑到海防建设会与福建船政发生业务联系，很客气地回复说：

> 马尾船局之设，不独地势合宜，其规画布置亦颇不苟，盖主持有沈文肃（葆桢），而提调局务有周受三（开锡），夏小涛（献伦）实左右之，故事靡不举。厥后则远隔西维，不复过问。闻其措置渐不如前，即原设局厂亦因经费支绌，遂议及裁撤，其它概可知矣。
>
> 弟去闽已久，无从置喙，惟业屡关怀，不能不稍存顾惜之意，而南洋有兼顾之责，尤无旁诿。阁下既引此自任；必隐切手援。所有利弊情形，敬乞详为示及。[14]

吕耀斗担任船政提调期间，还是专研了造船业务。当时厂中正研制第一艘2200吨巡洋舰"开济"，患病多日的黎兆棠在军舰下水的当日，请假回广东的老家就医，船政事务全部托付给了吕耀斗。吕耀斗督率员绅、工匠悉心讲求，尽力工作，历时四个多月，将工程完成大部，直至新任船政大臣张梦元到任。他依靠和指挥的技术骨干，正是严复的船政学堂及留学欧洲同学魏瀚、吴德章、李寿田、杨廉臣等人。光绪九年八月二十七日，张梦元、吕耀斗登上"开济"出洋试航，这是当时中国自制的最大吨位和最先进的军舰。当日逆风逆水，"开济"的航速达到16节。这段经历，对于一个翰林出身的老进士来说，是何等的不易。十二天后，张梦元补授广西布政使，所有福建船政事宜，再次委派吕耀斗代理。[15]光绪十年，经前内阁学士徐致祥奏保人才，吕耀斗奉旨交军机处存记。十二年三月十二日，吕耀斗进京交内阁验看[16]后，被李鸿章调回北洋。不久，接替吴仲翔，继任水师学堂总办。[17]这样，与严复在辈分上可为父子，在经历上南辕北辙的吕耀斗，成为严复的顶头上司。光绪十三年四月二十日，李鸿章上奏《吕耀斗考语片》，称"试用道吕耀斗到省一年期满，例应甄别"。"吕耀斗由道光庚戌科翰林扬历中外，品学纯粹，资望已深，堪胜繁缺。"[18]十四年十一月初四日又奏："试用道吕耀斗帮办海运事务，请加二品顶戴。"[19]似乎除了水师学堂，吕耀斗还有别的兼差。

严复不是天津水师学堂总教习

再来说严复。

光绪五年冬季，李鸿章为发展北洋海军，仿效福建船政学堂，开始筹办天津水师学堂，目的是"就地作养人才，以备异日之用"。次年七月，他正式行文，命天津道、津海关道和天津机器局道员许其光着手会议规划，勘定地基，遴派得力局员经理工程。并奏请任命前船政大臣吴赞诚筹办水师学堂和练船，获得允准。

中年时代严复

吴赞诚在天津机器东局一带勘定地基,遴派局员,绘图估料,兴工建造。并草拟规章制度。到了冬天,吴赞诚回籍养病,李鸿章又任命福建船政局提调吴仲翔,总办水师学堂和练船事宜。

严复是李鸿章亲自点名从福建调来天津的。光绪六年三月二十一日,李鸿章在给船政大臣黎兆棠的信中表示:"此间逐渐购置新船,管驾、头目暂取资于闽厂,既虑人才有限,而水手等亦募南人,尤恐人地不习。故拟仿设水师练船学堂为造就之基。创办伊始,师徒均少。丹崖星使(李凤苞)迭函严宗光堪充教习,闽人多引重之。夏间学生出洋后,允饬赴津,感盼之至!"[20]六月下旬,严复到达天津,拜谒李鸿章,从此开始他的北洋生涯。李鸿章对严复的到来十分重视,他写信告诉吴赞诚:"顷该生来署禀谒,嘱于明日趋谒台端。学堂甫经动工,应否留局暂住,讨论一切?"[21]

关于天津水师学堂的情况,以往学术界仅看到《万国公报》第361卷所载《天津新设水师学堂章程》,大致知道其学制五年,第一批招收六十名学生,依据成绩,分班教学。"文理全通,读书甚多者为第一班;文理未尽通顺而读书已多者为第二班;书读不多,文理未尽通顺而资性颖悟过人者为第三班。""考取学童,除给饭食外,第一班每月给赡银一两,第二班每季给衣履费银二两,第三班每季给衣服费银一两。"[22] 对于学堂内部的教学安排、教员配置等方面细节,所知不详。此时的天津水师学堂,其实只有一个驾驶专业,即驾驶学堂。

十几年前,我在上海图书馆发现了一部名为《北洋纪事》的抄本,是李鸿章在北洋大臣任内的公文汇编,其第十册《水师学堂》,收录了二十八份文件,包括李鸿章的奏折批札,水师学堂给李鸿章的报告,水师学堂起草的规章制度等等。这批资料,对全面考订严复在天津水师学堂的任职情况提供了翔实可信的依据。同时,有助于重建起天津水师学堂教学职位和管理职位设置的框架,从新的角度来审视和确定严复在学堂的任职。

《北洋纪事》中,存有该校光绪七年订立的《续定天津水师学堂章程》,明确规定:

> 学生入堂试习三个月,分别去留后,即行第其资质进境,分作一、二、三班。第一班归洋文正教习课督,第二、三班归副教习二员分课。第一班礼拜一、礼拜四,第二班遇礼拜二、礼拜五,第三班遇礼拜三、礼拜六日,各以下午二点钟起至五点钟止,归汉文教习讲授经史。遇礼拜日,则三班学生全日统归汉文教习课督,上半日讲授,下半日命题作文……

> 学生入堂第一年,所习西学以语言文字为大宗,兼习浅近算学。第二、三年则以算学为要领,如几何、代数、平三角之类,均应指授,而中西海道、星辰部位等项,又在兼习之列。第四、五年,所造渐深,当授以弧三角、重学、微积、驾驶、御风、测量、躔昴诸法。若果诸生进境精锐,则帆缆、枪炮、水雷、轮机理要与格致、化学、台垒学中有关水师者,

均可在堂先与训习，以资后来出洋肄业根柢。以上略举次第，应责成洋文正教习循序指授，以期日起有功。……

学生入学半年后，春秋冬三季按季小考，由总办先期禀请派员会同考校，并请派熟谙水师西学委员会同洋文正教习校阅试卷，统核分数，酌拟甲乙，由监考官会同总办呈送中堂鉴定，列榜晓示。其秋季西学汉文分期大考，由总办呈请中堂定期亲临阅试，以重作养而示鼓励。……

学生初入学堂，隔日傍晚由二三班洋文教习带赴学堂外，仿外国水师操法，排列整齐，训演步伐并令练习手足，藉壮筋力。三年后每日早晚仍由二三班教习训练枪炮。至第五年随同外国练船教习，早晚上学堂前样船学操帆帆缆诸事。五年期满后，洋文正教习会同各教习，将历年所授各学开列详单，并各生所造浅深、才器如何，按名出具考语，送由总办呈请中堂择期亲临，带同熟悉西学委员并外国水师官及所延外国练船教习详加考校。[23]

由此可知，天津水师学堂教职设置极为精简，洋文正教习实际上是第一班英语暨各项西学基础课的授课老师，并有"督课"的责任。副教习负责二班的学习情况。这种做法，出乎今人对西式学校分课程设置任课教师模式的意料，有点像传统私塾单一老师制的授读。

严复在天津水师学堂成立后所担任的职务，是驾驶学堂洋文正教习，这在《北洋纪事》所录公文中，存有大量记录。

光绪七年四月十二日，吴仲翔向李鸿章建议，在水师学堂内增设管轮学堂，培养海军轮机军官。关于教员，吴仲翔的构想是"拟先选中国洋文教习课之，俟两年后语言文字及浅近算学如几何、代数之属均能通晓，再延洋师教以数学、重学、格致、化学并绘图等事,年余便可与驾驶学生同上练船,涉历风涛"。[24]

光绪八年三月,天津机器局总办潘骏德等人报告李鸿章,天津水雷学堂办学效果不很明显,实是教习未得其人。"水师学堂正教习严宗光精习西学,于测算格致具有根柢,应令该员就近赴水雷学堂会同原管各道逐加考校,认真遴选,将其中资质学业略可造就者,提归水师学堂照章分班肄习。"他们"拟请行知水师学堂吴道、正教习严宗光择日提选"[25],吴仲翔也报告李鸿章,接到批札后,"职道即督同洋文正教习认真考选,拟拔其优者令充水师学堂,次者令备管轮之选,又其次者商酌位置,或遣归水雷营"。

在报告中,吴仲翔还提出,参将衔补用都司萨镇冰任管轮学堂洋文正教习[26],该报告获李鸿章批准[27]。四月初三日,李鸿章在另一份报告上又批示:"萨镇冰充教习原非常局,两年后必须另延洋师。务饬严宗光、萨镇冰预为咨访,届时禀请延订为要。"[28]

上述史料表明,天津水师学堂驾驶学堂与管轮学堂洋文正教习,分别由严复和萨镇冰担任。

光绪十年九月二十二日,吴仲翔、罗丰禄报告李鸿章:

> 驾驶一班学生堂课既毕,堪上练船,应及时大考……所有试卷,卑职丰禄会同洋文正教习严都司宗光详加校阅……卑职丰禄将此次所考驾驶一班学生试卷核定分数,酌拟甲乙及奖赏银数,并据洋文正教习严宗光照定章程,将各生所造浅深,才器如何,按名出具考语,呈送前来。[29]

在报告中,吴仲翔、罗丰禄对严复的教学工作和伍光鉴等三十名学生的学习成绩给予高度评价,所以李鸿章同年年底上奏《水师学堂请奖折》:

> 参将衔留闽尽先补用都司严宗光,由闽厂出洋肄业,学成回国,派充该学堂洋文正教习,参酌闽厂及英国格林书院

课程，教导诸生，造诣精进，洵属异常出力，拟请以游击补用，并赏加副将衔。³⁰

在请奖名单中，还提到以下教职员：洋文教习曹廉正、王凤喈、陈燕年，洋枪教习卞长胜，汉文教习董元度、郑筹、顾敦彝、陈埧、林学瑂、陈锡瓒，文牍甘联浩，司事顾衍贵，官医柳安庆等。同样可见，严复不是高于其他教习的"总教习"。

光绪十年十一月初八日，军机大臣奉旨："严宗光等均著照所请奖励，该衙门知道，单并发，钦此。"³¹ 这道上谕，连同前引李鸿章请奖折，被《德宗实录》概括整理，记录为"以北洋水师学堂办学有成效，予教习都司严宗光、游击卞长胜……奖叙有差"³²。

此后，严复继续在天津水师学堂担任洋文正教习。《北洋纪事》中最后一个记录严复担任此职的文件，是题为"光绪十三年十月二十九日（1887年12月13日）水师学堂吕耀斗会同沈保靖、罗丰禄详北洋大臣李"的报告：

> 驾驶二班学生堂课毕业，照章应行大考……十五日蒙宪节莅堂考校，诸生面聆启发，感奋逾恒。所有试卷复经职道丰禄会同洋文正教习严游击宗光、副教习麦赖斯等详加校阅……英国领事璧利南素轻中国水师学生，此次考后，经职道丰禄示以题纸，彼亦推为仅见。良由正教习严游击专讲水师算学二十余年，其奥窔曲折一一周知。³³

从《北洋纪事》所收公文内容看，其对严复担任水师学堂洋文正教习的记录是连贯的，也是可靠的。尔后，他大约在光绪十五年担任学堂会办。³⁴ 至于他是否担任过学堂的"总教习"，在正规的水师学堂文件及李鸿章的奏折公文中，我迄今尚未找到记载。

回过头来，还要再说吕耀斗。

吕耀斗是旧式文人，既不懂外语也不懂海军，跑到新式军校当领导，本来只是个位置的安排，但他在这里泡了七年。他能写文辞优雅的诗词，有时也把自己当成武人。朋友吹嘘他，说他"剑佩奋发，胸有甲兵，然亦用而不尽用，坦然处之……出入军中，逡巡有年"[35]。此处"用而不尽用"来形容，颇为精准传神。天津的英文报纸 The Chinese Times（《中国时报》）曾说，吕耀斗是位翰林，"学识渊博，和蔼可亲。在他管理下，当地人和外国人十分和谐融洽，没有摩擦"。外国人撰写的评论对他是夸奖的，认为水师学堂的"成功来自于诚恳的工作，不搞阴谋诡计。而这个国家很多有用的机构，正是被各种阴谋伎俩，搞得一塌糊涂"。[36] 在现存严复的书翰中，偶尔也提到过吕耀斗，那是在光绪十五年初夏，严复已获会办的任命，他回家乡参加母亲葬礼后返回天津，在给四弟严传安的家信中说："学堂公事山积，吕道皆推俟兄到津时措办。体念事繁，然无可推委也。"[37] 水师学堂应当任用熟悉专业的严复来主持，这无可置疑，吕耀斗挡住了严复的晋升之路。

我们往细想，欲使吕耀斗让位给严复，其实需要具备两个条件。

一是将吕放实缺，或者平调另外差使。吕耀斗这辈子，就巴望放实缺做个真道台，但这并不容易，需要等待机遇。李鸿章曾对向其请托某人安排事项的工部尚书潘祖荫解释："此间道班需次者多至二十余人，其间资深劳多，久应委署者亦复不少，经年不见一缺，得之极难。"[38] 对于吕耀斗这种资格老、交游广的官员来说，调动职位尤需谨慎考虑他本人的感受，和官场内部复杂的人事关系，其中道理，古今皆然。官场上的人，大多觉得自己升迁比别人缓慢，受了委屈。李鸿章是一个善于推荐自己亲信出任各种官职的封疆大吏，但也无法保证人人尽欢。他的主要助手周馥，光绪三年起署理永定河道，后来又筹建海防支应局、电报局，担任津海关道、会办天津营务处兼北洋行营翼长，一直参与北洋核心军务，包括北洋海军筹建的各项工作，但任职十年，也曾感叹自己下一步发展的前途。光绪十三年他入京觐见皇帝，归来作诗曰："同时流辈飞腾尽，顾我疏慵隐退难。"周馥还注意到另一个北洋元老刘芗芳，参与旅顺口基地建设和训练鱼雷营，却一直是道员而未能更上层楼，故在诗中还写道："频年却愧刘公干，海峤孤羁耐岁寒。"并作一小注："刘芗林观察芗芳资劳亦二十余年尚未补署。"[39]这两人在北洋的地位都要比吕耀斗和严复更重要，但晋升也十分困难。

二是天津水师学堂是个新设机构，总办是由候补道级官员担任的非正式官职。用当时的话说，是"差使"而非实缺；用现在的话讲，叫做"相当于厅局级"。严复欲任总办，必须升至道员。回国时，严复走的是武官晋升路线，他想改变，四次参加乡试，每次都铩羽而归，考不上举人。所以在私信中，他有"北洋当差，味同嚼蜡"[40]的抱怨，在诗中，有"四十不官拥皋比，男儿怀抱谁人知？""当年误习旁行书，举世相视如髦蛮"的牢骚。皋比即虎皮。宋代张载曾坐虎皮讲《易经》，后称任教为"坐拥皋比"。旁行书即横写的外文，此处指学西学。科举不顺，使他焦虑，心中颇有怨言。光绪十四年，他出资捐官同知，李鸿章旋即提携他任知府。光绪十七年，李鸿章又奏保严复以道员遇缺先用。

天津水师学堂规模其实并不宏大，前后共培养了六届120名驾驶专业学生，其中严复亲自授课的一至三届，计69人。此外还有六届85名管轮专业学生。[41]严复在校二十余年，先在吴赞诚、吴仲翔、吕耀斗领导下教学，后来全面主持校务。李鸿章对严复的使用上并不存在歧视，在个人生活上对他也很关心，比如劝他戒鸦片，允许他请假离职，参加科举考试。在官职上能够关照的，也都关照到了。以当年一同派往欧洲留学的马建忠、陈季同、罗丰禄三人来进行比较，马建忠早先随传教士学习外语，出国前已入李鸿章幕府。他以郎中资格，作为留学生监督李凤苞的随员，在法国留学国际法。回国后仍留北洋办理洋务，担任过轮船招商局会办和上海机器织布局总办，官衔是道员。陈季同与罗丰禄均是船政学堂第一届学生，留学出国时，陈是李凤苞的文案（秘书）。在法国，他也入校攻读国际法，后随李凤苞转入驻德、驻法使馆，升为参赞。陈的官衔级别走武职，一路升至副将、总兵、提督之类虚职，但换成文职，同样不超过道员。更有可比性的是罗丰禄，光绪四年在英留学时，罗丰禄即捐主事，做过李凤苞的翻译。后被李鸿章调赴天津，派办北洋水师营务处，兼办洋务，并担任李的英文秘书，还在出洋学生学成回华保案内，以直隶州知州分省补用，并加四品衔。光绪十一年，他以知府分省补用，又以历年防务出力案内奏保以道员分省补用。十九年经李鸿章奏保以海关道记名简放。[42] 罗丰禄出国前后的职务始终在严复之上，获候补道员时，严复为游击，赏加副将衔。同年严复捐监生，改走文职路线，用六年时间追成候补道，全部功绩是在水师学堂教书而已。严复没能如罗丰禄那样，"凡以调外交、策战守，……无所不咨"[43]，跨入北洋决策的核心圈子，他私下有不悦，声称"李中堂处洋务，为罗稷臣垄断已尽，绝无可图"。[44] 但就海军教育本职而言，谁能说出来他受到李鸿章排挤的具体事例吗？在晋升的阶梯上，周馥、刘含芳、吕耀斗们需要漫长的等待，严复同样也需要等待，这是官场的规矩，不会因人而异。

光绪十九年三月廿三日（1893年5月8日），翁同龢为吕耀斗的晋升写信给李鸿章求情。他在日记中记录：

致李合肥函，为吕庭芷也，嘱以后或补或署。张丹叔携去。⁴⁵

张丹叔即广西巡抚张联桂，翁同龢请托的这个人情，对于吕耀斗和严复都有帮助。年底，李鸿章安排严复总办天津水师学堂，派洪恩广接任学堂会办。而吕耀斗，转办绥巩支应局事务。应当说，李鸿章待严复不薄。此时，严复尚未满四十岁。后来陈宝琛在严复墓志铭中说：李鸿章"大治海军，以君总办学堂，不预机要，奉职而已"，这话我不敢苟同，严复当教习时，非要说他是总教习，实际上担负了总办的责任；而当上总办，又说他不预机要，严复在学堂里究竟扮演什么角色？

光绪二十年底，天津道一职出缺，李鸿章推荐吕耀斗署理。光绪二十一年二月二十六日（1895年3月22日），吕耀斗接替因病开缺的万培因，实授永定河道。⁴⁶此时距他进士及第，已经度过悠悠四十五个寒暑。吕未及上任，就于七月初九日（8月28日）卒于老家苏州⁴⁷，终年六十七岁。

《清代官员履历档案全编》的一则考证

吕耀斗处于新旧交替的动荡时代，他的坎坷经历，亦是当时一些半旧半新官员的缩影。过去，人们常把中进士比作跳龙门，为了跳过龙门，多少人悬梁刺股、皓首穷经。殊不知，即便跳过龙门，点了翰林，官场的道路依然崎岖难行，能跨入道员的人，历来寥寥可数。至于李鸿章，他属于洋务人物，却选一个不懂海军、"日暮途穷"的老翰林总办水师学堂，这是时代的悲剧，更是海军的悲剧。在这个悲剧中，吕耀斗是一个左右尴尬的角色。

《清代官员履历档案全编》影印吕耀斗履历文献出现拼贴错误，见画线处，上下文脱漏一段文字，极难觉察

有关吕耀斗的史料极为稀少。他的词集《鹤缘词》，全系文人吟哦，风花雪月，与海军教育无关。十多年前，我在30大册影印文献《清代官员履历档案全编》第4册第356页中，找到他1886年进京时所呈履历单，却觉得怎么读也有问题，语句不顺，年份颠倒。讲完同治"五年"，又出现"四年五月"如何如何。当时我不得不猜想，排印得严丝密缝的影印档案，会不会出现丢失段落的情况？

为了证明这个猜想，我特地借出差北京的空隙，去故宫西华门内第一历史档案馆查阅档案。很方便，不到半小时，我便坐在缩微胶卷阅读器前，从宫中履历档的胶片中，找到了吕耀

斗履历，而我也切切实实地发现,《清代官员履历档案全编》竟然脱漏了8行127个字。漏字部分（见下文加着重点文字）和前后文字摘引如下：

……咸丰二年壬子科散馆，授职编修，四月到院，十月请假回籍迎亲，四年七月在籍丁母忧。七年四月服满到院。八年六月充国史馆纂修。九年四月因前在本籍办理灾赈出力，经前两江总督等奏请奖励，奉旨赏加五品衔。六月充陕西副考官。同治元年二月请假回籍迎亲，十二月丁父忧。五年十月服满到院。六年九月，因病请假。八年十一月销假进署。九年十月充功臣馆纂修，十年赴刘铭传军营，十一年六月回原衙门当差。于是年十一月充补功臣馆纂修，十二年京察一等。十三年四月告假回籍，十二月销假到院。光绪元年二月充文渊阁校理，二月请假回籍。三年十一月奉旨饬赴左宗棠军营差委。是年在湖南协黔捐局报捐道员，双月选用。四年五月因患疾医治未痊，未能就道。旋因历年防剿各匪出力，经陕甘总督前陕西巡抚谭钟麟奏请，以道员分省补用。六年四月因浙江晋豫赈捐请奖，请以道员指分直隶试用。七年七月，船政大臣黎兆棠奏，调派船政局提调。十年正月请赴部，是年六月因前内阁学士徐致祥奏保人才，奉旨交军机处存记。本年二月到京，由吏部带赴内阁，经钦派大臣验放，十一日复奏堪以发往，奉旨依议。

回家再看《履历全编》，这段漏掉的"院。六年九月，因病请假……"等文字，没头没脑，又突兀地出现在第357页上。我猜想，这种脱文，是在制版前将复印的文件拼贴接排时出现的。大批量影印档案，是繁复而辛劳的工作，在浩若烟海的复印件连续制版过程中，依然会有手民之误，各种技术过失恐怕难以避免。

> 院六年九月因病請假八年十一月銷假進署
> 九年十月充功臣館纂修十月赴劉銘傳軍營
> 十一年六月回原衙門當差於是年十一月充
> 補功臣館纂修十二年
> 京察一等十三年四月告假回籍十二月銷假到
> 院光緒元年二月充文淵閣校理二月請假回
> 籍三年十一月奉
> 旨飭赴左宗棠軍營差委是年在湖南協黔捐局報

影印吕耀斗履历
脱漏的部分

但这段脱漏也提醒我，读其他人的履历，是否也会有同样情况？学术界使用影印档案时，仍要谨慎，留个心眼。

严复为何不被李鸿章重用？

我有时想，说严复怀才不遇，其实是以严复为中心的一种设定。官场中，大多数人都有怀才不遇之感，觉得自己的机会被别人挤占了。问题是，怎样才能使严复满意？让他来主持国政吗？让他来领导海军吗？让他的官职超过道员吗？这确实还要看他本人的能力和机遇。但谁又以吕耀斗为中心来想问题呢？

严复刚回国时，李鸿章对他期望很高，后来他们的关系没有更进一步深化，这个原因迄今无法解释。有人认为是他思想激进为李鸿章不喜所致,当年向李鸿章举荐严复的陈宝琛说:"君慨夫朝野玩愒,而日本同学归者皆用事图强,径剸琉球,则大戚。常语人,不三十年藩属且尽,缳我如老牸牛耳!闻者弗省,文忠亦患其激烈,不之近也。"[48]严复固然狂放,但上述言论从当时语境来研判,其实并不过分。也有人认为是他染有鸦片烟瘾,不可能有所作为。光绪十六年(1890)前后,严复曾在家信中说"兄吃烟事,中堂亦知之,云:'汝如此人才,吃烟岂不可惜!此后当体吾意,想出法子革去。'中堂真可感也。"[49]1915年,他的英文日记中仍记录有"Two pipes in the afternoon(午后吸烟两筒)"[50]。到了晚年,他在给熊育锡的信中说:"以老年之人,鸦片不可复食,筋肉酸楚,殆不可任,夜间非服药尚不能睡。嗟夫!可谓苦矣。恨早不知此物为害真相,致有此患,若早知之,虽曰仙丹,吾不近也。寄语一切世间男女少壮人,鸦片切不可近。世间如有魔鬼,则此物是耳。吾若言之,可作一本书也。"[51]民国学者费行简先生当年并没有读过这些书信,却也久闻这位英国"海归"的吃烟嗜好。他在《近现代名人小传》的严复传中写道:严复"为海军学生中前辈第一人,且湛深文学,冠其同侪。归国后,屡为船政及海军学堂教员。……然以嗜鸦片,弗便任军官"。又说:"其诗文皆清妙,不落恒蹊。与人语,亦娓娓可听,或谓其害于鸦片,信然。"费行简还说,戊戌政变后,有人指严复为康党,赖荣禄、王文韶救,得免。"后应聘为大学教员,袁世凯虽重其学,而亦短其疏懒,弗能治事。"[52]当代学者汪荣祖先生也认为,"并不是李中堂敬他而远之,而是他自己的不争气也。""他虽习海军,一度有雄心大志,奈平生为烟瘾所缠,难以解脱,虽欲做大事,实力不从心。将立功无成归罪于李鸿章,或腐败的满清政府,未必太便宜严复本人了。然而,反过来说,严复仕途失却也造就了他在翻译事业上的丰收。"⁵³ 这是否也是对严复在北洋官场发展情况的又一种解释呢？

严复在天津水师学堂任职阶段，是他思想和学术日臻成熟的时期。在搞清楚他的任职情况之后，进一步摸清他的工作状态和在北洋官场的处境，对于正确把握他的思想脉络发展轨迹具有积极意义。历史人物研究的深化，需要发掘新鲜史料，开拓观察角度，把人物放回他当时生存的环境中去考察，从而得出可靠的结论。不能仅凭孤立的几条材料，就串缀概念，过度发挥。严复在天津水师学堂任职，洋文正教习、会办、总办三个职务，近百年来，却一直没有弄清楚，其中不少迷惑还是严复自己布下的，使得史学界研究严复的学者都走了弯路。戊戌前后，严复因翻译西学名著享誉天下，以此推论他先前在水师学堂的表现，推论他和李鸿章的关系，尤其需要谨慎。事实上，研究这一时期李严关系，我们所缺乏的，不是想象力，而是过硬的原始材料。

最后再举一个例子。

严复当上天津水师学堂总办后，依然牢骚满腹。他在给四弟严传安的信中说："堂中洪翰香又是处处作鬼，堂中一草一木，必到上司前学语，开口便说闽党，以中上司之忌，意欲尽逐福建人而后快。弟视此情形，兄之在此当差，乐乎？否耶？"⁵⁴ 这段史料，被严复的研究者反复引用，但试问，如同前述吕耀斗一样，又有几人琢磨过洪翰香是谁呢？严复做老二，头上有个总办吕耀斗，他不愉快；李鸿章让严复做了老大，派洪翰香做会办，他依然不爽。问题是，后世的研究者，是否因为严复不愉快，就断定严复受到排挤了呢？你看到严复骂洪翰香，但是否想过，洪翰香为什么要骂"闽党"呢？

每一个人都可以成为历史学家研究的对象，但不要偏执，不要狭隘，不要就事论事。治学要有更加宽广的眼光和冷静的思考。

不仅琢磨研究的对象，还要琢磨这个对象周围的伙伴、同事和交往的人群，甚至要琢磨他们之间的前世今生。比方说，要费点心思，考证出洪翰香的名字叫洪恩广，洪恩广的父亲叫洪汝奎。光绪十二年，在委派吕耀斗担任北洋水师学堂总办之前，李鸿章首先考虑的总办人选，其实竟是洪汝奎。[55]

2009年2月初稿

2013年6月修订

2014年12月再修订

---

1 严璩：《侯官严几道先生年谱》，载《严复集》，第5册，第1547页。

2 见姜鸣：《严复任职天津水师学堂史实再证》，《历史研究》，2008年第3期，第164—179页。

3 来新夏编：《清代科举人物家传资料汇编》，第2册，第409—414页。

4 《翁同龢日记》，同治五年十一月廿一日，第1册，第502页。

5 李鸿章：《复翰林院吕耀斗》，同治十年十月二十一日，《李鸿章全集》，第30册，第356页。

6 李鸿章：《致翰林院吕耀斗》，同治十年十一月十八日，《李鸿章全集》，第30册，第375页。

7 此过程参见李鸿章：《复翰林院吕耀斗》，光绪三年七月十六日；《复统领铭军记名提台刘》，光绪三年七月十六日；《复统领铭军等营记名提台刘》，光绪三年八月初六日；《致翰林院吕耀斗》，光绪三年八月初六日，《李鸿章全集》，第32册，第100—101、112页。

8 左宗棠：《奏调吕耀斗吴大澂来营片》，光绪三年十一月初五日，《左宗棠全集》，第6卷，第781页。

9 附录上谕，光绪三年十一月二十一日，《左宗棠全集》，第6卷，第782页。

10 左宗棠：《答刘克庵》，光绪三年，《左宗棠全集》，第12卷，第283页。

11 李慈铭：《与吕定子书》，《越缦堂诗文集》，中册，第849页。

12 李鸿章：《复船政黎召民京卿》，光绪七年五月初四日，《李鸿章全集》，第33册，第33页。

13 张佩纶：《请开船政大臣黎兆棠差缺片》，光绪九年二月十三日，《涧于集·奏议》卷3，第22页。

14 左宗棠：《答福建船政局吕庭芷观察》，光绪八年，《左宗棠全集》，第12卷，第737页。

15 参见黎兆棠：《恭谢天恩报明回籍就医起程日期折》，光绪八年十二月初三日；张梦元:《"开济"快船试洋、订期驶往南洋并厂工情形折》，光绪九年九月二十日；张梦元:《恭谢天恩遵旨即赴广西新任并报交卸船政起程日期折》，光绪九年十月初一日，《船政奏议汇编点校辑》，第204、223、225页。

16　《吕耀斗奏折》，光绪十二年三月十二日，《光绪朝朱批奏折》，第四辑，第642页。

17　在《北洋纪事·水师学堂》中最早记录吕耀斗身份的文件，为《光绪十二年七月十八日水师学堂候选道吕耀斗禀北洋大臣李》。在光绪十四年十二月初十日《海防用款立案折》中，称光绪十二年正月起至十二月底止北洋海防经费项下立案新支各款内，有"派道员吕耀斗接办水师学堂，月支薪夫银一百三十两"。《李鸿章全集》，第12册，第532页。

18　李鸿章:《吕耀斗考语片》，光绪十三年四月二十日，《李鸿章全集》，第12册，第94页。

19　李鸿章:《天津光绪十四年办理海运出力员弁保奖折》，光绪十四年十一月初五日，《李鸿章全集》，第12册，第504页。

20　李鸿章:《复黎召民京卿》，光绪六年三月二十一日，《李鸿章全集》，第32册，第540页。信中提及"闽人多引重之"，据张佩纶光绪六年三月十一日记载:"伯潜（陈宝琛）称严宗光者，器识闳通，天资高朗，合肥已往调来津矣。"十九日又记:"严，伯潜所荐士也。"见《涧于日记》，庚辰上，第17、19页。

21　李鸿章:《复吴春帆京卿》，光绪六年六月二十二日，《李鸿章全集》，第32册，第568页。

22　《天津新设水师学堂章程》，《万国公报》，第361卷。

23　《续定天津水师学堂章程》，载《北洋纪事》，第十本，《水师学堂》。文中重点号为笔者所加。

24　《光绪七年十月十二日水师学堂吴仲翔详北洋大臣李》，载《北洋纪事》，第十本，《水师学堂》。

25　《光绪八年三月　日机器局潘骏德等禀北洋大臣李》，载《北洋纪事》，第十本，《水师学堂》。

26　《光绪八年三月二十三日水师学堂吴仲翔详北洋大臣李》，载《北洋纪事》，第十本，《水师学堂》。

27　李鸿章批文为:"都司萨镇冰既于水师诸学深谙理要，候饬该员毋庸出洋，留充管轮学洋文正教习，并行刘游击知照。"见《光绪八年三月二十三日水师学堂吴仲翔详北洋大臣李》，载《北洋纪事》，第十本，《水师学堂》。

28　《光绪八年四月初三日水师学堂吴仲翔详北洋大臣李》，载《北洋纪事》，第十本，《水师学堂》。

29　《光绪十年九月二十二日水师学堂吴仲翔会同罗丰禄详北洋大臣》，载《北洋纪事》，第十本，《水师学堂》。

30、31　李鸿章:《水师学堂请奖折》，光绪十年十一月初五日，《李鸿章全集》，第10册，第650、649页。

32　《清德宗实录》，第54册，第802页。

33　《光绪十三年十月二十九日水师学堂吕耀斗会同沈保靖、罗丰禄详北洋大臣李》，载《北洋纪事》，第十本，《水师学堂》。

34、42　《清代官员履历档案全编》，第6册，第486、216页。

35　谭献:《〈鹤缘词〉序》。

36 The Imperial Naval College at Tientsin, *The Chinese Times*. June 28th, 1890.
37 严孝雄:《新发现严复一封信》,《今晚报》, 天津, 2005 年 4 月 25 日。
38 李鸿章:《复兼尹潘》, 光绪十六年四月十八日,《李鸿章全集》, 第 35 册, 第 63 页。
39 周馥:《丁亥十一月以卓异入都展觐归至保定感述五律》,《玉山诗集》, 卷 1, 第 35 页。
40 严复:《与四弟观澜书》,《严复集》, 第 3 册, 第 731 页。
41 《海军各学校历届毕业生名册》, 张侠等编:《清末海军史料》, 第 440—442 页。按: 依《海军各学校历届毕业生名册》, 其公布的天津水师学堂各届毕业生名单相加为 120 人, 但书中又说是六届 125 人。
43 严复:《罗母陈太淑人七十寿序》,《〈严复集〉补编》, 第 2 页。
44、49 严复:《与四弟观澜书》(一),《严复集》, 第 3 册, 第 730、732 页。
45 《翁同龢日记》, 光绪十九年三月廿三日, 第 5 册, 第 2598 页。
46 《光绪宣统两朝上谕档》, 第 21 卷, 第 46 页。
47 《王文韶光绪二十一年八月十二日奏》,《光绪朝朱批奏折》, 第 10 辑, 第 854 页。
48 陈宝琛:《清故资政大夫海军协统严君墓志铭》,《严复集》, 第 5 册, 第 1542 页。
50 据《严复集》, 第 5 册, 第 1477 页《严复日记》前的"日记说明"介绍:"民国五、六、八、九这四年的日记, 严复用英文按日记录了自己的病况和施治情形, 包括用药的次数和剂量、睡眠好坏、咳嗽轻重、体温、排泄等等。这些记录对绝大多数读者似无用处, 而且所占篇幅过多, 故未译载。"但汪荣祖从《严复集》, 第 5 册卷首影印的严复日记上却有发现。他说:"严复自何时开始染上烟瘾, 难以确知, 然观乎《严复集》第 5 册卷首影印严氏乙卯年(光绪五年)十二月初五(1880 年 1 月 9 日)英文日记, 赫然有: Two pipes in the afternoon(午后吸烟两筒)的记录。可知至少甲午战争爆发前十四五年, 已经以吸烟为常课。1880 年, 严复只有二十八岁, 这一年李鸿章特别邀请他到天津, 出任水师学堂总教习, 然而他却已是鸦片鬼了。"见汪荣祖:《严复新论》, http://www.doc88.com/p-893118046496.html。需要指出的是:《严复集》, 第 5 册书影上的年份是乙卯年, 即 1915 年, 而非汪荣祖所说的 1880 年, 1880 年的阴历纪年是己卯年。汪荣祖先生弄错了。
51 严复:《与熊育锡书》(九十一),《严复集》, 第 3 册, 第 704 页。
52 《近现代名人小传》, 下册, 第 167—168 页。
53 汪荣祖:《重读严复的翻译》,《传记文学》, 第 88 卷, 第 1 期, 第 6 页。
54 严复:《与四弟观澜书》(四),《严复集》, 第 3 册, 第 732 页。
55 李鸿章光绪十二年三月十三日在给张佩纶的信中写道:"方招洪琴西来主水师学堂, 闻信中阻。"见《致张佩纶》,《李鸿章全集》, 第 34 册, 第 20 页。

敢言掣肘怨诸公

1891：北洋海军发展的转折年

> 是谁持算盘盘错，相对拈棋着着难。
> 挽日回天宁有力，可怜筋骨已衰残。
> ——周馥：《过胶州澳》

李鸿章北洋阅兵

光绪十七年，西历1891，岁在辛卯，光绪帝载湉亲政的第三年。

3月25日，北京街头刮着狂风。清晨，大臣们冒着寒风上朝。这天，海军衙门上了两个奏折。一个奏折说，颐和园自开工以来，每岁暂由海军经费内腾挪30万两拨给工程处；又将各省督抚、将军认筹海军巨款260万两陆续解津发存生息，息银专归工程使用。现在，各省认筹银两尚未解齐，而钦工紧要，需款益急，建议所有工程用款即由新海防捐项下暂行挪垫，一俟存津生息集有成数，再提解分别归还。海防捐是清政府出售官衔筹集海军资金的一种方式，捐银一千两可得蓝翎，二千两可得四品以下官衔，三千两可得三品以上官衔。这种做法造成官场流品混杂、吏治腐败，一直饱受舆论批评。但在清末，由于国家财源拮据，又戴着加强海防的大帽子，所以还在勉力推行。此次请示将海防捐收入挪垫于园工,赤裸裸地说:"如此一转移间,庶于垫款有着,而要工亦无延宕之虞。"皇帝钦批同意。[1]另一个奏折说,按照光绪十四年奏定的《北洋海军章程》规定,每三年校阅海军,今年恰逢头一个三年,请钦派大臣出海会校。皇帝考虑后次日传谕:着派李鸿章和张曜认真会校。[2]

两个月后,天气暖和起来了,但风依然很大,常常还伴随着沙尘暴,黄尘蔽空。5月23日,北洋大臣李鸿章率直隶按察使周馥,从大沽乘"海晏"轮船出发。同日,帮办海军事务大臣、山东巡抚张曜也在烟台登上"康济"舰。24日,他们在旅顺会合。北洋海军提督丁汝昌统率"定远""镇远""济远""致远""靖远""经远""来远""超勇""扬威""平远""康济""威远"及"广甲"诸舰,南洋兵轮船统领郭宝昌统领"寰泰""南琛""开济""镜清""南瑞""保民"诸舰参加了校阅。

25日,李鸿章、张曜检阅提督宋庆所部毅军演试的德式陆操,又看记名提督黄仕林、总兵张光前所部亲庆六营表演的英德操法,均称精练。各军演放枪炮,都能命中目标。

26日,他们查看旅顺军港新建大石坞工程及各炮台情形。船坞旁新造厂房仓库14座,大小电灯46座。还兴建铁路,连接厂库,以便起卸转运料物。从此,北洋军舰可以随时入坞维修保养,无须远借异国,洵为一劳永逸。在船澳东侧,还建立一座小石坞,专门修理雷艇炮船。尔后,视察东西两岸炮台,看炮手演示打靶;考校鱼雷、水雷学堂的学生,并演放水雷。

28日,李鸿章一行开赴大连湾,各舰随行,沿途布阵,不断变换队形。夜间,以六艘鱼雷艇试演袭营阵法,军舰的御敌攻防,颇为灵捷。

29日,他们至三山岛,看舰队鱼贯打靶,均能在行驶中命中

北洋大臣李鸿章

山东巡抚张曜

目标。北洋七舰和六艘鱼雷艇还相继施放鱼雷。又观看新修建的和尚岛、老龙头、黄山、徐家山等炮台,仿照外洋新式,曲折坚固。其中老龙头炮台,炸山拓地而建,工程尤为艰巨。

6月1日,舰队开赴威海卫,李鸿章阅看候选道戴宗骞所部绥巩军新筑南北两岸各炮台,设计者在原已建造的北岸北山嘴、祭祀台两处炮台外侧,添筑黄泥岩炮台,恰可居中策应;又在南岸龙庙嘴、鹿角嘴两处炮台外侧,添筑赵北嘴炮台(亦称皂埠嘴炮台),以便向外迎击。刘公岛横据威海湾口门,地势扼要,副将张文宣所带护军,于岛北新筑地阱炮台,凿山通穴,夹层隧道,安设240毫米口径后膛炮,机器升降,灵速非常,能狙击敌船,而炮身蛰藏不受攻击,为西国最新之式。还在刘公岛西侧黄岛上设一座炮台,跨海通道,工力尤艰。刘公岛岛南相距七里处,有日岛矗立海中,亦设地阱炮台,与南岸赵北嘴炮台相为犄角锁钥,防卫极为谨严。

李鸿章还视察了刘公岛铁码头。这是道员龚照玙督造的,用厚铁板钉成方柱，径四五尺，长五六丈，中灌水泥，凝结如石，直入海底，在北洋数处码头中最为坚固。

随后，李鸿章调阅绥巩八营陆操，兼看洋枪打靶，命中率在九成以上。又派员考校刘公岛水师学堂，只见学生日习风涛，筋力坚定，于几何算学颇能默会贯通。嗣调集各兵舰小队登岸操演，陆路枪炮阵法精严快利，为各处洋操之冠。旋令"威远""敏捷""广甲"操使风帆。是夜，水师合操，万炮齐发，西人观察，亦皆称羡。[3]

李鸿章事后在给帮办海军大臣定安的信中说："回忆（光绪）十二年奉陪醇贤亲王巡阅各处，犹如目前，楼船方新。旄钺已往。当时威海卫、大连湾两处尚是荒岛，连年布置，已有规模，足与旅顺重门相依。"[4]

6月5日，李鸿章乘舰绕过山东半岛东头的黑水洋，赴胶州湾考察。此时，胶州湾尚未开发，海湾口边，是个叫作青岛的小地方。军舰驶入湾口转向北行，李鸿章看到，坦岛（后改称团岛）在东，黄岛在西，相距七里。胶州湾内周围百余里，可泊大队兵舰，从东至北，环山蔽海，形胜天成，实为旅顺、威海以南又一大要隘。李鸿章与张曜商量，现在旅、威基地均已竣工，胶州湾的工程，应当按照预定计划，提上议事日程。

7日，张曜在胶州湾登陆，取道青州回济南，李鸿章则循海路返回烟台。8日（五月初二日），在从烟台返回大沽途中，他遭遇了飓风。五年前，李鸿章陪同醇亲王阅兵，在旅顺前往威海经过庙岛的途中，他们有幸地看到了海市蜃楼奇观。当时海面风平浪静，而此时，从午后直至中夜，海浪翻滚，船身倾侧进水。渤海是内海，出现狂风巨浪，也是偶遇之事。68岁的老人颠晕呕吐，但还是挺了过来。9日晚间，他平安地回到天津的直隶总督衙门。女婿张佩纶在日记中留下这样的记载："晚，合肥回津。初二在海上遇大风，甚危险。"5

6月11日，李鸿章上奏，报告巡阅海军及沿海各口防务情形：

> 伏念中国创办海军，实惟醇贤亲王注意经营之举，臣鸿章前此随同巡阅北洋各口，曾蒙将布置情节于复命疏内详细上闻，而于陆军之不可轻裁，船艇之尚须添置，学堂之必应推广，尤三致意，洵为远虑深谋。其时英德四快船订购未到，大连湾、威海卫亦未办防。今则两处台垒粗成，移军填扎，北洋兵舰合计二十余艘，海军一支规模略具，将领频年训练，远涉重洋，并能衽席风涛，熟精技艺。陆路各军勤苦工操，历久不懈，新筑台垒凿山填海，兴作万难，悉资兵力。旅顺、威海添设学堂，诸生造诣多有成就，各局仿造西洋棉花药、栗色药、后膛炮、连珠炮、各种大小子弹，计敷各舰操习之需，实为前此中国所未有。综核海军战备，尚能日异月新。目前限于饷力，未能扩充，但就渤海门户而论，已有深固不摇之势。臣等忝膺疆寄，共佐海军，臣鸿章职任北洋，尤责无旁贷。自经此次校阅之后，惟当益加申儆，以期日进精强，庶无负醇贤亲王历年缔造之苦心，仰副圣明慎重海防、建威销萌、力图自强之至意。6

此外，李鸿章又奏，请于烟台、胶州口添筑炮台，将山东省海防捐截留作为建台之费。清廷均着照所请，称海军至关重要，必须精益求精，仍着李鸿章、张曜认真经理，以期历久不懈，日起有功。

北洋海军访问日本

6月26日，刚刚结束大阅的北洋海军，应日本政府邀请，又开始了访日的外事活动。

这是丁汝昌率舰第二次访问日本。

中日是近邻。截至此时，两国虽然是竞争对手，是内部文件中屡屡提到的假设敌，但在表面上还保持着正常的关系。这次访日，气氛是友善的，也是放松的。1886年，北洋海军访问长崎时，水兵曾与日本警察发生冲突，进而引起打架斗殴和人员伤亡。日本人的民族性中，有尚武好斗的传统，一个多月前，5月11日，俄国皇太子尼古拉访日，遭到一位警察行刺。这些突发事件，都是在北洋海军出访之时需要引起重视和予以防范的。

27日，李鸿章向清廷报告北洋海军访日事。两天后，李鸿章向丁汝昌转寄电旨："李鸿章电奏已悉。日本既有意修好，着严饬丁汝昌加意约束将弁兵勇，不得登岸滋事。长崎前辙，俄储近事，皆应切鉴。其巡历情形及回伍日期，并着随时电奏。"[7]

28日，丁汝昌率"定远""镇远""致远""靖远""经远""来远"六大主力军舰到达马关，次日前往神户。7月4日，出访舰队离开神户，次日下午3时10分，到达横滨，开始了各项繁忙的会见和参观活动。[8]

7月6日，上午9时，日本常备舰队司令长官有地品之允海军少将拜访丁汝昌。10时，日本海军参谋部长井上良馨海军少将、海军省军务局长伊东祐亨海军少将由东京来访。午后，丁汝昌赴日舰"高千穗"舰拜访。5时，丁汝昌乘火车赴东京，拜访日本外务大臣榎本武扬。晚上，中国驻日公使、李鸿章的嗣子李经方设宴欢迎丁汝昌，榎本武扬应邀出席。

7月7日至10日，丁汝昌在东京展开密集访问。明治天皇接见丁汝昌及各舰管带。丁汝昌偕李经方拜访日本总理大臣松方正义、宫内大臣土方久元、内务大臣川弥二郎、内大臣德大寺实则、海军大臣桦山资纪、司法大臣大木乔任、农商大臣陆奥宗光、文

1891年,"定远"访问日本

部大臣田中不二麿、递信大臣后藤象次郎、东京府知事蜂须贺茂韶、枢密院议长伊藤博文、式部长锅岛直大等官员,还拜访炽仁、威仁、彰仁亲王和能久亲王,以及各国驻日公使。参观了东京的学校、监狱和兵工厂。这些单位,规模皆效西方,有条不紊,给中国客人留下深刻印象。丁汝昌还出席了有地品之允、亚细亚协会举办的宴会和榎本武扬在后乐园举办之茶会。

7月11日清晨,丁汝昌乘火车返横滨回"定远"舰。本日各舰弁目以下百数人休假上岸。午后,丁汝昌拜访横滨地方官。晚,华商宴请于中华会馆。

7月12日至13日,丁汝昌再赴东京。应日本友人高松保郎邀请,观看日本戏剧。又参观农科大学、医院、图书馆、植物园、天文馆。出席了海军大臣桦山资纪在精养轩的宴会,炽仁、威仁亲王举办茶会。

7月14日,丁汝昌在"定远"舰设宴接待能久亲王及日本官员。松方正义首相、桦山资纪、榎本武扬、后藤象次郎等大臣参加了宴会。各国使节和外国舰长及其他来宾三四百人也登舰参观。"定远"甲板上悬挂着各国国旗,迎宾的音乐和礼炮不时响起。来宾们或观船,或饮酒,或座谈,或散步,丁汝昌、李经方则周旋其间,款待周至。日本海军元老、枢密顾问官胜海舟参观后,对记者表示惊叹。

7月15日,丁汝昌率二十余军官乘火车赴横须贺。横须贺基地的前身是江户幕府1865年在该地创办的日本第一家造船厂"横须贺制铁所",与江南制造局和福建船政同时起步。1871年改名"横须贺造船所",交海军省管理。1884年改由横须贺镇守府直接管辖。此时,横须贺船厂的用工规模达到三千人,正在建造4278吨的巡洋舰"桥立"。中国军官注意到,"其监督之严整,职工之勤勉,制造之盛大,远在福建船政之上。"他们发现,船厂原先聘用的洋人,近来皆已裁撤。"一切工程,日本人皆能自办。其制造技艺精益求精,孜孜日以上达。由此观之,日本海军之勃兴,他日不难与欧洲诸国并驾矣。"他们还考察了海军医院,看到一切布置皆效洋风,极其清洁,正副军医共十馀人,中国各所医院,皆不能及。军港司令官福岛敬典海军少将在午宴时告诉丁汝昌,天皇常行幸此地,与诸官员"研究一切利害得失,别其勤惰,慰其劳苦,故当事者亦以上意所属,赏罚分明,各竭力致精,献技图报,是以成事较易"。

7月16日,丁汝昌在"定远"舰设茶会招待日本国会议员、横须贺将校及英国海军军官。日本议员又参观"高千穗"舰,认为除水兵体格外,日舰皆不如"定远",日本必须要有数艘坚固军舰。

7月18日,北洋军舰离开横滨。媒体报道,从5日中国舰队来访之日起,横滨警方采取严密警戒措施,以防万一。所幸访问

日本报纸对北洋海军军舰访日所作报道

期间平安无事,水兵极少被允许上岸。中国舰队离开横滨后,警戒随即撤去。[9]

7月19日,中国军舰抵达神户装煤。22日,丁汝昌参观巡洋舰"千代田"。该舰由英国公司建造,本年4月刚返日本。排水量2439吨,航速19节。从航速上讲,超过北洋海军所有军舰。

在丁汝昌的要求下,日本海军省还安排中国军人参观海军基地吴港。吴港当时不对外开放,也不允许外国测量绘制海图。26日上午8时,丁汝昌乘"致远"专程前往,日本特派志贺海军大尉引航。8时半,船过江田岛海军兵学校,9时半到吴港。丁汝昌、邓世昌率官弁上岸,吴镇守府司令长官中牟田仓之助海军中将、吴军港司令官山崎景则海军少将来迎。客人参观了造船厂、海兵团和医院,在将校集会所午餐并座谈。他们看到,吴港各项工程开工刚刚两年,衙署洋楼,巍然高耸。一大船坞已经建成。各个工场,包括机械所、帆缆所、模型所、铸铁所、打铁所,正在相继落成中。他们还发现,日本海军的主食,已由米饭改为西式面包牛肉,使得官兵身体强壮,脚气病也已绝迹,午后3时归舰,又赴"金刚""严岛"舰参观。晚上,丁汝昌一行应中牟田仓之助邀请。先游览古寺,观赏舞乐,尔后赴宴。席上酒馔丰盛,灯火辉煌,双方互呈颂词,尽欢而散。中方人士感叹,日本以一小国而当事孜孜不倦,亟谋自强。吴港基础之精进,竟将与欧洲比肩,令人一见而生敬畏奋发之心,实在不可限量。

7月30日,中国军舰在长崎装煤。"葛城""磐城""满珠"三舰舰长、长崎县知事中野健明来访。午后,丁汝昌率各舰军官乘"靖远"访问佐世保。佐世保军港司令官坪井航三海军少将、佐世保水雷敷设部司令官小田亨海军大佐、"千代田"舰长千住成贞海军大佐等前来拜访。佐世保距长崎40海里,六年前尚是一个寻常村落，居民寥寥数十家。现在已达两千多户，各项建设也推进得迅猛异常。6时半，丁汝昌赴"日进"舰答礼。旋上岸，拜访佐世保镇守府司令长官林清康海军中将并出席宴会。二十六日清晨，丁汝昌又参观佐世保海兵团、医院、仓库、鱼雷营及船坞。8时率"靖远"出港，中午抵达长崎。

8月1日上午，长崎裁判所判事秋山源藏，英、俄、德、法、美五国领事来访军舰。中午，丁汝昌率军官赴华商宴。晚，又赴"葛城""磐城""满珠"三舰长宴请。

8月2日，中国军舰升满旗，庆贺光绪皇帝生日，日本军舰亦升满旗相贺。中午，各舰鸣放21响礼炮。丁汝昌在"定远"设宴，林清康、坪井航三及日本官员、海军军官、各国领事百余人出席。4时半散后，又赴市议会议长林耕作之招待茶会及领事馆之庆祝会。

8月3日，中国访日军舰本拟回国，因暴风雨和大雾，逐日后延，至8月6日上午10点半启程，8日午后7时返抵威海，历时40余天的访日计划圆满完成。

从上述内容丰富的访问活动中不难看出，日本对于北洋海军的来访给予了高规格接待。在密集的访问中，双方对彼此的军舰、人员训练都做了直接细致的观察，中方对于日本海军效法西方、埋头发展的勃勃雄心更有了直接的感受，对日本海军基地、造船能力和后勤保障等方面，做了近距离考察。丁汝昌本人也与日本海军将领建立起私人联系，这些职业军官，很多人在三年后的甲午战争中，将成为丁汝昌生死相搏的直接对手。

访日期间，《东京朝日新闻》在7月8日的头版发表了《清国水兵的形象》的报道：

> 过去，清国军舰仅在明治十二年（1879）和明治十四年

(1881)来访横滨,迄今相隔时间已久,而且此次又是组成舰队来访,让人颇感难得。与过去相比,他们的士官和水兵有了很大的进步,这也是令人瞩目的。登舰之后首先注意到的是,舰上已经没有以前来访时摆放过的关公像,以及塑像前各种燃香,没有了过去那种焚香的气味。过去,甲板上会丢有散乱的残剩食物,水兵的行为也无纪律,而此次这些不体面的情况均已杜绝。水兵纪律大略可观,而且一眼看上去就可知其体格强壮。他们的服装仍旧是支那风格,不过稍有改动,士官穿着丝绸的支那服,但袖子是洋服式样。下半身则混穿有镶金边的裤子和普通裤子,其服饰显得呆板。水兵穿着浅黄色绫木棉质地的支那服,与普通支那人无异,只是从水兵帽和上衣所绣的舰名上才能看出他们是水兵。总之,与前些年到达横滨时相比,他们无疑在有些地方有了很大的进步。但不知实际上究竟如何。关于技术方面,据说他们在雇佣德国和英国人担任监督之后,可望获得更多的进步。

中国水兵这次访日军纪大有改观,最高长官丁汝昌却忙中偷闲,寻花问柳。7月7日晚间,丁汝昌兴致勃勃地去东京第一花柳街吉原泡妞。吉原从江户时代起,就是公开允许的妓院集中地,位于东京都台东区。后来做过伪满洲国国务总理的郑孝胥,当时是驻日使馆随员,他在日记中详尽记录了这次寻春猎艳活动:该地"灯火如昼,高楼临街多三四层者。楼下悉施栏楯,内皆列坐,倭妇数十人被服辉煌,镂金错彩。行者在栏外窥之,彼辄引手招客,若是者六七十处。""连臂共入一楼,令驱妓出选,近前迫视,极少佳丽,大抵肥憨可笑。数十人中共择得六人,每人与洋二元,例可挟之登楼共卧。诸客皆腼腆忸怩,彼初尚踞坐,久之遂起,强捉往其卧室。客愈羞沮狙伏,乃至拖曳滚跌,叫笑倒地,仪观尽失。"[10]

北洋海军访日归来后，李鸿章致函日本外务大臣榎本武扬，对日方的盛情接待深表感谢："夏间丁军门统率北洋兵舰道出东溟，渥承瀛洲贤大夫殷勤款接。而台端莞领外部，屡得周旋，风采言词，弥足钦重。一时盘敦之雅，传布五洲，咸知我两国同文共域之邦，交谊日亲，至为可喜。"[11] 在给日本枢密院长伊藤博文的信中还写道："亚洲惟我二邦，但能联合交亲，异域强邻，何敢予侮。迩来邦交情谊日密，传播五洲，好我者劝，恶我者惧，惟当永持此局，内奋富强之术，外杜窥伺之萌。"[12]

随同舰队出访的某位中国官员则在日记中写道：

> 今夫与日本之海军力比较，当在伯仲之间，然日本年购大舰，月增强盛，其陆军亦如是，勉期熟练，随地配置兵士，其法甚为谨严不可犯。然我各省要处所设防御，尚未完备，兵士之训练亦未精，到底不可与日本同论。今若观察日本之状况，事事皆可愧也。况其强盛，日本更胜；其研究，日本更精。而我若安于目前之海军，不讲进取之术，将来之事未易遽言。[13]

不觉中的停滞和逆转

总体说来，1891年算是个承平之年，朝野和中外均没有太多的大事发生。然而这年里的一些筹划和决策，却影响着历史发展的未来方向。

这年6月4日，北京颐和园初步建成，慈禧太后开始巡幸这座美丽的夏宫，而宫廷内外，又开始筹备太后三年之后的六旬大寿。

朝廷花钱如流水，收入却十分有限。两年前，为了报效慈禧太后，醇亲王奕譞委托李鸿章以建设海军之名，在各地督抚中募

慈禧太后油画像，美国籍荷兰画家胡博·华士1905年绘制

集260万两巨资，本金存储，利息用于颐和园的工程和维修支出。在醇王想来，修建颐和园，既能取悦太后，让其归政之后有个颐养天年的所在，也是让自己的亲生儿子光绪帝亲政之后，毋庸与太后同住紫禁城，减少太后对朝政的干预。有人认为醇王庸碌，只会一味讨好慈禧太后，其实并不尽然。作为皇帝的本生父，醇王有自己不得已的苦衷。自从1886年春天在李鸿章陪同下巡阅海军之后，对于北洋海军建设，他也是费心的。1887年12月9日，因醇王病重，慈禧、光绪诣醇王府视疾。奕譞将其巡阅海军时慈禧所赐金如意交光绪，留言"无忘海军"。[14] 他后来又多活了两年，在他主持下，1888年正式颁布了《北洋海军章程》，从此北洋海军正式成军。在海军章程里，编写者特别指出："参稽欧洲各国水师之制，战舰犹嫌其少，运船太单，测量探信各船皆未备，似尚未

足云成军。目前库藏支绌，固难遽议添购……拟俟库款稍充，再添大快船。"[15] 然而天不假年，醇王体弱多病，他在1891年1月1日去世。奕𫍽死后，朝廷最高决策层中能真正理解并支持李鸿章建设海军的人，竟没有了。

就在李鸿章一行巡阅北洋海军之时，6月1日，户部上奏酌拟筹饷办法折，建议南北洋购买外洋枪炮、船只、机器暂停二年，所省价银解部充饷。

李鸿章回津后，光绪皇帝颁布上谕：此次巡阅"周历旅顺等处，调集南北洋轮船会齐合操，并将水陆各营依次校阅，技艺均尚纯熟，行阵亦属整齐，各海口炮台船坞等工俱称坚固。李鸿章尽心筹划，连年布置，渐臻周密，洵堪嘉许。着交部从优议叙"。这个褒奖，与停购船炮军火的筹划同时而来，前者是官样文章，后者却对北洋海军建设产生了消极作用。

户部的奏折颇出李鸿章意料之外。17日，李鸿章致函前驻日公使黎庶昌，批评户部决策：

> 正在筹办胶州澳，而适见农部裁勇及停购船械之议，正与诏书整饬海军之意相违。宋人有言，枢密方议增兵，三司已云节饷，国家大事，岂真如此各行其事而不相为谋者耶？[16]

此后，他在写给闽浙总督卞宝第、督办东三省练兵事宜大臣定安、云贵总督王文韶、前河道总督吴大澂等人的信中，亦作了类似批评。

清廷做出这种自相矛盾决策，显示出亲政不久的光绪皇帝，其实原本是不成熟的，也显示出翁同龢对他的影响力。

提出停购舰炮军火建议的，是户部尚书翁同龢。提议的理由，是"部库空虚，海疆无事"[17]。翁是同治、光绪两任皇帝的师傅，作为保守正统的士大夫魁首，他对于李鸿章花巨款建设海军，其

户部尚书翁同龢

实不以为然。他在政治上常常成为洋务派的掣肘,尤其缺乏世界眼光。他决没有想到,这次停购外洋枪炮,竟会对海军的覆没产生如此巨大的影响。

朝中不乏忧虑之人。8月23日,山东巡抚、帮办海军大臣张曜去世。临终前,张曜作遗书谓:"抚东五年,沿海炮台尚未修备,此北洋第一重门户,竟不能躬睹厥成,曜身死心未死也,今——托诸中堂(李鸿章),愿有以永固国家久远之基。"[18]

李鸿章的重要助手、直隶按察使周馥在他的自定年谱中,回忆本年巡阅海军和暂停进口船炮等等事件发生之后,他与李鸿章之间的私下讨论,以及甲午战后他向慈禧太后、光绪皇帝谈及此事的一些细节,读来令人扼腕叹息:

> 部臣惜费,局外造谣,余益知时事难为矣。一日余密告相国曰:"北洋用海军费已千余万,只购此数舰,军实不能再添。照外国海军例,不成一队也。倘一旦有事,安能与

之敌？朝官皆书生出身，少见多怪，若请扩充海军，必谓劳费无功。迫至势穷力绌，必归过北洋。彼时有口难诉。不如趁此闲时，痛陈海军宜扩充，经费不可省，时事不可料，各国交谊不可恃。请饬部枢统筹速办，言之而行，此乃国家大计幸事也。万一不行，我亦可站地步。否则人反谓我误国事矣。"相国曰："此大政，须朝廷决行，我力止于此。今奏上，必交部议。仍不能行，奈何？"余复力言之，相国嗟叹而已。后中日事起，我军屡败，兵舰尽毁，人皆谓北洋所误。逾数年，余起病召见，太后问及前败军之故。余将户部掯费、言者掣肘各事和盘托出。并将前密告李相国之言亦奏及。且谓李鸿章明知北洋一隅，不敌日本一国之力，且一切皆未预备，何能出师？第彼时非北洋所能主持。李鸿章若言力不能战，则众唾交集矣。任事之难如此。太后、皇上长叹曰："不料某在户部竟如此！"[19]某亦如此。

9月4日，清廷命庆郡王奕劻总理海军事务，正白旗汉军都统定安、两江总督刘坤一帮办海军事务。这是在上年年底醇亲王奕譞病逝之后，清廷再次任命满族亲贵总理海军，只是奕劻在影响力和品行上，距醇亲王甚远。

李鸿章为挽回户部的决定做了什么努力，我们不得而知。从周馥的回忆来看，他最终消极地接受了户部的建议。9月10日，李鸿章正式奏复户部停购船械裁减勇营折，称：

> 方蒙激励之恩，忽有汰除之令，惧非圣朝慎重海防作兴士气之至意也。详阅部臣所议，既曰自相商定，又令察酌情形，固已深知外间事势各殊，断难一律。现经再三筹度，目前饷力极绌，所有应购大宗船械，自宜照议暂停。[20]

在北洋海军的发展中，上年春天还发生了琅威理"撤旗事件"。李鸿章虽然坚持海军的控制权不容外人干预，但英籍顾问、北洋海军总查琅威理愤而辞职。作为报复，英国本年起停止接受中国海军留学生，撤回在华担任教习的其他英员，中英海军合作陷于低潮。同时，随着琅威理的离去，北洋海军的纪律和训练也迅速松懈，对其未来的战斗力，造成了直接的影响。对此，李鸿章也有不可推卸的责任。

本年北洋海军访日，虽然日方表面上保持着友好的气氛，内心却深受刺激。参观"定远"舰的日本法制局长宫尾崎三郎曾记述说："同行观舰者数人在回京火车途中谈论，谓中国毕竟已成大国，竟已装备如此优势之舰队，定将雄飞东洋海面。反观我国，仅有三四艘三四千吨级之巡洋舰，无法与彼相比。同行观舰者皆卷舌而惊恐不安。"这种观点，代表了当时相当一部分日本人的看法。深受刺激的日本，随之掀起了超常规加速扩充海军军备的高潮。

其实在更早的1887年，日本参谋本部第二局局长小川又次大佐就制定了《清国征讨方略》，主张要在中国实现军队改革和欧美各国拥有远征东亚的实力之前，完成对华作战的准备。设想日本要吞并辽东半岛、胶东半岛、舟山群岛、澎湖列岛、台湾以及长江两岸十里左右的地方。同年3月，天皇下令从内库拨款30万元，作为海防补助费。全国华族和富豪也竞相捐款，至9月底，捐款数达到103.8万元。这些资金被用作扩充海军军备。1890年到1893年4年间，日本军费占国家财政预算的平均比重为29.4%，其中1893年达到32%。

1888年，日本提出第七次海军扩张案。海军大臣西乡从道以俄国修筑西伯利亚大铁路、中国发展海军为由，指出日本必须迅速发展海军，要求以中国舰队和在未来战争中可能支持中国的英

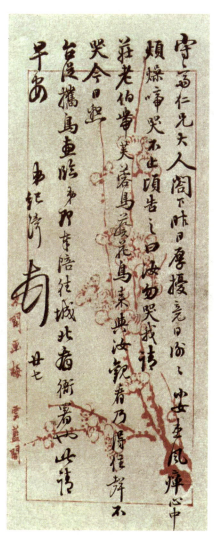

曾纪泽致庄祖基函

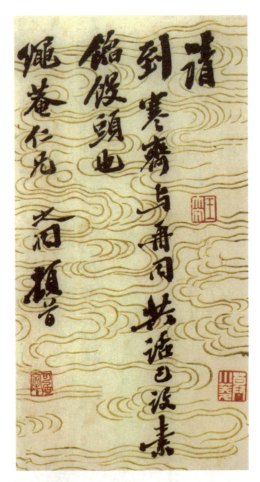

张之洞致张佩纶函

著名数学家张恭庆院士和妹妹张怡、弟弟张恭慈将祖传张佩纶函牍、日记等珍贵文献无偿捐赠上海图书馆

张佩纶致李鸿藻函

彩版二十三·尺牍在历史研究中的价值

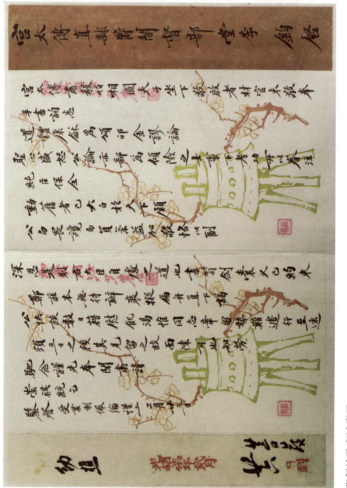

彩版二十四·尺牍在历史研究中的价值

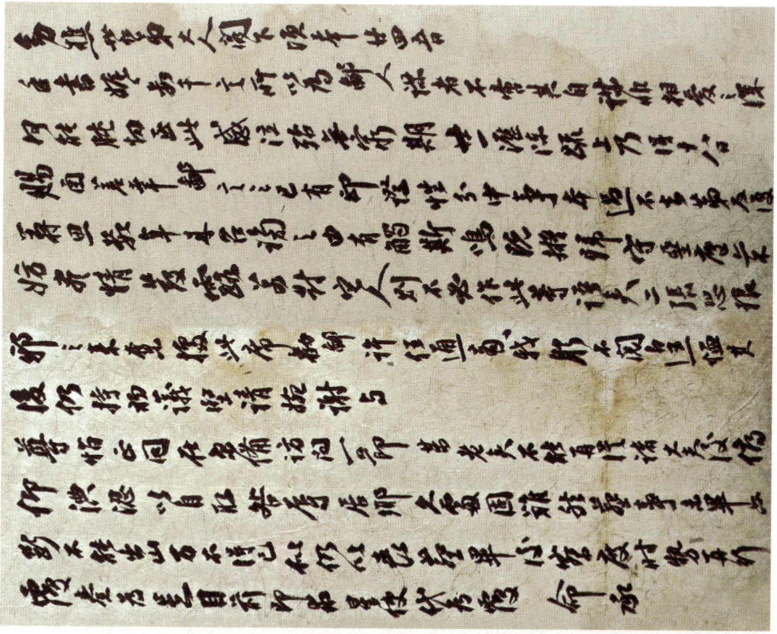

李鸿章复张佩纶函

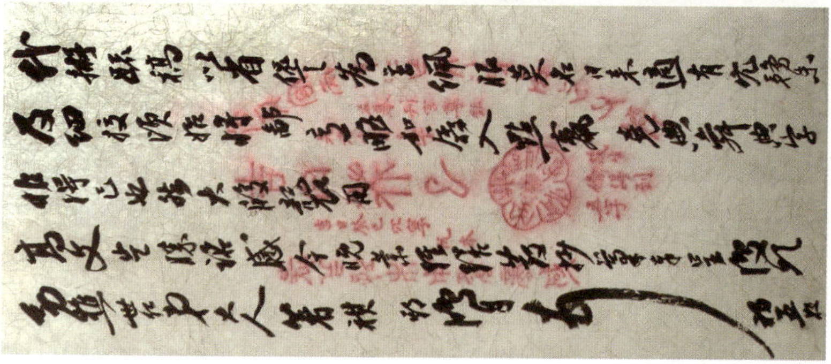

李鸿章复张佩纶函

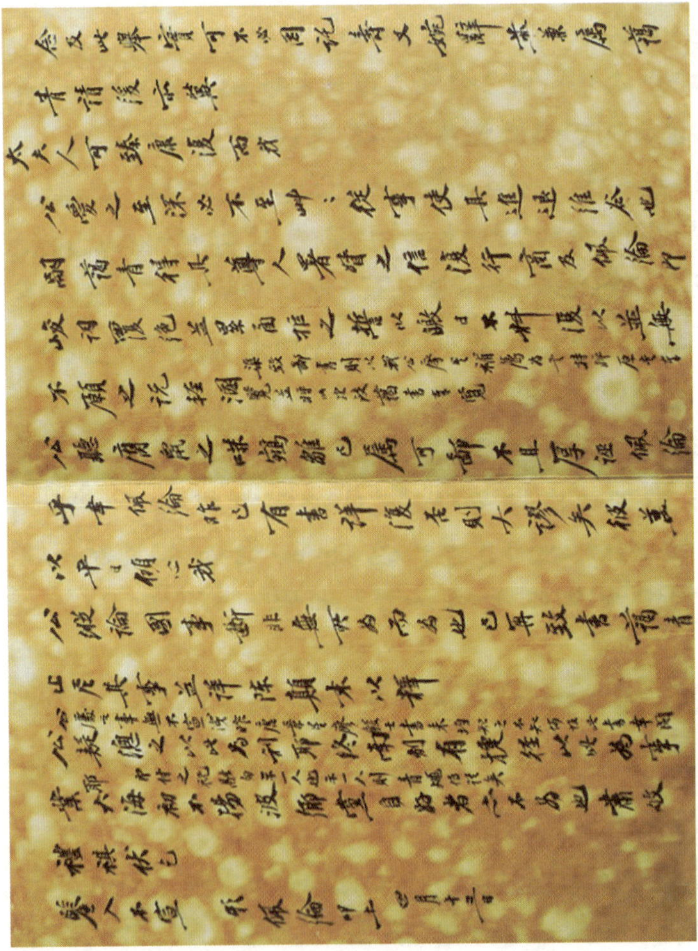

张佩纶致李鸿章函

张佩纶日记,记录他出任总理衙门大臣后拜访奕訢、李鸿藻情况

醇亲王奕譞致翁同龢函

国远东海军为假设敌。1890年,新任海军大臣桦山资纪进一步推算,认为中国军舰总吨位已达64702吨,在造的新军舰、鱼雷艇、通报舰总计约达2万吨;英国在远东的军舰吨位为33467吨,中英海军共计达12万吨。而日本海军仅5万吨,亟须弥补7万吨差距。据此又提出海军第八次扩张案。在两次扩张案中,共购买或建造了2439吨的"千代田"号、4160吨的"吉野"号、3172吨的"秋津洲"号巡洋舰、1584吨的"八重山"号通报舰。其中"吉野"购自英国,时速23节,是当时世界上航速最快的巡洋舰。加上专以对付"定远""镇远"而设计建造的"松岛""严岛""桥立",日本海军的总吨位,达到近6万吨。由于日舰舰龄较短,在设计时吸收了世界科技的最新成果,因此在许多性能上超过中国军舰。中日海军的力量对比,在1891年,中国还略占上风。但由于停止购舰,使得日本后来居上,短短三年,形势逆转。中国在前些年里所积成的海军发展优势,基本上被从后边穷追不舍的日本海军拉平了。

在日本幕府末期到甲午战争前,日本政界曾有"早期亚洲主义"的思潮。主战"中日连横"以抗西洋,1878年,经由曾根俊虎等人的活动,成立振亚社。1880年11月,兴亚会成立,其宗旨云,亚洲已成"碧眼人掠夺之地","白人无道",亚洲人"同文同种"、"辅车相依",理当同心同德共振亚洲。何如璋、黎庶昌等中国驻日外交官皆为其会员。1883年1月,兴亚会改名为"亚细亚协会"。1891年北洋海军访问日本,亚细亚协会认为是"亚细亚之一大盛事,把臂开襟,不可无联欢之契",积极参加了接待工作,李经方还担任了该协会的副会长。丁汝昌在日本海军大臣桦山资纪举办的宴会上说:东洋兄弟之间如不团结,势必给外人以可乘之机。中日海军应当联合起来,共同对付西方列强。他说,

颐和园十七孔桥畔的木船。划船人，是昆明湖水操学堂的学员吗？

何况我们拥有坚不可摧的舰只，它使我们拥有足够的力量来对付外来的威胁。这些外交辞令，和早期亚洲主义的观点是很相似的。然而在当时，中日能否真的共同携手发展呢？如前所述，日本内部，更多的部门和人员一直在酝酿着"大陆政策""征台论""征韩论"，乃至1890年3月，日本首相山县有朋在他的对外政策意见书中，还提出在防守日本固有领土疆域的"主权线"之外，必须保卫"利益线"，并指出日本利益线的焦点是朝鲜，与此相关的还有中国、琉球、越南、缅甸，标志着作为近代日本国策的以大陆政策为主体的亚太政策，在19世纪90年代初期已经形成。在这种气氛下，日本内部出现了"后期亚洲主义"，主张"日本膨胀论"乃至"大东亚共荣圈"，提出觊觎中国领土的"保全支那"论；并与玄洋社、黑龙会合作，继承日本浪人集团的侵略传统，开展对中国实地调查，为日后侵略中国积累情报资源。有学者认

颐和园内的石舫

为,"后期亚洲主义"出现的标志,是1891年7月7日东邦协会的成立,从此日本亚洲主义向着侵略亚洲方向大步前进。[21] 而这天,恰是北洋海军访日,日本天皇接见丁汝昌的日子。当然,日本内部的战略思潮嬗变并非在一天中完成,中国在保持军事实力领先的前提下,维持两国间和平的可能性不能说不存在,运用各种外交谋略和把控机遇,也可延缓两国间爆发战争的时间。但是,如若中方在军事平衡上出现偏颇,就会给日本创造时机。所谓国运相搏、所谓把握战略机遇期,其实就在于此。

北洋海军停止进口军舰,却为颐和园建造游艇。9月15日,天津机器局为颐和园建造"恒春"小轮船,经海军衙门验收,共用工料运费库平银9038两。三年之后,1894年4月7日,李鸿章致函海军衙门帮总办章京傅云龙,提到前奉懿旨,新制小轮船,五月内可造成,届时由通州陆运至昆明湖。[22] 北洋为颐和园建造的游湖小火轮还包括"安澜""翔云""捧日"，这些轮船，现在均已不存。今天，游人在颐和园还能看到两艘轮船的遗迹，一艘是大理石雕凿而成的石舫，如果细看，能够发现石舫舷侧，还带有西式蒸汽船的明轮。而另一艘，是日本赠送的小火轮"永和"号。甲午战争后又过十年，因中国在日俄战争中暗助日本1万吨食盐，日本向慈禧太后赠送豪华游艇以作感谢。斗换星移，世事变迁，昏庸无能的满清朝廷，居然满心欢喜地收下且享用。

话再说回到1891年。风起于青萍之末。歌舞升平之中，中国失去了短暂而宝贵的三年时间。

三年易过。1894年，再逢北洋海军三年校阅之期，也是慈禧太后正式庆祝六旬大寿的年份。5月29日，李鸿章上奏巡阅海口情形，称西洋各国船式日新月异，"即日本蕞尔小邦，犹能节省经费，岁添巨舰。中国自（光绪）十四年北洋海军开办以后，迄今未添一船，仅能就现有大小二十余艘勤加训练，恐后难为继"[23]。

这个警告，几个月后，不幸言中了。

甲午战败后，周馥赋《感愤五首》，其三曰：

> 十年经营瞥眼空，敢言掣肘怨诸公。
> 独支大厦谈何易，未和阳春曲已终。
> 好固藩篱留北道，深防雀鼠启西戎。
> 贤王远略心如见，雪涕陪陵墓木风。[24]

他借怀念醇亲王，说出自己的怨恨。周馥是1888年颁布的《北洋海军章程》的起草者，他目击了海军的勃兴和覆灭。

2014年10月

1 《奕劻等奏以新海防捐款暂垫颐和园工程用款片》,光绪十七年二月十六日,《清末海军史料》,第 685 页。

2 李鸿章:《出洋巡阅折》,光绪十七年四月初六日,《李鸿章全集》,第 14 册,第 85 页;《光绪宣统两朝上谕档》,第 17 册,第 44、45 页。

3、6 李鸿章:《巡阅海军竣事折》,光绪十七年五月初五日,《李鸿章全集》,第 14 册,第 94—95 页。

4 李鸿章:《复钦差督办东三省练兵事宜定》,光绪十七年五月十五日,《李鸿章全集》,第 35 册,第 209 页。

5 张佩纶:《涧于日记》,辛卯上,第 74 页。

7 李鸿章:《寄日本神户交海军丁提督》,光绪十七年五月二十三日亥刻,《李鸿章全集》,第 23 册,第 186 页。

8 本文中北洋海军访日的主要细节,均来源于《东巡日记》,此为中国某不知名的幕僚或军官所记。威海卫沦陷后被日本掠获。载《龙的航程:北洋海军航海日记四种》,第 213—229 页。

9 《警戒撤去》,载 1891 年 7 月 19 日《东京朝日新闻》。

10 《郑孝胥日记》,光绪十七年六月初二日,第 1 册,第 215 页。

11 李鸿章:《复日本国外务大臣榎本武扬》,光绪十七年十一月初二日,《李鸿章全集》,第 35 册,第 275 页。

12 李鸿章:《复日本枢密院长伊藤》,光绪十七年十月□日,《李鸿章全集》,第 35 册,第 274 页。

13 《东巡日记》,载《龙的航程:北洋海军航海日记四种》,第 229 页。

14 见翁同龢光绪十七年十月廿九日记孙毓汶所言,《翁同龢日记》,第 4 册,第 2155 页。

15 《北洋海军章程·船制》,载《北洋海军资料汇编》,下册,第 746 页。

16 李鸿章:《复川东道黎》,光绪十七年五月十一日,《李鸿章全集》,第 35 册,第 207 页。

17 《户部遵议李鸿章东征倭寇筹费为难各情饬核实办理折》,光绪二十年十月初三日,《中日战争》,中国近代史资料丛刊,第 3 册,第 177 页。

18 《张曜遗书》,载《李鸿章全集》,第 14 册,第 148 页。

19 周馥:《周悫慎公全集·自订年谱》,卷上,第 177—178 页。

20 李鸿章:《复奏停购船械裁减勇营折》,光绪十七年八月十八日,《李鸿章全集》,第 14 册,第 154—155 页。

21 参见盛邦和:《日本亚洲主义与右翼思潮源流——兼对戚其章先生的回应》,《历史研究》,2005 年第 3 期。

22 李鸿章:《复海军衙门帮总办即补道傅》,光绪二十年三月初二日,《李鸿章全集》,第 36 册,第 15 页。

23 李鸿章:《校阅海军竣事折》,光绪二十年四月二十五日,《李鸿章全集》,第 15 册,第 335 页。

24 周馥:《感愤五首》,《玉山诗集》,卷 2,第 26 页。

尺牍在历史研究中的价值[*]

为什么要阅读别人的书信？

在历史学家眼里，尺牍是历史研究的重要史料。这些年来，随着大量近代人物如李鸿章、翁同龢、盛宣怀、张佩纶的尺牍被公布出版，为历史研究打开了新的窗户。这些尺牍，展现了保存在岁月深处不为人知的许多秘密，可以揭示历史细节，厘清事件脉络，甚至颠覆传统的定论。比如上海图书馆新入藏的李鸿章与张佩纶四百余通往来尺牍，对于后人深刻了解晚清政治格局和政治势力的纵横捭阖，了解洋务运动的艰难曲折和李鸿章复杂的内心世界，了解北洋海军的筹划和海军衙门的设立，了解"甲申易枢"事件的真相，都提供了第一手的重要史料，由此带来清末上层政治、中外关系、洋务与海防等诸多方面的史学研究成果。

作为私人交往的一种记录，大多数情况下，写信人并不希望被收信人之外的人阅读，尤其是涉密的信函，古人在书信中常常会出现"阅后付丙"的叮嘱。五行中，丙属火，所谓"付丙"，就

---

[*] 本文根据作者 2013 年 11 月 30 日在上海图书馆"中国尺牍文化及其传播专题——馆藏历史文献特展系列"活动讲座的演讲整理。

是销毁的隐语。可是，很多信件没有被烧掉，反而流传下来，可供后人传观。对于睿智的人来说，他们的书信中充满着神奇的火花，哪怕时隔多年，仍然让读信的人怦然心动。

我们今天看到的前人尺牍，在形态上有两类，一类是以信函手稿保存下来的原生态的模样，也包括影印成画册的出版物；第二类是经过整理排印的书信集。过去许多官员、文人，往往选择一部分书信，放在自己的文集当中。对于历史学家来讲，这两种类型的差别不大。但是，当我们触摸到手稿原件，还是能感受到历史人物的气息。你会想到，这封信原来是曾国藩亲笔写的，那封信是李鸿章亲笔写的，这个时候你会感受到一个人血脉的跳动，感受到一种时代的穿越。当然，原稿还能核对校正排印本出现的错误。

历史研究的趣味存在于细节中

许多人以为历史研究是枯燥乏味的，他们不知道历史学家在与古人对话的时候，常常能够看到许多有趣的细节，可以穿越古今，感受到人性的温暖和乐趣。

先举几个小例子。这里有封曾国藩的儿子曾纪泽写给他的朋友庄祖基的短信，读到这封信的时候，我特别快乐。他这封信说：

> 小女患风瘴，心中烦闷，啼哭不止，顷告知日，汝勿哭，我请庄老伯带芙蓉鸟、葵花鸟来与汝观看，乃得住声不哭。今日恳台从携鸟惠临，弟即奉陪往城北看衙署也。
>
> 此请早安
>
> 　　　　　　　　　　　　弟纪泽顿首　廿七[1]

从信中，你看到一个父亲如此关爱女儿。曾纪泽是一个重要的历史人物,最后做到总理衙门大臣。他女儿因为生荨麻疹,在家啼哭,他只能向朋友求助,这里保留了生活的趣味。

前不久,王贵枕先生收藏的《张之洞致张佩纶未刊书札》在广西师范大学出版社影印出版。该书收录了张之洞致张佩纶的六十二封书信及两首诗稿,内容多为两人前往琉璃厂搜购古玩、书画、文献和交流鉴赏心得,反映了二张当年交往的频繁和亲密,有助于我们了解京官们在公事之余的日常活动状况,这封信说的是:

> 请到寒斋与再同(黄国瑾)共话,已设素馅馒头也。[2]

张之洞邀请张佩纶来家聊天,请吃"素馅馒头",也可看出京官生活的清苦。

半个月前,我到华东师大参加茅海建教授的一个讲座,讲张之洞的节敬和礼物,茅海建提到当年士大夫逛琉璃厂,所收文物作假者甚多,今人千万不要以为大户人家流出的旧物即真品。我在张佩纶档案中找到一封张佩纶致军机大臣李鸿藻的原信,可作佐证:

> 偕壶公游厂两年,所收皆赝本也。兹检出三卷一册,乃壶公去后所得。敬求鉴定。[3]

张佩纶说偕张之洞去逛了两年的琉璃厂,收的古书都是假的,这个细节非常有意思。

关于张佩纶

我常常有这样的感慨,往日的岁月犹如一面洒落在沙滩上的破碎镜子,历史学家犹如赶海者,不用太费力便能捡到一些残片,这些残片在不同的光线下,都能发射出光彩,问题是:当这些镜片和石英砂混杂的时候,赶海者能够收到多少镜片,并在多大程度上还原那面镜子?我们看到一些史学论文,往往引用了五六条材料,就敢写一篇宏大的历史事件的论述,从这个角度来讲,我们会觉得有很多的结论是不靠谱的。要得到比较准确的结论,要靠广泛地收集史料。收集史料,包括研读历史人物的尺牍,这是必备的基础工作。

今天演讲,重点介绍张佩纶的尺牍,展现保存在张佩纶尺牍中不为人知的秘密。我先简单地介绍一下张佩纶。

张佩纶,字幼樵,号篑斋,河北丰润人。他少年得志,年纪很轻就考中进士,并且在北京官场上,发展得比较顺利。1883年出任总理衙门大臣,1884年会办福建海疆事宜。张佩纶在政治上属于"清流",主要是追随军机大臣李鸿藻,但与此同时,他与洋务派的首领李鸿章关系密切。从1880年到1884年,他是北京政治舞台上一个非常重要的人物。

张佩纶一生娶过三位太太,三个太太都很有来头。第一位老丈人叫朱学勤,这个朱学勤,从咸丰到同治年间,一直担任领班军机章京,相当于现在中央的秘书长,是一个非常接近核心圈的人物。他的第二任丈人边宝泉,曾经做过陕西巡抚。他的第三任丈人,就是大名鼎鼎的李鸿章。当然很多人更知道,张佩纶还有个非常有名的孙女叫张爱玲。

张佩纶在以往历史著作中,常常被脸谱化,被说成是大言炎炎,却不能操作实务的书生,主要是指在中法马江之战爆发后,他作为清政府派去指挥福建海防的钦差大臣,竟狼狈而逃。这个说法经小说《孽海花》的流传放大,被相当一部分人当作是真实的情况,我看连张爱玲的记叙也是如此。其实,张佩纶在晚清官僚当中,是一个很聪明、很有战略眼光的人,在甲申马江之战中的表现应当另作研究和评价。

张佩纶后人向上海图书馆捐赠所存张佩纶函牍的情况

今年6月18日，张氏后人张恭庆、张恭慈兄弟将张佩纶之子张志潜、孙张子美多年保存及收集的张氏函牍无偿捐赠上海图书馆，为学术研究作贡献。上图入藏的这批张氏函牍，总数达一百册之多，包括张佩纶与李鸿章、李鸿藻、张之洞、陈宝琛、于式枚、王懿荣、边宝泉、奎斌的通信，以及与张氏家人、亲戚、子弟的家书，还有一批友朋致张佩纶的信札，和张家收藏的时人书信，初步统计，涉及39人，4780余封。信件保存完好，许多还精心装裱。内容广泛涉及晚清政治、外交、军事、人事诸多方面，是研究中国近代历史的重要资料。

这批函牍，尤其是张佩纶和李鸿章之间的往来书信，有什么特别之处呢？

张佩纶是清末著名"清流"代表人物，由于他后来成为李鸿章女婿，使得张家能将李张之间的通信按照时间和往复顺序予以编排，精心裱装成册。

当时，李鸿章和张佩纶分住在天津和北京，他们要交流信息，不得不直接在书信中商谈，这使得李张间的通信具有重要的学术价值。这次张家捐赠的李张信函，起于光绪四年（1878）左右，直至八国联军侵华后李鸿章北上议和（1901）。李致张部分，计174封，经陈秉仁先生整理，2005年起，先披露于上海古籍出版社《历史文献》第九、第十辑，后在顾廷龙、戴逸主编《李鸿章全集》（安徽教育出版社，2008）中，收录了173封，漏刊1封。另有1封，不知何故，仅刊录半封。这些信件中的多数，在吴汝纶编辑的《李文忠公全书》中多未刊载。张致李部分，数量更多些，231封，有部分曾在张佩纶的文集《涧于集》中发表，但删去了日期，致使无法与新刊布的李致张信件产生对应关系，这是一个遗憾。我们在近代，从未看到如此漫长且完整的上层政治家通信记录，这是极为罕见的珍贵史料。现在上海书店出版社与上海图书馆签约，张佩纶的书牍将全部影印出版，这将是学术界翘首以待的盛事。

李鸿藻、清流与李鸿章的联系

史学界过去一直有个观点，认为光绪前期北京政坛上异常活跃的"清流"，是与洋务派为代表的"浊流"相对立的一股政治势力，研究李张通信之后，我发现完全不是这么回事。

光绪前期，清朝官场以军机大臣沈桂芬和李鸿藻为首，形成南北两股势力，1881年沈桂芬去世后，李鸿藻实际上隐执了军机处的大权。李鸿藻在张佩纶、张之洞、陈宝琛、宝廷这干"清流"的簇拥之下，有一个大局谋划的构想。

一方面，他们迅速起用自己人，比如外放张之洞任山西巡抚，在张佩纶丁忧释服后提拔他署理左副都御史和总理衙门大臣。另一方面，起用一批他们认为能干和廉洁的人，比如将赋闲在家的阎敬铭请出山做户部尚书。还有要拉拢的，就是直隶总督、北洋大臣李鸿章。

李鸿章起初对"清流"不以为然，他曾私下对丁日昌说：

> 政府周公（恭亲王奕䜣），久不自专，前唯沈文定（沈桂芬）之言是听，近则专任高阳（李鸿藻），吾宗素假理学为名，奉持正论。……鬼胎当视文定为大也。近日建言升官，大半高阳汲引。[4]

李鸿藻联络李鸿章，主要依靠张佩纶，这是因为张佩纶的父亲张印塘在咸丰年间对抗太平军起义时，曾任安徽按察使，与回籍组织团练的李鸿章有过并肩作战的交情。

我们举一个例子。1881年3月21日，通政使司参议刘锡鸿上奏弹劾："李鸿章跋扈不臣，俨然帝制。前在埃及，新闻纸称李优待外人，自视若为中国之王，假外援以窥窃神器。"这是一项严重的指控。刘锡鸿曾经担任中国驻英使馆副使和驻德公使，观念保守。出使期间，因与公使郭嵩焘相互攻讦而被撤回国内，他认为李鸿章从中起了作用，一直怀恨在心。他攻击李鸿章的罪名，竟是李想做皇帝。

此时的李鸿章，尚不是1894年甲午战争失败后遭受千夫所指的李鸿章，朝廷正倚其为股肱。李鸿藻所控制的政治势力，需要与李鸿章结成战略联盟，所以当天发布上谕，对刘锡鸿予以严厉谴责，指出该奏"深文周内，已属支离，至谓其跋扈不臣，俨然帝制，并以荒诞不经之词登诸奏牍，肆意倾陷，尤属谬妄糊涂"[5]，命将刘锡鸿交部严加议处。当日下朝后，张佩纶去李鸿藻家长谈多时。次日，张佩纶密函李鸿章：

> 卯金谬论，圣心盛怒，公论亦鄙为倾险之士。事下考功，所以眷注纯臣，保全勋旧者，已大白于天下。愿公勿畏谗，勿负气，益加敬恪，以副深恩，是则古大臣自处之道也。[6]

此时，张佩纶尚在丁忧，正受到李鸿章邀请，准备前往天津讲学。28日，张佩纶到津，李鸿章将刘锡鸿弹劾奏折的抄件、上谕以及幕僚代拟的复奏稿件一并转交给张佩纶，请其代为修改。张佩纶阅后认为，原稿使用苏东坡《代滕甫辨谤》所言"积毁销骨，巧言铄金，市虎成于三人，投杼起于屡至"的句子，"语虽切至，然非大臣止谤自修意也。拙见主于自省，未肯袭用其词，未知我公意有当否？"

李鸿章立即给张佩纶送去一张便函：

> 代拟疏稿以省愆为主，佩服莫名。日来适有冗务，未及细校，顷始将鄙意略加屏入，点窜《尧典》《舜典》字，非得已也，然大段袭用高文，曷胜铭感。今晚业经缮发，抄稿奉呈。[7]

这就是《李鸿章全集》所收录的《沥陈感悚下忱折》之由来。所谓"省愆"，意谓反省过错，是从自己这方面寻找原因，与李鸿章原拟辩解流言杀人的讲法恰好相反。从策略上说，既然朝廷和慈禧太后已经对刘锡鸿的胡言乱语十分生气，李鸿章就应该把身段放得更低更软，多做自我批评。

4月5日，李鸿章奏折递达北京。军机大臣李鸿藻在日记中记录：

> 李鸿章自陈感悚一折，拟批："览奏已悉，该督惟当慎益加慎，用副倚畀之重。至时势艰难，任事不易，朝廷自能曲谅苦衷也。"[8]

4月7日，李鸿章致函张佩纶：

> 前折回，奉旨："览奏已悉，该督惟当慎益加慎，用副倚畀之重。至时势艰难，任事不易，朝廷自能曲谅苦衷也。钦此。"仰蒙温谕拊循，训勉如家人父子，实令感激涕零，何敢遽萌退志？执事关爱倍至，高文巨笔，上动天听，谨以奉告。[9]

从下发的上谕看，全部文字与李鸿藻所拟一字不差。刘锡鸿掀起的扳倒李鸿章的政坛风波，在张佩纶与李鸿藻的联手之下，被悄悄消弭了。慈禧太后固然不喜欢刘锡鸿肆无忌惮的人身攻击，但她知道表面上水火不容的"清流"和洋务大佬，私下竟有如此的勾兑和默契吗？

此后不久，张佩纶在给朋友奎斌的信中说：

> 刘参议疏出，合肥忧愦，颇萌退志。弟正论婉留，旋沥陈感悚下忱，奉到温谕："该督唯当慎益加慎，以副倚畀之重。至时势艰难，任事不易，朝廷自能曲谅苦衷也。钦此。"合肥感激涕零，矢以鞠躬尽瘁为报，亦足见其忠诚矣。[10]

李鸿藻这次帮了李鸿章一个大忙。这种二李幕后联手的事情以往从不被人所知，张佩纶与李鸿章、奎斌的沟通信件，就保存在这批信函文献中。

关于琉球归属的谋划

从1880年起，张佩纶积极为李鸿章谋划海防诸事，起始之作，是对琉球问题的建言。

琉球是一个位于西太平洋的岛国，明清两朝均向中国朝贡。1875年，日本逼迫琉球放弃对中国的臣属，将其改为冲绳县。琉球国王派人向中国求救，李鸿章和清政府均认为没有能力帮助琉球国王复国，但对日本并吞琉球，也拒绝承认。1879年，美国前总统格兰特来远东游历，允诺为中国调处琉球问题，拟订方案，将琉球北岛归日本，中岛还琉球，南岛归中国。次年，中俄因收回伊犁问题，两国关系急剧紧张。俄方宣称要派军舰袭击中国海岸和港口。同时，日本趁火打劫，再次建议中日两国分割琉球。

8月28日，李鸿章致函总署：

> 查竹添（进一郎）三月十一日函内详言琉球北部诸岛久经割隶日本，兹其所并者乃中、南二部，若议将南部宫古、八重山二岛改属中国，已居琉球全部之半。其书曾抄呈台览，谅非杜撰。此事中国原非因以为利，如准所请，似应由中国

仍将南部交还球王驻守，借存宗祀，庶两国体面稍得保全。[11]

正是在此背景下，总理衙门同日本驻华公使宍户玑开始谈判琉球问题。10月28日，恭亲王向朝廷报告，拟在修改《中日通商条约》时，准日本人入中国内地通商，加入"一体均沾"条款。同时签订条约，自光绪七年（1881）正月起，将琉球冲绳岛以北归日本，南部宫古、八重山诸岛归中国，中国如何存球，日本无从置喙。消息传出，清议立即反对。29日，陈宝琛奏《论球案不宜遽结倭约不宜轻改折》，如何解决球案，成为朝廷争议的焦点。

11月3日，张佩纶致函李鸿章，建言把延缓谈判琉球案作为发展海军的政治策略：

> 佩纶之见，欲留日本，生一波折，使内外不即解严，以开自强之基，而公得因间以行其志。闻公近有致译署书，深以与日本结案改约为非。译署惮更成议，仍以入告，置公书周闻。……自粤捻削平，曾胡继逝，而吴江（沈桂芬）入柄大权，为阳极阴生之象。津案起而文正（曾国藩）损望，台案结而文肃（沈葆桢）亦少损威。滇案因不善维持，几成巨衅，致我公冒单骑见虏之险。使当日内无懦相，何致如此！十年以来，外侮纷起，无岁无之。自今以往，其有极乎？佩纶每私忧窃愤，谓中国大局，虽云中原无事，宵旰勤劳，而中外人才消乏，风气颓靡，已复尽道光季年之习。其流极或且过之，所恃者公及恪靖二人，湘淮各营，支柱于外耳。倘再不藉攘外以为修内计，宴安粉饰，如厝薪火上，自以为安，一星终后，不堪设想矣。如倭事不结，彼不足为边患，而我得藉之以理边防，因时制器，破格用人，凡所设施，或免掣肘。今年因俄事危迫，购铁舰、设电音，久不得请者一旦如愿以偿，是其明证。北洋防军散而无纪，谅难持久，公但慨然以倭事

自任,则朝命必将以北洋全防付公,然后及是闲暇,立水师、储战舰,汰冗弱之防兵,罢无用之将吏,蒐军简器,与倭相持,……以公之才,左提右挈,效可立睹也。……佩纶妄意欲公全力经营,一当倭以取威定霸,可为海防洋务作一转换,作一结束。地球上下,万国会同,开千古未有之局。¹²

张佩纶谋划留日本生一波折,将来朝廷"必将以北洋全防付公"。信中他还直斥沈桂芬误国。此后,张佩纶连续致函李鸿章,继续出谋划策,而另一位"清流"宝廷,也上奏反对对日让步。清廷旋命李鸿章统筹全局,详议球案应否照总署所奏办理。李鸿章上《妥筹球案折》,提出:"今则俄事方殷,中国之力暂难兼顾。且日人多所要求。允之则大受其损,拒之则多树一敌。惟有用延宕之一法,最为相宜。"主张速购铁甲,船械齐集,水师练成,纵不跨海远征,日本嚣张之气当为之稍平。至于琉球案,原定御笔批准,三月内换约,可探俄事消息。若俄事三月内已议结,则不予批准。¹³ 在中外矛盾交集、朝廷内部"清流"与沈桂芬一系激烈争论的复杂环境下,李、张联手,将争论焦点转移到发展海军的话题之上。

清廷内部关于琉球案的争议,集中在能否保存琉球王位和是否允许日本进入中国内地通商两点。直至1881年2月,各方意见仍莫衷一是,而日使宍户玑已经拒绝谈判,返回日本,划分琉球的方案不了了之。事后张佩纶在给友人的信中说:

> 弟北游塞上,略抒闷怀,秋杪欲归里一行,适合肥以书见招,到津小住数日,略陈药石,乃极为然。会译署与倭定约,结中山案,倭以南岛归我,我许其内地通商。(伯)潜、(孝)达上言极论,合肥亦断断称其不便。要津颇疑弟从中主持,可谓不虞之誉。经济素未讲求,洋务尤未涉历,而世忽

以此归之，不得已则日日写黄山谷，混充名士。人则曰，此闭门种菜也。¹⁴

这是李鸿章与"清流"在官场中默契配合的一个案例。丁忧在籍的张佩纶，"闭门种菜"，"日日写黄山谷，混充名士"，居然能将总署决策推翻，后人从中也可感受到"清流"势力的不可一世。惟张、李设计用"延宕之法"，作为发展北洋水师的借口，但李鸿章并不主张对日用兵和强硬，甚至认为"琉球得失无甚关系，似不值遽兴大役"¹⁵，随着时间流逝，清政府失去了与日本继续讨论琉球归属的机会。

张佩纶追随李鸿章的例证

1882年4月19日，李鸿章母亲病故，清廷调两广总督张树声署理直隶总督。同时，以李鸿章久任疆畿，筹办一切事宜甚为繁重，"近复添练北洋水师，规模创始，未可遽易生手"，要他在穿孝百日之后，回任署理直隶总督。¹⁶

按照传统，官员逢父母去世，必须辞职守制二十七个月。个别高级官员，若朝廷不同意开缺，可以"夺情"，安排其以"署理"方式继续工作。作为官员，以侍奉朝廷为先，作为子女，又必须孝敬父母。所以，无论朝廷如何慰留，官员本人必须苦辞。如果坚不出山，会得到社会舆论的尊敬。丁忧守制是官员职业生涯的暂时中断，涉及本人的官位和升迁节奏，以及经济收入。由于高层官员的变动，还会牵动全国重要职务的结构调整，手下亲信、幕僚的前程，所以相关各方，必然产生复杂的内部运作。

李鸿章函告张佩纶其母去世消息。又函张佩纶："顷奉二十四五日手书，娓娓数千言，所以为鄙人谋者，不啻其自谋。

非相爱之深,何能肫切至此?"信中提道:

> 二张恐琅玡之来夺据此席,劝鄙许任通商,我躬不阅,遑恤其后,仍持初议,坚请婉谢,与尊悒正同。在京备访问一节,某老矣,不能再从诸大夫后俯仰洴洿,以自取咎辱。居乡久处固难,然葬事未毕,亦断不能出山。万不得已,似仍以丧葬毕后,察度时势,再行复奏为是。目前即求星使代为复命,承允拟稿寄交,祈速藻赐下,以便酌办,署督未必肯代陈也。[17]

上述信中,透露出张树声父子恐怕王文韶觊觎直隶总督、北洋大臣职务,要李同意署理北洋通商事务大臣。李鸿章表示将再次陈情守制,请张佩纶代拟文稿。

军机大臣王文韶奉旨到天津慰问李鸿章,并传达慈禧太后旨意,要求李办完丧事后复出。具体方案,太后意见是悬粤督以待张树声回任,悬直督以待李鸿章服阕。李鸿章由此获知了最高当局对其居丧安排的底牌。

李鸿章旋即函告张佩纶,已请王文韶代奏陈情。这封代奏,采用张佩纶所拟文稿为底稿,称"如百日假满后,海上或有警报,畿疆亟须保卫,鸿章累叨殊遇,具有天良,何忍以居丧守礼为名,遂其偷生避难之计,定即遵旨赴津,筹办一切。若托圣主洪福,海波不扬,中外无事,届期如营葬需时,再行续求赏假,稍遂乌私"。

关于张佩纶代李鸿章所拟此稿,见李鸿章1882年5月27日致张佩纶函:"初五奉初三日手示,敬承挚念……咨文就大稿点窜涂改,事非得已,日内计已代奏,照抄奉览。"李鸿章坦言:"好在'海上有警'、'中外无事'等虚活之笔尚在,届时或尚有词可展。惟直、粤两席虚悬,朝廷与鄙人实皆放心不下耳。"李鸿章在进退问题上忸怩作态，其实内心并不想离任，他避开幕僚，与张佩纶倾心谋划。

李鸿章在给张佩纶信中，还询问了他与张树声父子的关系：

> 蔼青、琴生自春初屡请执事帮办海防，鄙人久在军中，阅历较多，踌躇未敢遽发，恐致它日进退两难。顷渠等又似怂恿振帅，颇为所动，又就鄙虑略陈一一，未知果行与否？若于事有济而于公出处大计有裨，则鄙早乐赞其成矣。蔼青独谓尊处并无不愿，何也？[18]

张华奎，字霭青，淮军将领张树声之子，是个能量很大的"官二代"。他很早就与"清流"周旋，被称作"清流靴子"。1879年张佩纶因母亲去世丁忧，就是他去向李鸿章牵线，安排张去天津帮忙。他自认在李鸿章和张佩纶两面都很吃得开，所以在李鸿章丁忧，张树声即将主持北洋事务之时，他积极展开活动，想拉张佩纶为其父亲效力。

张佩纶随即答复李鸿章，表示早已与李约定"从公练习"，不会转随张树声，张华奎"未免视署督太重，而视吾辈太轻"：

> 畿甸逼近辇下，事事听命要津，何以自立。振（张树声）向荆公（王文韶）言，因言路汹汹，不得□□，微员塞责，此是何言，不值齿冷。恐此席难以久处。商务防务必须与地方联为一手，方能骨节通灵。近贵宗人检录湘北相公传，意欲呈览，留揆席相待，恐百日后并疆符一并奉还，亦未可定。企秘之，勿泄于乡人，展转达振公耳。……鄙初恐振公资望尚新，遇事太少担当，未尝不欲出而自任。然言路太觉无人，深虑无益于津，有损于内，是以密属寿丈（黄彭年）代辞。且微疑我公向日推诚，此事不应反由蔼青申意，故始终未一白之于公。嗣闻武昌之耗，知公必沥辞恩命，拟留孝侯以填淮

部，起越石以助振公，实委曲维持，欲公忠孝两全，而商局淮军相安如故。其时，汝南致书宗人，忽有欲鄙出襄北防之说。幸鄙平日澹定，为人所信，否则于津事竟不能开口矣。既力向宗人陈其不可，复向霭青申誓，乃日内尤呶呶不已，岂非欲败乃公事乎？言之恨恨。我公于鄙人相爱至深，彼此无不吐露肝鬲，尤记辛巳四月舟中纵谈，公意颇以相属，鄙且不愿以无事随防，从公练习，而转愿为振公署纸尾耶？[19]

这是张佩纶仔细盘算了李鸿章必将"夺情"复出，决心回绝张树声父子的第一封信，信中"贵宗人"指李鸿藻，"湘北相公"指康熙年间武英殿大学士李天馥，康熙三十二年，李天馥以母逝回籍，帝谓"天馥侍朕三十馀年，未尝有失。三年易过，此官不必补人"。此信透露李鸿藻打算仿效李天馥故事，留大学士（揆席）和直隶总督（疆符）以待李鸿章的计划，与李鸿章从王文韶处听来的太后意见是一致的。显然，这也是张佩纶最终决定追随李鸿章的主要原因。

5月底，张佩纶又给李鸿章去信，解释他与张树声父子的关系：

霭青与佩纶初无深交，嗣见其人颇直爽，在贵游中不可多得，又以公处事宜时闻机密，亦遂与倾肝鬲。渠去年保定归来，述公言亲老多疾，欲以替人属振轩，以襄助属佩纶。时鄂事扰扰，佩纶于公不能无感恩知己之私，即答以如朝命相属，却亦难辞。……嗣霭青得其尊人署督之信，复行商及，佩纶即峻词复绝，并累函拒之，誓以皦日，不料复以并无不愿之说，轻溷公听、渠致鄙书则以我公属其补荐为言，特将原书奉览，并将此次致霭书奉览。……幸佩纶昨已有书详复，否则大谬矣。彼盖以平日倾心我公，纵论国事，断非无所为而为也。已再致书霭青，止尼其事，并详陈颠末，以释公疑。

总之以此为利耶？终南别有捷径；以此为事业耶？大海初不扬波，乡党自好者亦不为也。[20]

张佩纶的复信表明，他早已将不加盟张树声团队的意思，明确告知了张华奎。拉近二李关系是一码事，插足淮系内部派系是另一码事，张佩纶对分寸的把握是清楚的。正如他在给张华奎的信中所说："主峰未定，点缀他山，恐亦未谙画格。"何况他已知道，北洋的主峰依然是李鸿章呢。

张佩纶谋划李鸿章夺情复出对日备战

李鸿章丁忧离津未久，7月23日，朝鲜汉城驻军因俸米事件发生兵变。暴动群众冲入王宫，刺杀大臣，袭击日本公使馆，国王生父大院君昰应被迎入王宫，掌握政权，王妃闵氏逃走，日本向朝鲜派出军队。这一事件，史称"壬午之变"。壬午之变为李鸿章夺情复出创造了条件，但他并未按照"清流"的策划，发起对日军事行动，从而与张佩纶产生冲突。

8月5日，张佩纶连写两封密信，报告军机大臣李鸿藻，其中一份提道：

> 日□高丽构兵，译署已得探报十九日报，昨日吾师何尚未知？……以通商维持朝鲜，本合肥之议，在洋务家以为秘诀，而实则蹈越南之覆辙。此事本在意中，不知中朝何以处之，恐非酋胡可能了矣。平日不修战备，到此各证全出，沈文定（沈桂芬）可杀也！[21]

从此信看，张佩纶对李鸿章"以通商维持朝鲜"的策略是不以为然的。同日，张又密函李鸿藻：

> 我军水路究未训练，丁提督将略无闻。中外不战久矣，

并非言战即得法，正须战而能胜耳。清卿一军已成劲旅，宜令分数营，出陆路，较有把握。南洋以蚊船数艘，奇兵欲出袭流求，似此虚张声势，可以和解作结也。日本非夙谋朝鲜，亦失礼，此事易了，难了仍是越事耳。……

合肥如此可出矣。[22]

上文提到李鸿章夺情复出，此时百日未到，即有事变发生，张佩纶毫无掩饰地对李鸿藻说出"合肥如此可出矣"，显示"夺情"种种，正是他和二李的共同谋划。

8月7日，清廷命张树声派军迅赴朝鲜。并以朝鲜事急，着李鸿章克日起程驰赴天津。接着，张树声派海陆军前往朝鲜，诱捕大院君，平定事变。而朝鲜大臣李裕元、金宏集与日本公使花房义质签订《济物浦条约》，允诺赔款50万日元，并派使谢罪。在赔款未付清前，由日军千人留守使馆。日本声称与中国有同样出兵权利。

张佩纶对于壬午之变的最后处置不满，认为"存朝鲜当自折服日本始，折服日本当自改仁川五十万之约始"[23]。他坚决主张责成朝鲜改约，或派军舰与日本交涉，修改朝日条约。

9月上旬，张佩纶应李鸿章之邀请，前往天津密商，回京后，他给李写了一封密信：

朝鲜之役，清议深以为诈力为非，众口一词。询其所以，当由辟疆铺张过盛使然。幸内意得视为奇功，赏必不薄耳。暂缓之说可以急矣，邺侯关念，甚至询眠食丰采，详挚殷勤，答以忧居以来，面目憔悴，壮心颓唐，以受恩深重，不得已而□，恐治葬后仍拟终制，邺侯瞿然。大约宣麻之命，渠必力让，而征南一役，仍当属之振公。……邺侯云，当此众论纷纭，深恐浮论一起，公且愤而去位，惟经营日本，则合于金革无避之义，可以内副众论，外张国威。鄙人拟即建言，幸即因鄙言覆上，此事敦厚者意亦相同，足徵鄙人推许，并非少年气盛耳。……二三知己均极力为国，亦极力为公，幸勿游移。盖朝鲜之亟亟献俘，内亦赏其功而疑其心。邺侯云，非公创设水师，张某亦望洋而叹耳。然吾辈所以期朝之者，故不在朝鲜也。总之，日本之役，宸谟已定，众议亦平，公以夺情视事之元，臣主兼弱，攻昧之上策，亦与移孝作忠之意为合。[24]

信中邺侯为唐朝宰相李泌，此处指李鸿藻。张佩纶透露，张树声将被安排南下，李鸿章以经营日本之名重新出山，周围朋友极力为他着想，连李鸿藻都说，若不是李鸿章创建北洋水师，张树声只能望洋兴叹。张佩纶又说近日有邓承修上奏，请李勿驳勿复，等待张佩纶另上奏疏。邓建议派大臣驻扎烟台，厚集南北洋战舰，责日本擅灭琉球、肆行要挟之罪。

9月27日，张佩纶上《请密定东征之策折》，请南北洋大臣简练水师，广造战船；山东、台湾疆吏宜治精兵，蓄斗舰，与南北洋成犄角；分军巡海，绝关绝市，召使回国；责问琉球之案，驳正朝鲜之约，使日本增防耗帑，再大举乘之，一战定之。[25] 上谕称所奏颇为切要。着李鸿章先行通盘筹划，迅速复奏。

清流竟开始谋划对日打仗！30日，张佩纶致函李鸿章：告知已将《请密定东征之策》寄去。对于朝鲜问题，张佩纶提出要达到三个目标：一是请寄谕驻日公使黎庶昌改正朝鲜之约；二是日使榎本武扬到津后，要峻词责问琉球事；三是请将已购之两艘铁甲船奏归北洋训练，并饬部臣及沿海疆吏大购师船，倡立水师。他强调：

于此则上可副斧钺专征之命，下亦协金革无辟之文，为公为私皆合于义。如有创和戎之说，主自守之谋者，非庸懦即奸佞,愿公塞耳而拒之也。内意检李文定(李天馥)、胡文忠(胡林翼)故事,留揆席、返疆符以示恩礼,固由高阳之让贤逊位,亦由朝廷之笃旧褒功。惟圣人恐时论纷纭,公转激而□位,故覆瓿相推毂,命将德音须同日涣颁,殆候此次覆奏,东征定议,是不独措置日本,藉我公以奉天威,即倚注我公,且藉日本镇浮论也。[26]

他提醒李鸿章,其丁忧期间,文华殿大学士的位置保留着,李鸿藻没有依缺递补,是李鸿藻"让贤逊位",也是朝廷"笃旧褒功"的意思,李鸿章必须记住这份交情。

关于这个筹划,张佩纶前后给李鸿章写了五封信。这场"密定东征之策"的讨论,张佩纶呼风唤雨,李鸿章却不为所动。平心而论,张佩纶以民族和道德正义为底线,夹袋里藏有无数方案,随时可以取出法宝,在谋划方案之时,完全不受一般规则束缚,常有出人意料之举,此为其长;但思维偏激,有时忽略操作的可行性,则为其短。本节所举事例,即为"清流"风格的经典案例,在对日本战略关系的判断中,张佩纶豪情澎湃,且时时搬出李鸿藻,有拉大旗之嫌疑,李鸿藻本人是否知情,则可怀疑。起码,李鸿章就不吃这一套。最重要的是,张佩纶手无实权,用悲情做武器去搏击腐败尚能取得成效,用悲情做武器去策划战争,则难以被决策层所采纳。

在李、张多年通信中,此类龃龉,还有数次,双方观点鲜明,但都审慎地保留出空间,不给对方造成实质伤害,过后依然书翰密切。张佩纶认为要告知李鸿章的,照样讲述;李鸿章不愿理会的,依然一概不理。但张佩纶绝不找茬弹劾李鸿章,这是张李关系中极为微妙的部分。此种"各自表述"的高潮,是李在马江备战中,对张的呼救置若罔闻,完全是坐视其败,而在张佩纶流放归来后，李鸿章竟将爱女嫁之。张佩纶曾对李鸿章说："师门父执而知我者，仅公一人。"两人关系，包含着信任欣赏，也包含着各自独立的政治判断和对立。

历史研究需要更广大的视野

综上所述，我们看到，在历史研究中，尺牍是一个重要且宝贵的史料来源，用好尺牍，尤其是新近不断公布的尺牍，确实能够开阔视野，取得新的发现。以往史学界关于"清流"的诸多看法，都是来自清人笔记，但是如果笔记的作者，真正阅读过张佩纶与李鸿章之间的这些尺牍，他们还会这样认为吗？张佩纶策划将丁忧在籍的李鸿章"夺情"复出，却因筹划对日作战被李鸿章拒绝，使他非常气愤。这个烦闷的夏季，他一面谋划军国大计，一面回丰润老家，"葬先兄于先大夫墓侧，南中尚有一兄一弟一姊三柩并同时葬之。姊柩廉氏不问，亦暂浅葬于吾乡。伤心惨目，踽踽凉凉之况，无人可告。且债负亦因之日增，所以一一料理，草草毕事者，伤逝亦且自念耳"。回京以后，"月有一疏，大抵修内攘外，均切于时，不近名，故亦不愿人知"。他在给朋友的信中愤愤地说：

> 此种世界，即隐逸，亦须乞怜，不如倔强，世间作一碍物矣。[27]

而他这个心情极坏情况下的"倔强"，竟是回手一剑，把军机大臣、户部左侍郎王文韶干掉了。王文韶在政治上属于沈桂芬的南派集团，和张佩纶跟从的李鸿藻是对头，但从私谊上讲是张佩纶的姻亲。王文韶的儿子，也娶了朱学勤的女儿，因而是他连襟的父亲。张佩纶连上三封奏折，弹劾王文韶在"云南报销案"中收受贿赂，迫使王文韶辞职回家。张佩纶弹劾王文韶，与李鸿章拒绝对日备战之间的连带关系，过去没有人注意过，我是从李张之间大量的书信中发现的。而这些史实，对于正确判断光绪十年前后清政府上层政局，非常重要。仔细地去阅读李张这些通信，当然还包括其他人的通信，我们的观察会更加深入，对于历史的基本叙述都会发生变化。如果再进一步能将档案、奏折、禀报、批牍，与日记、诗歌、报刊等等各种材料结合在一起，那么复原沙滩上那面破碎玻璃镜子的工作，会更加接近本来的面目。

在结束本次演讲的时候，我再举一个例子。

1883年12月3日，诏命署理都察院左副都御史张佩纶在总理各国事务衙门行走。4日，张佩纶日记记载，他中午拜谒恭亲王，密谈两小时，恭亲王要他担当危局，和李鸿藻一起筹划海防。接着他又去拜访李鸿藻。

同日，朝中其他重要官员在做什么呢？我注意到，翁同龢给醇亲王奕譞写了封信，醇亲王随即复函谓：

> 总署新添一座自佳，其实亦不过如赴粤之彭，飞扬一阵，嗒然敛翅而已，非其才之不逮，势使然也。[28]

这封信，前些年由定居美国的翁同龢后代翁万戈先生公布，我们由此知道了醇亲王原来私下是这样评论张佩纶的。他说"总署新添一座自佳"，是讲张佩纶新入总理衙门，其实亦不过如彭玉麟赴广东去会办海防，"飞扬一阵，嗒然敛翅而已，非其才之不逮，势使然也"云云，都是在预判张的结局。我们想想，再过四个多月，甲申政变就发生了，恭亲王、李鸿藻下野，醇亲王上位，而醇亲王私下对张佩纶的评论，却像是一句预言，讲清楚了张佩纶后半辈子的命运。醇王对张佩纶看不顺眼，以后李鸿章为张的复出在醇王面前做过许多工作都无效果。读到醇亲王这封信，我们对于晚清政坛秘辛,也就会有更加深刻的理解。

2013 年 12 月

---

1 《曾纪泽致守斋书札》,《香书轩秘藏名人书翰》,中册,第 392 页。
2 《张之洞致张佩纶未刊书札》,第 78 页。
3 张佩纶:《致李鸿藻》,《张佩纶李鸿藻函札》,上海图书馆藏。
4 李鸿章:《复丁雨生中丞》,光绪七年七月二十一日,《李鸿章全集》,第 33 册,第 69 页。
5 《清德宗实录》,第 53 册,第 832 页。
6 张佩纶:《复李肃毅师相》,《涧于集·书牍》卷 1,第 57—58 页。
7 李鸿章:《致张佩纶》,光绪七年三月初五日,《李鸿章全集》,第 33 册,第 20 页。
8 《李鸿藻先生年谱》,上册,第 333 页。
9 李鸿章:《致张佩纶》,光绪七年三月初九日,《李鸿章全集》,第 33 册,第 21 页。
10 张佩纶:《致奎斌》,光绪七年三月十六日,《张佩纶奎斌函札》,上海图书馆藏。
11 李鸿章:《复总署 论商改俄约兼论球案》,光绪六年七月二十三日,《李鸿章全集》,第 32 册,第 586 页。
12 张佩纶:《致李肃毅师相》,《涧于集·书牍》,卷 1,第 42—44 页。
13 李鸿章:《妥筹球案折》,光绪六年十月初九日,《李鸿章全集》,第 9 册,第 198—200 页。
14 张佩纶:《复顾皞民观察》,《涧于集·书牍》,卷 1,第 47—48 页。
15 李鸿章:《致吴大澂》,光绪八年十一月初九日,《李鸿章全集》,第 33 册,第 189 页。
16 朱寿彭:《光绪朝东华录》,中华书局,北京,1984 年,第 2 册,第 1307 页。
17 李鸿章:《致张佩纶》,光绪八年三月二十八日,《李鸿章全集》,第 33 册,第 147 页。
18 李鸿章:《致张佩纶》,光绪八年四月十一日,《李鸿章全集》,第 33 册,第 150 页。
19 张佩纶:《复李肃毅师相》,《张佩纶李鸿章函札》,上海图书馆藏。
20 张佩纶:《复李肃毅师相》,《涧于集·书牍》,卷 2,第 3 页。
21、22 张佩纶:《致李鸿藻》,光绪八年六月二十二日,《张佩纶李鸿藻函札》,上海图书馆藏。
23 张佩纶:《致李鸿章》,光绪八年七月二十四日,《张佩纶李鸿章函札》,上海图书馆藏。
24 张佩纶:《致李鸿章》,光绪八年八月十二日,《张佩纶李鸿章函札》,上海图书馆藏。
25 张佩纶:《请密定东征之策折》,光绪八年八月十六日,《涧于集·奏议》,卷 2,第 59—61 页。
26 张佩纶:《致李鸿章》,光绪八年八月十七日,《张佩纶李鸿章函札》,上海图书馆藏。
27 张佩纶:《致顾皞民观察》,《涧于集·书牍》,卷 2,第 11—12 页。
28 《醇亲王致翁同龢函第二十五》,《翁同龢文献丛编之四·中法越南之争》,第 51—52 页。

(本文插图见彩版二十一至彩版二十八)

参考引征书目

《曾国藩全集》，唐浩明总责编，岳麓书社，1994年，长沙
《李鸿章全集》，顾廷龙、戴逸主编，安徽教育出版社，2008年，合肥
《李鸿章全集》，顾廷龙、叶亚廉主编，上海人民出版社，1985年，上海
《李鸿章家书》，翁飞、董丛林编著，黄山书社，1996年，合肥
《左宗棠全集》，李润英总责编，岳麓书社，1987年，长沙
《沈葆桢文集》，朱华主编，船政文化研究（六），福州
《沈文肃公牍》，沈葆桢撰，林海权整理点校，福建人民出版社，2008年，福州
《刘坤一遗集》，中国科学院历史研究所第三所工具书组校点，中华书局，1959年，北京
《九思堂诗稿·萃锦唫》，奕𫍯等著，故宫博物院编，海南出版社，2000年，海口
《醇亲王奕𫍯信函选》，《历史档案》，1982年，第2期
《文靖公遗集》，宝鋆撰，光绪戊申孟夏，广州
《翁同龢日记》，陈义杰点校，中华书局，1989—1998年，北京（本书所引《翁同龢日记》，除特别注明之外，均引自陈义杰点校本）
《翁同龢日记》，翁万戈编，翁以钧校订，中西书局，2012年，上海
《翁同龢诗集》，翁同龢著，朱育礼、朱汝稷点校，上海古籍出版社，2009年
《涧于集》，张佩纶撰，丰润张氏涧于草堂，1922—1928年
《涧于日记》，张佩纶撰，丰润张氏涧于草堂影印
《李鸿章张佩纶函札》，上海图书馆藏
《张佩纶李鸿藻函札》，上海图书馆藏
《李鸿章奎斌函札》，上海图书馆藏
《张之洞致张佩纶未刊书札》，广州图书馆主编，广西师范大学出版社，2012年，桂林
《王文韶日记》，袁英光、胡逢祥整理，中华书局，1989年，北京
《郭嵩焘奏稿》，杨坚校补，岳麓书社，1983年，长沙
《郭嵩焘诗文集》，杨坚校补，岳麓书社，1984年，长沙
《郭嵩焘日记》，湖南人民出版社校点，岳麓书社，1981—1983年，长沙
《曾纪泽遗集》，喻岳衡点校，岳麓书社，1983年，长沙

《曾纪泽日记》，刘志惠点校，岳麓书社，1998年，长沙
《偶斋诗草》，宝廷著，聂世美校点，上海古籍出版社，2005年
《沧趣楼诗文集》，陈宝琛著，刘永翔、许全胜校点，上海古籍出版社，2006年
《许文肃公遗稿》，许景澄著，外交部铅印本，1918年，北京
《许文肃公日记》，许景澄著，外交部铅印本，1918年，北京
《张荫桓日记》，任青、马忠文整理，上海书店出版社，2004年
《湘绮楼诗文集》，王闿运著，马积高主编，岳麓书社，1997年，长沙
《湘绮楼日记》，王闿运著，马积高主编，岳麓书社，1997年，长沙
《越缦堂日记》，李慈铭著，广陵社，2004年，扬州
《越缦堂国事日记》，吴语亭编著，文海出版社影印，台北
《越缦堂诗文集》，李慈铭著，刘再华校点，上海古籍出版社，2008年
《周悫慎公全集》，周馥撰，秋浦周氏校刻本，1922年
《严复集》，严复著，中华书局，1986年，北京
《英轺私记》，刘锡鸿著，朱纯校点，湖南人民出版社，1981年，长沙
《庸庵文续编》，薛福成撰，光绪己丑季秋版
《庸庵笔记》，薛福辰著，江苏人民出版社，1983年，南京
《薛福成日记》，蔡少卿整理，吉林文史出版社，2004年，长春
《英轺私记/随使英俄记》，刘锡鸿、张德彝著，岳麓书社，1986年，长沙
《人境庐诗草笺注》，黄遵宪著，钱仲联笺注，上海古籍出版社，1981年
《北行日记》，薛宝田著，刘道清校注，河南人民出版社，1985年，郑州
《那桐日记》，北京市档案馆编，新华出版社，2006年，北京
《督缘庐日记》，叶昌炽著，江苏古籍出版社，2002年，南京
《郑孝胥日记》，劳祖德整理，中华书局，1993年，北京
《许宝蘅日记》，许恪儒整理，中华书局，2010年，北京
《龙的航程：北洋海军航海日记四种》，吉辰译注，山东画报出版社，2013年，济南
《吴汝纶尺牍》，徐寿凯、施培毅校点，黄山书社，1990年，合肥
《桐城吴先生日记》，吴汝纶著，宋开玉整理，河北教育出版社，1999年，石家庄
《刘铭传文集》，马昌华、翁飞校点，黄山书社，1997年，合肥
《于湖题襟集》，袁昶编，商务印书馆，1937年，上海
《鹤缘词》，吕耀斗著，光绪庚子十一月吕氏敬止堂版
《胡适日记全编》，曹伯言整理，安徽教育出版社，2001年，合肥
《胡适文集》，北京大学出版社，1998年
《胡适口述自传》，唐德刚译注，华东师大出版社，1993年，上海
《赫德日记——赫德与中国早期现代化》，[美]凯瑟琳·F.布鲁纳等编，陈绛译，中国海关出版社，2005年，北京
《清史稿》，赵尔巽等撰，中华书局，1977年，北京
《清史列传》，王钟翰点校，中华书局，1987年，北京
《清代碑传全集》，钱仪吉编，上海古籍出版社，1987年

《近现代名人小传》，沃秋仲子撰，北京图书馆出版社，2003年
《清实录》，中华书局，1987年，北京
《清季外交史料》，王彦威纂，书目文献出版社，1987年，北京
《筹办夷务始末·同治朝》，中华书局编辑部 李书源整理，中华书局，2008年，北京
《咸丰同治两朝上谕档》，中国第一历史档案馆编，广西师范大学出版社，1998年，桂林
《光绪宣统两朝上谕档》，中国第一历史档案馆编，广西师范大学出版社，1996年，桂林
《光绪朝朱批奏折》，中国第一历史档案馆编，中华书局，1996年，北京
《清会典事例》，中华书局，1991年，北京
《清代官员履历档案全编》，秦国经主编，华东师范大学出版社，1997年，上海
《清代科举人物家传资料汇编》，来新夏，学苑出版社，2006年，北京
《中国近代铁路史资料》，宓汝成编，中华书局，1963年，北京
《洋务运动》，中国近代史资料丛刊，中国科学院近代史研究所资料室、中央档案馆明清档
  案部编辑组，上海人民出版社，1961年
《甲午战争》，中国近代史资料丛刊续编，中华书局，1989年，北京
《清末教案》，中华书局，1996年，北京
《甲午中日战争》(盛宣怀档案资料选辑之三)，陈旭麓、顾廷龙、汪熙主编，上海人民出版
  社，1982年
《义和团运动》(盛宣怀档案资料选辑之七)，陈旭麓、顾廷龙、汪熙主编，上海人民出版
  社，2001年
《中法越南之争》，翁同龢文献丛编之四，翁万戈辑，华文印书馆，2002年，台北
《中国海关密档——赫德、金登干函电汇编》，陈霞飞主编，中华书局，1990—1996年，北京
《"黄祸论"历史资料选辑》，吕浦、张振鹍等编译，中国社会科学出版社，1979年，北京
《关于江宁织造曹家档案史料》，故宫博物院明清档案部编，中华书局，1975年，北京
《中国近代教育史教学参考资料》，陈学恂主编，人民教育出版社，1987年，北京
《北洋纪事》第十本，《水师学堂》，稿本，上海图书馆藏
《北洋纪事》第十一本，《博文书院、北洋医院》，稿本，上海图书馆藏
《北洋纪事》第十二本，《幼童出洋》，稿本，上海图书馆藏
《北洋海军资料汇编》，中华全国图书馆文献缩微复制中心，1994年影印
《清诗纪事》，钱仲联主编，江苏古籍出版社，1989年，南京
《上海洋场竹枝词》，顾炳权编著，上海古籍出版社，1996年
《清朝野史大观》，上海书店影印，1981年
《清稗类钞》，徐珂编撰，中华书局，1984年，北京
《清代野史》，巴蜀书社，1988年，成都
《清帝外纪·清后外传》，金梁著，广文书局，1980年，台北
《花随人圣庵摭忆》，黄濬著，山西古籍出版社/山西教育出版社，1999年，太原
《梵天庐丛录》，柴小梵著，山西古籍出版社/山西教育出版社，1999年，太原
《苌楚斋随笔 续笔 三笔 四笔 五笔》，刘声木著，中华书局，1998年，北京
《南亭笔记》，李伯元著，上海古籍书店影印，1983年

《一士类稿 一士谈荟》，徐一士编著，书目文献出版社，1983年，北京
《乐斋漫笔/崇陵传信录》、岑春煊、恽毓鼎撰，中华书局，2007年，北京
《听雨楼随笔》，高伯雨著，辽宁教育出版社，1998年，沈阳
《近代史所藏清代名人稿本抄本》，第一辑，虞和平主编，大象出版社，2011年，郑州
《清代名人书札》，本书编写组编，北京师范大学出版社，2009年
《中国尺牍文献》，上海图书馆编，上海古籍出版社，2013年
《香书轩秘藏名人翰墨》，赵一生、王翼奇主编，浙江古籍出版社，2005年，杭州
《郭嵩焘先生年谱》，郭廷以著，中研院近代史研究所，1971年，台北
《郭嵩焘先生年谱补正及补遗》，陆宝千著，中研院近代史研究所，2005年，台北
《李鸿藻先生年谱》，李宗侗、刘凤翰编，商务印书馆，1969年，台北
《潘祖荫年谱》，潘祖年编，文海出版社影印，台北
《吴愙斋先生年谱》，顾廷龙著，哈佛燕京学社，1935年，北京
《李鸿章历聘欧美记》，蔡尔康、林乐知编译，张英宇点，张玄浩校，湖南人民出版社，1982年，长沙
《花甲忆记：一位美国传教士眼中的晚清帝国》，[美]丁韪良著，沈弘、恽文捷、郝田虎译，广西师范大学出版社，2004年，桂林
《英国对华外交，1880—1885》，[英]季南著，许步曾译，商务印书馆，1884年，北京
《远征中国》，[法]瓦兰·保罗著，孙一先、安康译，中西书局，2011年，上海
《额尔金书信和日记选》，[英]额尔金、沃尔龙德著，汪洪章、陈以侃译，中西书局，2011年，上海
《亲历晚清四十五年——李提摩太在华回忆录》，[英]李提摩太著，天津人民出版社，2005年
《维特伯爵回忆录》，[俄]维特·雅尔莫林斯基著，傅正译，商务印书馆，1976年，北京
《帝国的回忆——〈纽约时报〉晚清观察记》，郑曦原编，李方惠、郑曦原、胡书源译，生活·读书·新知三联书店，2001年，北京
《1900年 北京》，[意]阿德里亚诺·马达罗著，项佳谷译，东方出版社，2006年，北京
《中英关系史论丛》，王绳祖著，人民出版社，1981年，北京
《德语文献中晚清的北京》，[德]艾林波·巴兰德等著，王维江 吕澍辑译，福建教育出版社，2012年，福州
《光宣诗坛点将录》，载《汪辟疆说近代诗》，汪辟疆撰，上海古籍出版社，2001年
《清人日记研究》，孔祥吉著，广东人民出版社，2008年，广州
《上海图书馆藏历史原照》，上海图书馆编，上海古籍出版社，2007年
《中国百年摄影图录 1844—1979》，胡志川编著，福建美术出版社，1993年，福州
《1860—1930：英国藏中国历史照片》，中国国家图书馆、大英图书馆编，国家图书馆出版社，2008年，北京
《中国和中国人影像：约翰·汤姆森记录的晚清帝国》，约翰·汤姆森著，徐家宁译，广西师范大学出版社，2012年，桂林
《镜头前的旧中国》，约翰·汤姆森，中国摄影出版社，2001年，北京
《帝国的残影：西洋涉华珍籍收藏》，杨植峰著，团结出版社，2009年，北京

《清代江南的瘟疫与社会———一项医疗社会史的研究》,余新忠著,中国人民大学出版社,2003年,北京

《走向世界的挫折——郭嵩焘与道咸同光时代》,汪荣祖著,岳麓书社,2000年,长沙

《我的姊姊张爱玲》,张子静、季季著,文汇出版社,2003年,上海

《池孟彬先生访问记录》,张力、曾金兰访问记录,中研院近代史研究所,1998年,台北

《靖海澄疆:中国近代海军史事新诠》,马幼垣著,经联出版事业股份有限公司,2009年,台北

《李凤苞,清末著名外交官》,徐兵、冯锡单撰,上海人民出版社,2014年

《颜惠庆自传———一位民国元老赛历史记忆》,颜惠庆著,商务印书馆,2005年,北京

《中国幼童留美史——现代化的初探》,高宗鲁译著,华欣文化事业中心,1982年,台北

《马嘉理案史料》(一),《历史档案》,2006年第1期

[美]乔恩·莱伦伯格、丹尼尔·斯塔肖沃、[英]查尔斯·福利编,沈矗、章忠建译:《柯南·道尔:书信人生》,法律出版社,2013年,北京

《风帆时代的海上战争》,[英]安德鲁·兰伯特著,赵振清、向静译,上海人民出版社,2005年

高阳:《翁同龢给张荫桓的两封信》,《大成》,第44卷,第2期

郑逸梅:《太医李德立几遭杀身之祸》,《紫禁城》总第21期